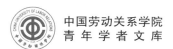

中国劳动关系学院
青年学者文库

创新政策
对企业创新能力的
影响研究

RESEARCH ON THE IMPACT OF INNOVATION POLICIES
ON ENTERPRISE INNOVATION CAPABILITIES

栗晓云 著

社会科学文献出版社
SOCIAL SCIENCES ACADEMIC PRESS (CHINA)

摘　要

创新是企业可持续竞争优势和经济增长的第一驱动力。新兴经济体的发展使人们越来越关注宏观经济政策如何影响企业创新发展。党的十九大以来，创新驱动发展战略进一步被提升至国家战略高度。对企业而言，持续的创新能力使其能够有效地应对商业环境中的不确定性，提升其竞争力。各类刺激经济的宏观政策，都试图促进企业创新，但是其实际效果究竟是促进还是抑制，学术界仍存在巨大的争议。同时，现有研究多关注创新投入或创新绩效，一般以研发支出、专利数量或新产品产出为衡量指标，而对创新效率与创新可持续性的关注不足。鉴于此，本书在结合已有研究的基础上，尝试探索我国创新政策对企业创新能力的影响及其作用机理。基于企业创新动力视角，将创新政策分为主动类、被动类与推动类，并分别选取主动类的数字技术的应用与股权激励、被动类的"营改增"与知识产权保护，以及推动类的政府补助进行检验，探讨这五类政策对企业创新能力的影响及其作用机理。另外，本书还采用了机器学习算法预测多项政策在当前中国情境下，对上市公司创新能力的共同作用和效果，进一步回答三个方面的问题。其一，股权激励、知识产权保护与政府补助对企业创新能力究竟是促进还是抑制？其二，外部的企业家精神与企业社会责任（CSR）对上述三种政策与企业创新能力之间的关系究竟是强化还是削弱？其三，采用机器学习算法可否准确地预测不同方向动力的多重政策、企业不同的外部环境与内部特征对企业创新能力的共同作用？对上述三个问题的回答，具有重要的现实与理论意义。

本书主要有以下有价值的研究结论。

第一，基于企业发展战略的视角，采用案例研究的方法探索了数字技术的应用对制造业企业高质量发展的战略影响。具体而言，制造业企业在进行数字化转型时，需要利用多项数字技术，围绕用户需求对产品进行交互式的创新，以实现产品的敏捷开发、快速迭代及高效的按需交付。满足用户需求是数字化转型企业的核心目标，鉴于此，本书选择与用户切实相关的两个维度，即个性化需求与产品生命周期，对制造业企业进行分类，并选取三一重工、特斯拉和酷特智能这三家不同类别的典型企业作为案例研究对象，试图打开数字技术与制造业融合的"黑箱"，详细深入地解释数字技术的应用促进制造业企业转型升级的过程和内在机理。研究发现，为了实现制造业企业的数字化转型与高质量发展，企业需要有效地筛选和运用数据。之后，在此基础上，企业进行生产方式、商业模式及组织架构的变革。此外，在变革过程中，企业要明确自身定位，根据自身的特点选择不同的数字化转型战略，最终实现企业的高质量发展。

第二，基于企业创新能力的视角，检验了主动类的股权激励对企业创新能力的实际影响。结果显示，股权激励计划显著提升了企业创新能力，具体表现为提高了企业创新质量、提升了企业创新效率及增强了企业创新可持续性。该结论在更换匹配方法、进行关键变量替换及变更自变量滞后时间后依然成立。进一步地，我们分别基于国家创新体系视角与可持续发展视角检验企业家精神与 CSR 的调节效应，发现企业家精神正向调节股权激励对企业创新质量和企业创新可持续性的影响，对股权激励与创新效率之间关系的正向调节效应不明显。创新效率由专利数量与研发投入两方面决定，这可能是因为企业家精神对这两方面的调节效应过于一致，也可能是因为企业家精神对这两方面均没有调节效应，从而不能呈现整体上的显著性。另外，CSR 正向调节股权激励对企业创新能力的影响，具体到 CSR 的各维度：股东维度 CSR 负向调节股权激励对创新质量与创新可持续性的影响，而员工、供应链与环境维度 CSR 正向调节股权激励对企业创新能力的影响。

第三，基于企业风险承担的视角，将被动类的"营改增"作为创新政策工具，基于国家创新体系视角探究"营改增"政策与企业风险承担的关系，并考虑企业内外部情境对这种关系的影响。实证结果显示，受"营改增"政策影响的企业显著提高了风险承担水平。进一步地，本书基于国家创新体系视角检验了这种促进作用的影响因素，研究发现，"营改增"政策对风险承担的影响在不同性质的企业间具有异质性。此外，行业、在职消费、市场化程度、产品市场竞争和政府补助均对上述关系存在调节效应。

第四，知识产权保护对企业创新质量、创新可持续性呈现 U 形影响，而对创新效率的影响不确定。创新效率由专利数量与研发投入两方面决定，这可能是因为知识产权保护对这两方面的影响不一致。该结论在进行多种稳健性检验后依然成立。进一步地，我们分别基于国家创新体系视角与可持续发展视角检验企业家精神与 CSR 的调节效应，发现企业家精神与 CSR 均正向调节知识产权保护与企业创新质量之间的 U 形关系，但是对知识产权保护与企业创新可持续性之间均没有调节作用，说明企业家精神与 CSR 对企业创新质量的促进效应强于知识产权保护对两者的削弱作用，因此在总体上呈现正向调节效应。但是两者对企业创新可持续性的促进效应与知识产权保护对两者的削弱作用大致相同，所以在总体上没有呈现显著的调节作用。

第五，政府补助在总体上显著提升了企业创新能力，具体表现为提高了企业创新质量、提升了企业创新效率及增强了企业创新可持续性。该结论在进行多种稳健性检验后依然成立。进一步地，我们分别基于国家创新体系视角与可持续发展视角检验企业家精神与 CSR 的调节效应，发现企业家精神正向调节政府补助对企业创新能力的影响。并且，CSR 正向调节政府补助对创新质量与创新效率的影响，但对政府补助与创新可持续性之间的正向调节效应不明显，这可能是因为在实际情况中，CSR 仍然侧重于短期利益，所以对体现长期性的创新可持续性并无交互影响。具体检验 CSR 各维度对创新质量和创新效率的调节效应，研究发现，除社会维度 CSR 不能增强政府补助与创新质量之间的正相关关系外，其余维度均具有正向调节效应。

第六，基于本书所选政策及样本，可以看出主动类与推动类政策的效果更好，也更容易与企业外部创新环境（企业家精神）、CSR 产生交互作用，从而进一步促进企业创新。相对而言，被动类政策的影响较为复杂。这种不同的影响可以从我们对政策分类的标准或定义去解释。主动类政策使得企业管理层与员工能进行积极主动的创新，可以发挥企业主体的主观能动性；推动类政策是政府直接助力企业创新；被动类政策是通过市场竞争等机制，迫使企业转向依靠创新竞争。可以看出，主动类与推动类政策对企业创新的激励都是单一的方向，而被动类政策有企业的退缩与政策的驱动两个方向，故而影响也较为复杂。这在一定程度上验证了本书基于企业创新动力视角对创新政策分类的合理性，为政策工具理论的扩充做出了一定贡献，后续可选择其他政策进一步验证。

第七，采用决策树、随机森林、提升算法与人工神经网络这四种机器学习算法，以预测多项政策在当前中国情境下对上市公司创新能力的共同作用和效果，结果显示，人工神经网络的预测最为准确，而决策树的效果最差，这与理论预期一致。进一步对特征值进行权重分析发现，主动类股权激励政策的影响最大，推动类政府补助政策的影响次之，被动类知识产权保护政策的影响力度最弱，这同样可以从我们对政策分类的标准或定义去解释。主动类政策使得企业管理层与员工能进行积极主动的创新，可以发挥企业主体的主观能动性。从特征值权重分析可以看出，这种主观能动性对于企业创新能力的各个方面都很重要，符合理论预期。该结论进一步验证了本书基于企业创新动力视角对创新政策分类的合理性，为政策工具理论的扩充做出了一定贡献，后续可选择其他政策进一步检验。此外，企业家精神对于创新可持续性的影响较为重要，CSR 对企业创新能力的三个维度均有一定程度的影响，企业负债率对创新效率的影响较大，企业销售收入、ROA、ROE、行业、年龄对创新质量与创新效率的影响较大，企业资产、资本支出对创新可持续性的影响更大，产品市场竞争对创新质量的影响最大。然而，权重只能说明影响的大小，不能说明究竟是促进还是抑制。随着机器学习算法的发展，后续是否会出现合适的算法，有待进一步的研究。

　　最后，在上述研究结论的基础上，本书探讨了可能的实践启示，以及研究局限与展望。今后可选取其他政策或采用不同的样本、研究方法对本研究做进一步的考察。

目　录

第 *1* 章　研究背景与创新点 ——————————— *001*

　　1.1　研究背景 / 001

　　1.2　研究问题与研究意义 / 006

　　1.3　创新点 / 010

第 *2* 章　理论基础与文献综述 ——————————— *012*

　　2.1　主要理论视角 / 012

　　2.2　文献综述 / 019

第 *3* 章　数字技术的应用驱动制造业企业高质量发展战略研究 ——————— *049*

　　3.1　问题的提出 / 049

　　3.2　理论分析与框架构建 / 052

　　3.3　研究设计 / 056

　　3.4　案例分析与发现 / 058

　　3.5　本章小结 / 070

第 *4* 章　股权激励对企业创新能力的影响机制研究 ——————— *073*

　　4.1　问题的提出 / 073

　　4.2　理论分析与研究假设 / 075

　　4.3　实证研究设计 / 081

4.4　实证结果分析 / 086

4.5　本章小结 / 101

第5章　"营改增"政策与企业风险承担 ——————— 104

5.1　问题的提出 / 104

5.2　理论分析与研究假设 / 107

5.3　实证研究设计 / 113

5.4　实证结果分析 / 116

5.5　本章小结 / 120

第6章　知识产权保护对企业创新能力的影响机制研究 ——————— 122

6.1　问题的提出 / 122

6.2　理论分析与研究假设 / 124

6.3　实证研究设计 / 130

6.4　实证结果分析 / 134

6.5　本章小结 / 143

第7章　政府补助对企业创新能力的影响机制研究 ——————— 147

7.1　问题的提出 / 147

7.2　理论分析与研究假设 / 149

7.3　实证研究设计 / 153

7.4　实证结果分析 / 156

7.5　本章小结 / 165

第 8 章　基于机器学习预测创新政策对企业创新能力的影响 —————— 167

　　8.1　问题的提出 / 167

　　8.2　机器学习在政策效果预测领域的应用 / 169

　　8.3　预测框架与机器学习算法选择 / 172

　　8.4　政策联合实施效果预测 / 176

　　8.5　本章小结 / 181

第 9 章　研究结论、启示与展望 —————————————— 183

　　9.1　研究结论 / 183

　　9.2　理论贡献与实践启示 / 187

　　9.3　研究局限与展望 / 192

参考文献 ———————————————————————— 194

第 *1* 章
研究背景与创新点

1.1 研究背景

1.1.1 现实背景

创新是企业可持续竞争优势和经济增长的第一驱动力。新兴经济体的发展使人们越来越关注宏观经济政策如何影响企业创新发展。党的十九大以来，创新驱动发展战略进一步被提升至国家战略高度，中共中央、国务院出台了一系列政策措施指导深化体制机制改革，如《中共中央 国务院关于深化体制机制改革加快实施创新驱动发展战略的若干意见》《关于进一步做好中央企业控股上市公司股权激励工作有关事项的通知》《关于强化知识产权保护的意见》《国务院办公厅关于发展众创空间推进大众创新创业的指导意见》等多项政策，以加快实施创新驱动发展战略。对企业而言，持续的创新能力使其能够有效地应对商业环境中的不确定性，提升其竞争力。

在历史上很长一段时间里，技术创新一直是发达国家企业的竞争领域，近年来，全球科技格局开始发生变化。一些过去通常依赖西方技术的后发国家开始逐渐成为国际技术创新领域新的重要参与者（Hu 和 Mathews，2005）。例如，自 20 世纪 90 年代中期以来，中国采取了自主创新的国家政策，旨在支持中国企业在关键技术方面站稳脚跟（Yu 等，2009）。一个国家的创新能力是其经济运行的根本动力。然而，由于研发活动的高投入和不确定性，以及创新成果的外部性，技术创新过程存在一定程度的市场失灵，需要政府部门利用公共政策加以弥补。政府已意识到创新的社会效益可能高于私人效益，因此强调通过制定政策刺激技术创新。正如党的十九大报告中所强调的，创新是引领发展的第一动力，是建设现代化经济体系的战略支撑，要加强国家创新体系建设，强化战略科技力量。但是在政策实施过程中，可能会出现政府失灵的问题，且政府失灵比市场失灵问题更为严重。另外，企业与政策制定所依据的环境之间的相互作用，也会影响创新政策整体的有效性（Flanagan 等，2011）。

国家创新体系理论正是理解创新变革的一种系统方法，其强调政策框架能够为决策者提供设计和实施创新政策所需的机制和工具（Freeman，2010；Lundvall，2010）。创新政策作为一种广泛覆盖研发活动的制度安排，在纠正市场失灵、构建创新网络、营造创新环境及提高整体创新能力等方面发挥着至关重要的作用。凡预期目标为创新的政策均可归属为创新政策，各项政策均为政府达到目的的手段，最终使国家提高竞争力、增强安全意识、促进可持续性发展以及改善社会福利等（Liu 等，2011）。与大多数发达国家相比，中国在构建国家创新体系和综合运用公共政策促进创新方面仍然是后来者，就像采用"摸着石头过河"这种经验法则的经济改革，中国的创新政策框架仍然是一项进展中的工作，在基层试点、自上而下反复试验设计和修订政策，以及逐渐学习、消化和利用先进经验等多个方面，均在慢慢摸索中（OECD，2008）。

从实际案例来看，创新政策的实际效果异常复杂，同样的政策，在一些地区或企业中有效，而在另一些地区或企业中无效，甚至效果与预期相反。接下来，本书将围绕整体性的区域创新政策以及本书所要验证的股权激励、知识产权保护与政府补助等方面分别进行阐述。首先，就区域创新政策而言，以下这些地区无疑是成功且值得借鉴的，如美国硅谷（平均每天产生几十项技术成果，这些成果推动了世界科技的发展，是世界上最大的科技创新区域）、印度班加罗尔（凭借信息技术领域的创新，其在几年内从十万人的小镇迅速发展为百万人的城市，并且带动了整个印度软件业的发展，是第三世界依靠高新技术发展的典范）、中国北京中关村（拥有以联想、百度等为代表的 2 万多家高新技术企业，是国家高新区的"领头雁"，目标对标硅谷等国际领先创新区域）。然而，以下这些地区经过数年甚至数十年的努力却以失败告终，如日本筑波（始建于 20 世纪 60 年代，集中了全国 30% 的科研机构、40% 的科研人员、50% 的科研机构预算，然而在建立后的多年里，其产业产值仍然比较低）、西伯利亚科学城（建立之初，许多世界级的高新技术、高科技产品得以被研发，如遥感装置、全球精度最高的重力仪等，然而这些处于世界领先水平的先进技术却始终未能实现产业化，1970 年以后，研发水平逐步下降，最终走向失败）、中国东北三省（改革开放之后，东北三省的竞争力逐年下降，2003 年国家提出振兴东北老工业基地的战略，但截至 2024 年，东北三省的区域创新能力仍然低于全国平均水平）。其次，就股权激励而言，以下这些公司通过合理运用股权激励显著地促进了企业创新或提高了企业绩效。例如，复星医药自 2013 年实施股权激励计划后，其专利价值逐年升高（王宪，2019）；海康威视实施股权激励计划后，其 R&D 投入金额逐年增加（王妍，2019）；小米集团实施股权激励计划后，其研发创新方面明显提升（沈世琳，2019）。然而，以下这些公司的股权激励契约设计得并不合理，侵占了股东或管理层的利益，使得企业绩效变差。例如，上海家化推出第一次股权激励后，年净利润逐年下降（杨慧辉等，2018）。再次，就知识产权保护而言，以下这些企业受益于知识产权保护水平的提高，如苹果公司，其作为传统手机的颠覆者，在设计、生产、经营的过程中积累了大量的专利，为其带来了巨大的超额利润。然而，以下这些企业受限于知识产权保护水平的提高，如三星等安卓智能手机公司，这些公司在设计的过程中往往需要考虑规避苹果的专利或获取其授权，否则将面临巨额侵权赔偿，知识产权保护所形成的垄断不利于后发企业的追赶。最后，就政府补助而言，其的确促进了一些企业、产业或地区各方面的发展，如新能源汽车产业这些年借助政府补助获得了高速发展，推动了比亚迪、宁德时代、赣锋锂业等优秀企业的发展，同时诞生了蔚来汽车、理想汽车、小鹏汽车等诸多车企，美国更是借助新能源补贴培育了特斯拉这一全球知名的企业，该企业被业界视为汽车行业的未来形态。然而，政府补助在另一些情况下最终失效，如京东方获得的政府补助并没有使其业绩显著提升，反而使其放松业绩经营，且更依赖于通过无效率投资来寻租扭亏（步丹璐和黄杰，2013）；而获得大量政府补助的光伏产业由于多种原因在遭遇反补贴调查后，受到了致命的打击。又如西藏，该地区多年来获得的政府补助占其财政支出的 95% 以上，然而这种高强度补贴却导致其产业结构呈现不合理的状态，补贴虽促进了西藏第三产业的发展，却抑制了农牧业及工业的发展（马鸿灏，2015）。

综上，可以看出，现阶段不管是国内还是国外，创新政策的实际效果尚未可知，单就某个或某几个案例进行定性研究对于政策的整体效果评估有失公允。而评估创新政策的选择与运用对各国创新政策的优化与实施可提供决策上的参考，尤其是以定量研究为基础的决策代表了当代改革或重组政策工具的努力，其目的是通过提供更多与政策有关的资料或数据，避免或尽量减少由于政府的期望与实际情况不符而造成的政策失败，也就是说，政府需要提高政策分析能力以执行与管理政策进程相关的任务，以便执行以证据为基础的决策，避免若干常见政策的失败（Howlett，2009）。因此，立足于中国情境，亟须基于大量的中国公司数据全面系统地对我国部分重点创新政策的微观效果进行定量评估。

1.1.2 理论背景

在创新政策评估领域，学者们开展了大量研究，包括创新政策的内涵与效果等多方面的研究（Rothwell，1985；Liu 等，2011；Dutrenit 和 Suarez，2018；Schot 和 Steinmueller，2018）。在企业创新领域，对于企业创新影响因素的研究一直是重要的研究主题，目前文献主要集中在三个方面：企业内部因素（Aghion 等，2013；屠兴勇等，2018；虞义华等，2018）、企业外部环境（陈思等，2017；Lee 等，2018；李勃昕等，2019）与企业社会责任

（CSR）（Akgun 和 Keskin，2014；Flammer 和 Kacperczyk，2016；Ortiz-De-Mandojana 和 Bansal，2016）。一般而言，因为 CSR 既包括对内（如股东、员工）的利益，也包括对外（如供应商、客户、社会、环境）的利益，所以将其单独分类。纵观当前创新政策与企业创新的相关研究，国内外学者已经取得了较为丰富的研究成果，为今后对创新政策与企业创新进行进一步研究奠定了良好的学术基础，但还存在如下有待研究之处。

首先，从研究理论看，现有对创新政策的分类多是基于企业所处环境，而对于企业创新而言，现有文献普遍认为创新的关键是创新动力。只有在解决好企业创新动力问题的基础上，才有可能积极培育其创新能力并应对创新活动中的诸多问题。因此，基于创新动力视角对创新政策进行分类，再深入研究其对企业创新的影响，显得尤为重要。

其次，从研究内容看，主要有以下几项不足。一是对政策之间相互作用的研究较少。在日常决策过程中，许多工具只是作为现有计划的延续而开发的，创新政策工具必须在国家创新体系视角的基础上进行认真设计，要考虑各类工具的相互作用，以解决创新过程中的复杂问题（Borras 和 Edquist，2013）；在评估政策效果方面，Flanagan 等（2011）强调了创新政策包括参与者、工具、机构和它们之间的相互作用，需要分类理解和研究政策的性质及预期效果；研究创新政策工具组合的微观效果，对于建立国家创新体系具有重要的作用。二是对企业创新的测度多集中于创新投入或创新绩效。一般以研发投入、专利数量或新产品产出为衡量指标，但这只能反映企业创新的一部分，缺乏系统性和全面性。三是对企业社会创新、创新的负面和外部效应关注不足。创新可能导致破坏性的创新，使少数人受益，但牺牲了多数人的利益，导致了低质量的工作出现，并引发比它所能解决的问题更多的新问题（Soete，2013）。创新对当前资源密集型、浪费且基于化石燃料的大规模生产和大规模消费范式做出了巨大贡献（Bardi，2011；Steffen 等，2015）。同时，创新也直接引发了不平等问题，因为当前的创新路径倾向于采用高质量基础设施的高科技解决方案，并生产主要面向购买力强大的消费者的产品（Kaplinsky，2011），这提醒我们在创新政策的研究中要考虑可持续发展。将企业社会创新整合到战略和运营中，可以获得共同创造的机会，从而创造共同的价值并增强竞争优势（Baltazar Herrera，2015）。

最后，从研究方法看，现有文献大多使用计量模型检验政策的影响是否显著，以及检验政策的影响程度，然而这种方法有如下两个缺点。一是无法同时检验多个调节变量的共同影响，计量实证检验调节变量时，只能采用分组或交互项，对于检验多个调节变量的共同作用较为困难。二是计量实证只能检验简单的线性关系、U 形关系或倒 U 形关系等，对于复杂的非线性关系无法进行检验。然而，当前创新模式日益多样化、复杂化和非线性化，并且政策的实施效果也并非如现有文献报告的那样，呈现完全线性、U 形或倒 U 形的影响，计量实证方法的上述缺点在一定程度上限制了我们对政策进行准确的评估。在政策评估方面，人工神经网络模型优于计量实证模型（Haegeman 等，2017），因此对非线性的考虑是一个可以改进现有结果的研究领域（Becker，2015）。

基于此，本书将基于政策工具理论，以企业创新动力为研究视角对创新政策进行重新分类，以委托代理理论、资源依赖理论和利益相关者理论为主要理论基础，探讨创新政策对企业创新能力的影响及其作用机理。

1.2 研究问题与研究意义

1.2.1 研究问题

本书在结合已有研究的基础上，尝试探索我国创新政策对企业发展战略与创新能力的影响及其作用机理。基于企业创新动力视角，将创新政策分为主动类、被动类与推动类，并分别选取主动类的数字技术的应用与股权激励、被动类的"营改增"与知识产权保护，以及推动类的政府补助进行检验，探讨这五类政策对企业创新能力的影响及其作用机理。另外，本书还采用了机器学习算法预测多项政策在当前中国情境下，对上市公司创新能力的共同作用和效果，进一步回答三个方面的问题。其一，股权激励、知识产权保护与政府补助对企业创新能力究竟是促进还是抑制？其二，外部的企业家精神与企业社会责任（CSR）对上述三种政策与企业创新能力之间的关系究竟是强化还是削弱？其三，采用机器学习算法可否准确地预测不同方向动力的多重政策、企业不同的外部环境与内部特征对企业创新能力的共同作用？对上述三个问题的回答，具有重要的现实与理论意义。

1.2.2 研究意义

在我国现行的制度环境下，探讨政府为了促进企业创新而制定的各项创新政策到底有何效果，无论在理论、政策还是企业管理实践方面都极具意义。

（1）现实意义

本研究对政府部门和企业管理实践均具有重要的现实意义。

对于政府部门而言，通过本书的研究可以更有针对性地出台促进企业创新的政策，并积极培育企业家精神和鼓励企业承担社会责任。这不仅能使所制定的政策发挥最大的作用，还能促进国家创新体系的完善，实现可持续发展。首先，基于本书的研究，主动类政策对企业创新的促进力度最强，推动类次之，被动类的效果最为复杂。因此，建议国家在制定创新政策时，可偏重主动类与推动类政策的使用，尤其是主动类政策，以最大化激励企业创新。其次，本书的研究结论表明，企业家精神与CSR在大部分情况下都能显著增强所研究政策对企业创新能力的促进作用，且不会削弱两者的促进效应。因此，政府部门应积极培育各地的企业家精神，在促进国家创新体系完善的同时又使得创新政策能发挥更大的作用。另外，政府部门还应引导、支持和鼓励企业积极从事CSR活动，这不仅有利于增强创新政策对企业创新能力的促进作用，而且有利于减轻创新的负面效应、实现可持续发展。再次，在知识产权保护方面，当前的全球化环境要求我们不能一直处于低位的知识产权保护水平。在知识产权保护力度加大的过程中，只有当其达到一定值时，加强知识产权保护才能促进企业创新能力的提升。因此，在当前的中国情境下，还应继续加强知识产权保护以提高企业创新水平。最后，对于知识产权保护与企业家精神落后的区域而言，当地政府部门应努力提高两者的水平，以便吸引更多的创新创业者。

对于企业管理实践而言，可以认识到政府的宏观政策对其的微观影响。首先，企业可积极选择实施股权激励计划，同时，实施股权激励计划的企业需要关注整体经营环境中各利益相关者的需求，积极从事 CSR 活动，但不应过多关注股东维度 CSR，因为这样会破坏股东与管理层利益的一致性，进而抑制股权激励对创新质量与创新可持续性的促进效应；其次，企业在选择区位城市从事创新活动时，应重视知识产权保护力度与企业家精神对企业创新的促进作用，优选两者均优的城市；最后，获得政府补助的企业在开展捐赠等社会公益活动时不能简单地只为提高社会声誉而进行，还应结合企业自身情况适量开展，因为过多的社会实践活动并不能增强政府补助对创新质量的促进作用，反而在一定程度上浪费企业资源。

（2）理论意义

尽管现有研究已提高了我们对政策在企业创新中作用的理解水平，但仍然存在一些局限性。研究人员已从广泛的理论视角研究了各项政策对企业创新的影响，但现存的研究是零散和不连贯的。因此，有必要通过系统的文献综述来回顾迄今为止的工作，并确定关键的研究框架。通过这一过程，我们可以巩固和整合现有的知识，并提供相关框架的主要发现，以便进一步研究。据此，本书的理论意义主要体现在以下几个方面。

第一，扩展了政策工具理论。现有文献普遍认为创新动力是驱动企业创新的关键因素，只有在解决好企业创新动力问题的基础上，才有可能积极培育其创新能力并应对创新活动中的诸多问题，因此对创新动力进行深入研究尤为重要。对于创新动力的概念界定，本书采用当前学术界广泛存在的"要素说"与"协同说"，即创新动力是驱使企业进行创新的要素，需要内外协同、共同作用。对于具体的要素组成，至今仍有所争议，但创新政策普遍被认为是创新动力的一项重要因素（Van Rijnsoever 等，2015）。因而，本书基于企业的创新动力视角，将创新政策分为如下三类：主动类、被动类与推动类。

第二，丰富了新兴市场情境下创新政策微观效果的研究。当前对于企业创新的测度多集中于创新投入或创新绩效，一般以研发支出、专利数量或新产品产出为衡量指标，而对创新效率与创新可持续性的研究不足。上述指标只能反映企业创新的一部分，创新效率与创新可持续性也是企业创新的重要体现，对此本书选取企业创新能力（包括创新质量、创新效率与创新可持续性三个方面）来多维度地评估政策影响，这在一定程度上使创新政策效果的评估更加准确，并且拓展了创新政策的微观效果研究，为创新政策的选择与制定提供了经验证据。

第三，基于企业家精神视角丰富了创新政策的外部环境影响研究。有些情况下，政策实施过程中的政府失灵比市场失灵问题更为严重，企业与政策制定所依据的环境之间的相互调整，也会影响创新政策工具的整体有效性和绩效（Flanagan 等，2011）。本书关注创新政策受外部环境的调节机制，以提升政策效果，并提高企业创新能力。

第四，基于 CSR 视角关注创新的负面和外部效应研究。创新可能导致破坏性的创新，使少数人受益，但牺牲了多数人的利益，导致了低质量的工作出现，并引发了比它所能解决的问题更多的新问题（Soete，2013）。创新对当前资源密集型、浪费且基于化石燃料的大规模生产和大规模消费范式做出了巨大贡献（Bardi，2011；Steffen 等，2015）。同时，创新也直接引发了不平等问题，因为当前的创新轨迹倾向于采用高质量基础设施的高科技解决方案，并生产主要面向购买力强大的消费者的产品（Kaplinsky，2011），这提醒我们在创新政策的研究中要考虑可持续发展。近些年，一些学者提出 CSR 的贡献，其作用包括提供社会基础或声誉用于缓冲创新所带来的变化（Pal 等,2014；Gao 等,2017）、提供环境信息或资源支持用于创新（Cho 等，2007；Mccann 和 Selsky，2012）等。因此，本书重点关注了 CSR 对创新政策影响的调节作用，以帮助企业提高创新能力，同时促进可持续发展。

第五，关注政策之间的相互作用以及政策的非线性影响。当前，许多工具是作为现有计划的延续而开发的，创新政策工具必须在国家创新体系视角的基础上进行认真设计，要考虑各类工具的相互作用，以解决创新过程中的复杂问题（Borras 和 Edquist，2013）。另外，Flanagan 等（2011）强调了创新政策包括参与者、工具、机构和它们之间的相互作用，需要分类理解和研究政策的性质及预期效果。此外，目前技术创新、商业模式创新等多种创新日益多样化、复杂化与非线性化，并且政策的实施效果也并非如现有文献报告的那样，呈现完全线性、U 形或倒 U 形的影响。在政策评估方面，人工神经网络模型优于计量实证模型（Haegeman 等，2017），因此对非线性的考虑是一个可以改进现有结果的研究领域（Becker，2015）。受计量实证方法的限制，现有文献多研究单个政策的线性、U 形或倒 U 形的实施效果。本书采用机器学习这一研究方法，探究多种政策、外部环境、CSR 实践活动与企业自身特征等多种因素对企业创新能力的非线性影响，并进行更为准确的预测，以帮助政府改进政策、帮助企业提高创新能力、帮助我们更好地理解政策工具理论以及其他相关理论。

1.3 创新点

本书创新点主要体现在以下三个方面。

第一，理论创新方面，本书扩展了政策工具理论。创新政策普遍被认为是创新动力的一项重要因素（Van Rijnsoever 等，2015），本书首次基于创新动力视角，将创新政策分为如下三类：主动类、被动类与推动类。并选取典型政策分别运用计量实证方法与机器学习算法验证了该分类的合理性。该分类以如何促进创新为标准划分，不同于现有的以政府干预强度划分（Howlett 和 Ramesh，2002）、以政府介入程度划分（Lowi，1972）、以政策领域范畴划分（Schneider 和 Ingram，1990；Borras 和 Edquist，2013）、以政策实施对象视角划分（Rothwell，1985）等多种分类。

第二，内容创新方面，本书从创新能力的视角出发，丰富了评估创新政策微观效应的研究，并基于国家创新体系视角与可持续发展视角选取企业家精神与CSR作为调节变量，丰富了创新政策与企业创新之间的情境因素，完善了创新政策评估的理论框架与理论体系，具体如下。一是丰富了新兴市场情境下创新政策微观效果的研究。前期有关创新政策对企业创新的影响多集中于创新投入或创新绩效，一般以研发支出、专利数量或新产品产出为衡量指标。本书从创新质量、创新效率与创新可持续性三个方面对企业创新能力进行了描述，补充了现有文献对创新效率与创新可持续性研究的不足。二是丰富了创新政策的外部环境影响研究。有些情况下，政策实施过程中的政府失灵比市场失灵问题更为严重，本书关注创新政策受外部环境的调节机制，以提升政策效果，并提高企业创新能力。三是关注创新的负面和外部效应研究。创新的负面与外部性提醒我们在创新政策的研究中要考虑可持续发展，因此本书重点关注了CSR对创新政策影响的调节作用，以帮助企业提高创新能力，同时促进环境、社会的可持续发展。

第三，方法创新方面，本书采用机器学习算法对政策效果进行预测，以便探索政策之间的相互作用以及政策的非线性影响。创新政策的研究是一门新兴交叉学科，目前在大数据研究中尚处于起步阶段（唐莉，2017），本研究可视为管理学与大数据、人工智能交叉研究的尝试性探索。

第 *2* 章
理论基础与文献综述

本章首先阐述了与所研究主题相关的理论基础，包括政策工具理论、委托代理理论、资源依赖理论及利益相关者理论，随后对与主题相关的研究进行回顾，分析现有研究理论、研究内容、研究方法以及其他可能存在的不足，最后对国内外相关文献进行述评。

2.1 *主要理论视角*

2.1.1 政策工具理论

当前创新政策的研究主要基于政策工具理论，该理论的研究核心是如何将政策意图转变为管理行为、将政策理想转变为政策现实（陈振明和薛澜，2007），研究内容主要集中于政策工具的分类、选择和评估等方面（黄红华，2010），其对政策研究有重要的意义：一是该理论为政府选择、制定与执行政策提供了理论基础，二是它的引入使得政府政策能够落实到操作层面以检验其效果。

基于政策工具理论，现有研究划分了诸多标准对政策进行分类，如以政府干预强度划分（Howlett 和 Ramesh，2002）、以政府介入程度划分（Lowi，1972）、以政策领域范畴划分（Schneider 和 Ingram，1990；Borras 和 Edquist，2013）、以政策实施对象视角划分（Rothwell，1985）等。这里主要介绍当前在学术研究中运用较多的两种分类维度：一是供给面工具、环境面工具和需求面工具（Rothwell，1985），二是监管工具、经济金融工具和软工具（Borras 和 Edquist，2013）。

对于第一种分类方法，供给面工具是指政府为企业提供从事科技活动所需的相关资源，如 R&D 拨款、人才培养和技术支持等；需求面工具是指政府采取优先采购企业高科技产品等措施以支持其良性发展，如政府采购涉及军事、电信、能源、医院、教育等领域的产品；环境面工具则是通过优化企业科技产品开发环境，从而间接推进企业工业化和高科技化的战略部署，如监管政策、财税政策、宏观经济政策、产业政策等（Rothwell，1985）。

对于第二种分类方法，监管工具指的是使用法律工具来监管社会和市场的互动。监管工具有许多不同的类型，但它们的共同之处是，这些监管工具（法律、规则、指令等）在本质上是强制性的，在不遵守规定的情况下，监管工具通常会涉及制裁的威胁，这些制裁措施可能有所不同（罚款和其他经济制裁，或暂时收回权利），具体取决于法规的内容和法律责任的定义（Lemaire，1998）。从监管的领域看，监管工具可以分为经济监管、社会监管与制度监管三个方面（Blind，2012），具体包括价格监管、市场准入监管、生命伦理法规、环保法规、知识产权保护等（Bemelmans-Videc 和 Rist，2003）。经济金融工具提供具体的奖励或处罚以支持或抑制具体的社会和经济活动，具体包括对大学和研究组织的整体支持、竞争性研究资金、税收优惠、政府补贴、风投基金等（Bemelmans-Videc 和 Rist，2003）。软工具主要是对上述两种工具的补充，其特点是自愿和非强制性，软工具用于提供建议，提出规范性上诉或提供自愿或合同协议。这些工具非常多样化，但通常基于说服、行动者之间相互信息交流等方式。软工具的日益使用是大多数国家（尤其是欧洲和美国）公共行政变革的核心，也称之为治理，这意味着软工具的广泛使用已经将政府的角色从提供者和监管者转变为协调者和促进者。当前，在创新政策领域，这类工具的数量迅速增长，具体包括技术标准、行为守则、自愿协议、公私伙伴关系等（Bemelmans-Videc 和 Rist，2003）。

政策的实施效果异常复杂，在评估过程中需要分类理解和研究政策的性质及预期效果（Flanagan 等，2011），因此政策工具理论对我们研究创新政策的微观效应具有重要的指导作用。

然而，正如黄红华（2010）所指出的，政策工具理论的引入和发展，需要结合国内经济社会基础、体制环境、研究背景等因素对其进行本土化改造。本书主要研究创新政策对企业创新能力的影响，但上述两种分类标准并非专为促进创新而划分。因此，基于本书的研究主题，有必要对政策进行重新分类。现有文献普遍认为创新的关键是创新动力，所以本书基于创新动力视角对创新政策工具进行重新分类。

（1）创新动力

有关创新动力的研究，最早开始于熊彼特的创新理论。熊彼特（1997）最初从静态（即在经济生活中存在一种循环流转的均衡状态）的视角出发，认为不存在企业家，没有创新、变动和发展，企业总收入完全等于总支出。随后，熊彼特从动态和发展的视角引入了企业家和创新的概念，认为企业家的职能就是实现创新，其天生为创新而存在、为追求超额利润而存在。

随着对创新理论研究的深入，Freeman（2010）和 Lundvall（2010）等提出了国家创新体系理论，为创新动力的进一步研究提供了新的理论视角。国外研究中，对于创新动力概念的界定并不明确，近似的概念是创新驱动因素、创新影响因素、创新动机等（邱晓燕和张赤东，2017）；国内研究中，一些学者对创新动力的概念进行了界定，主要有以下四种定义：其一，基于综合理论，学者们将创新动力定义为促使企业产生创新的欲望和需求、开展创新活动的一系列因素（孙冰，2008；段云龙和刘春林，2011；向刚等，2011），即"要素说"。其二，基于熊彼特的创新理论，有学者将创新动力定义为促使企业进行持续性创新活动的内在因素，企业外部因素是创新条件而非创新动力（李兴宽等，2009），即"内在说"。其三，基于协同论，学者们将创新动力定义为创新的内在动力，与其他要素（如政策支持、科技进步等）具有协同作用（李柏洲和董媛媛，2009），即"协同说"。其四，基于期望理论，学者们将创新动力定义为创新者对财富创造的现有途径与未来途径的预期收益、预期成本和预期成功概率的主观判断（盛亚和钟涛，2009），即"期望说"。

（2）创新政策分类

现有文献普遍认为创新的关键是创新动力，只有在解决好企业创新动力问题的基础上，才有可能积极培育其创新能力并应对创新活动中的诸多问题，企业创新投资响应是由经济政策和企业所形成的激励共同决定的（Aghion，2017），因此对创新动力进行深入研究尤为重要。对于创新动力的概念界定，本书采用前文提到的"要素说"与"协同说"，即创新动力是驱使企业进行创新的要素，需要内外协同、共同作用。对于具体的要素组成，至今仍有所争议，但创新政策普遍被认为是创新动力的一项重要因素（Van Rijnsoever 等，2015）。本书基于企业的创新动力视角，将创新政策分为如下三类：主动类、被动类与推动类。其中，主动类政策被界定为通过改变企业的监督与激励机制，进而鼓励企业管理层与员工进行积极主动的创新，如数字技术的应用、股权激励、国有企业混合所有制改革、完善以企业为主体的产业技术创新机制等政策或意见；被动类政策被界定为通过市场垄断或竞争等机制，促使企业从低成本竞争转向依靠创新竞争，如"营改增"、知识产权保护、放开外资准入、打破制约创新的行业垄断和市场分割等政策或意见；推动类政策被界定为通过政府供给以助力企业创新发展，如政府补助、政府采购、研发费用税收优惠、完善资本市场等政策或意见。具体如表 2-1 所示。

表 2-1　主动类、被动类与推动类政策

主动类政策	被动类政策	推动类政策
数字技术的应用	"营改增"	政府补助
股权激励	知识产权保护	政府采购
国有企业混合所有制改革	放开外资准入	研发费用税收优惠
完善以企业为主体的产业技术创新机制	打破制约创新的行业垄断和市场分割	完善资本市场

资料来源：除了另有注明的，本章其余图表均为笔者自制。

从上述定义中可以看出，在不考虑代理成本等中间过程的情况下，主动类与推动类政策对企业创新的激励都是单一的方向，而被动类政策存在企业的退缩与政策的驱动两个方向。因此，可以预期，相较于被动类政策，主动类与推动类政策对企业创新的影响会更为直接、有效，且影响力度更大。

考虑政策工具运用的广泛性等因素，本书将分别选取主动类的数字技术的应用与股权激励、被动类的"营改增"与知识产权保护，以及推动类的政府补助进行检验，并在此基础上提出理论贡献与实践启示。

2.1.2 委托代理理论

委托代理理论（Jensen 和 Meckling，1976）认为，当所有权和控制权分离时，委托人与代理人之间存在信息不对称，并且两者的利益和目标不尽相同。管理层不是公司的所有者，他们不能承担全部的成本，也不能获得全部的收益。因此，尽管股东追求企业价值最大化，但管理层可能还有其他目标，如实现薪酬最大化、推动市场份额增长或对特定投资项目有所偏好等，这就导致管理层可能比股东更加厌恶风险，会在一定程度上影响企业创新。

委托代理理论为企业创新的研究提供了有利视角。在现代技术日益复杂、竞争日益激烈的环境中，创新是企业可持续竞争优势和经济增长的第一驱动力。那么，何种政策可以促进企业创新？委托代理理论的文献试图基于公司治理视角来回答这一问题。其中，股权激励政策因为可以促使管理层与股东的利益趋于一致、降低企业创新过程中的代理成本，使得管理层有动机做出可能使公司价值最大化的创新决策，所以该政策被广泛认为可以使管理层更重视长期利益、提高其对创新风险的承担水平（Zhao，2013；朱琪和关希如，2019）、促进企业创新绩效（田轩和孟清扬，2018；赵息和林德林，2019）、促进企业自主创新（牛彦秀等，2016）。

2.1.3 资源依赖理论

资源依赖理论是组织理论中的重要理论之一，该理论的主要观点如下。第一，组织的生存需要在与环境的交换中获得关键性资源，其中环境通常包含其他组织，而关键性资源通常不能由组织自己生产；第二，对资源的需求构成组织对外部的依赖，资源的重要性决定依赖程度；第三，组织之间是相互依赖的，组织之间的非正式联结充当着协商渠道的角色，稳定彼此相互依赖的关系，组织能够采取策略来管理这种关系（Pfeffer 和 Salancik，2003）。

资源依赖理论为研究创新政策与企业创新之间的关系提供了一个重要的理论基础。在新兴市场中，政府所能提供的各种政策性资源，如政府补助、税收减免、产业园区等均是企业创新所需要的关键性资源。在政策陆续出台的过程中，上市公司逐渐形成了对政府的依赖关系，即上市公司依赖政府提供多种资源以降低企业的创新风险。基于资源依赖理论，组织可以制定各种决策来选择和适应环境，具体到本书，企业可以依赖政府补助缓解资金压力、促进研发投资（Carboni，2017；Cin 等，2017），进而提升创新绩效（Bayona Velasquez 等，2018；章元等，2018）。另外，企业通过履行社会责任所获得的资源也对企业创新有一定的促进作用。具体而言，CSR 将为企业赢得良好的声誉。例如，CSR 会带来更好的公司治理评级，从而提升企业的知名度（Chan 等，2014）；CSR 有利于减少企业的信息不对称，改善信息环境且增强资本市场的信心，使其可以享受较低的融资成本（Cheung 等，2018），或拥有更好的融资渠道（Cheng 等，2014）。这些良好的声誉对降低企业创新风险具有积极作用。

2.1.4 利益相关者理论

利益相关者理论认为，企业仅代表股东的利益是不够的，还需要代表其他相关者的利益。Freeman（1984）进一步给出了利益相关者的定义，认为需要将利益相关者与组织目标结合起来，一个组织的利益相关者可以影响其实现组织目标，不仅包括股东、员工、消费者，还包括政府、媒体等与组织相关的团体或个人。一些学者根据是否与企业有法律义务或是否直接影响企业运营对企业的利益相关者进行分类，一些与企业有明确法律义务且直接影响企业运营的团体被称为内部利益相关者（Freeman 等，2010）或主要利益相关者（Eesley 和 Lenox，2006），而那些与企业没有明确法律义务或间接影响企业运营的团体被称为外部利益相关者或次要利益相关者。企业满足自身经营所依赖且从中获取关键资源的内部人利益需求，能够有效提高组织能力。与外部利益相关者保持良好的关系可使企业获得社会合法性、享有良好声誉、获取重要信息等，有利于企业顺利实现预期收益或降低经营风险（Hawn 和 Ioannou，2016）。在实证研究过程中，针对相同分类采用的测量方法存在差异。例如，Hawn 和 Ioannou（2016）认为，企业内部 CSR 行为涉及员工、管理者与所有者，外部 CSR 行为涉及社会、政府、客户、供应商、债权人与股东。而其他一些学者则认为，企业内部利益相关者主要包括员工、股东、供应商、消费者和政府，外部利益相关者主要包括非营利组织和非政府组织等机构（Mattingly 和 Berman，2006；Freeman 等，2010）。

具体到本书，基于利益相关者理论，企业主要通过实施积极的 CSR 实践活动来提高利益相关者的利益，进而支持企业做出创新决策。例如，在企业内部层面，积极的 CSR 实践活动提升了员工的满意度，促进了其创新行为（Wisse 等，2018）；实施战略性 CSR 的企业通过其产品和流程创新，有利于获取竞争优势、提升企业价值、获得良好的财务绩效（Bocquet 等，2017）。在企业外部层面，CSR 将为企业赢得良好的声誉。具体而言，CSR 会带来更好的公司治理评级，从而提升企业的知名度（Chan 等，2014）；CSR 有利于减少企业的信息不对称，改善信息环境且增强资本市场的信心，使其可以享受较低的融资成本（Cheung 等，2018），或拥有更好的融资渠道（Cheng 等，2014）。这些良好的声誉对降低企业创新风险具有积极作用。

2.2　文献综述

2.2.1　创新政策的相关研究

创新政策是政府试图支持和影响社会经济和创新发展所制定的一系列政策，涵盖了知识产权、财税、产业、教育与信息、公共服务等几十种政策（Rothwell，1985）。创新政策的研究是面向问题的，而不仅仅是理论或范式驱动的（Morlacchi 和 Martin，2009），其作为一种制度安排，可以弥补市场失灵，创造一个优良的环境，助力企业建立创新网络，进而提高企业的创新能力（Lundvall，2010）。一个国家的创新政策旨在提高该国的经济竞争力，增加其社会总福利（Lanahan 和 Feldman，2015）。同时，政府机构、企业以及其他利益相关者之间的结构性关系是制定创新政策、解决实际问题和提高竞争力的核心（Hall 和 Taylor，1996）。然而，由于政府机构的分工、各国市场环境的差异、各企业特征的不同等，政策的实际效果未必与政策期望一致。因此，对创新政策的评估是必不可少的，通过评估创新政策的实际效果，可为创新政策的优化与实施提供决策上的参考，从而避免或尽量减少由于政府的期望与实际情况不符而造成的政策失败。而要对政策进行评估，需要清楚其内涵，因此这里将分别从创新政策的概念、框架与评估效果三个方面来阐述创新政策的相关研究。

（1）创新政策的概念

创新政策是政府试图支持和影响社会经济和创新发展所制定的一系列政策，Hadjimanolis 和 Dickson（2001）认为创新政策应纳入其他政策工具，如市场监管、税收和基础设施发展等，即创新政策是由科技政策、经济金融政策、产业政策及其他一系列相关政策融合而成的体系（Rothwell，1985）。不同于以往的科技政策和经济政策，其目标更侧重于营造创新环境和建设国家创新体系（魏喜武和薛霞，2016）。就目前我国政策制定者的认识，科技政策是创新政策的起点，其旨在培育和促进科技的进步与创新，包括科技活动的法律法规、指导方针和行为准则以及战略、计划和项目（Liu 等，

2011）。产业政策是在国家创新政策的背景下，通过对特定产业的补贴和支持，进而促进产业技术进步、调整产业结构、引领产业发展方向及增强产业竞争力（Liu 等，2011），其主要目标包括提高国家创新能力和社会生产力，改善企业的竞争环境和创新环境，帮助企业获得技术竞争力并引领市场发展（Guan 和 Yam，2015）。

显然，以上各种政策定义之间存在重叠。例如，新能源补贴政策既可以是经济金融政策也可以是产业政策，因此本书界定凡预期目标为创新的政策均可归属于创新政策。

（2）创新政策的框架

Schot 和 Steinmueller（2018）总结了当前关于创新政策的三个研究框架。其中，框架一（促进经济增长）始于二战后政府对科学和研发支持的制度化转变，其假设是这将促进经济增长并解决私人部门提供新知识的市场失灵问题。该框架的创新政策多以任务为导向，延续并在某些情况下扩大了政府以往为军事活动提供研究资金的作用，推动了原子武器、雷达、喷气式飞机、弹道导弹和计算机等技术的发展，部分技术同时适用于民用领域。该阶段人们将科学进步对环境、人类健康和社会福利的广泛影响看作进步的代价，因而这种影响一直被边缘化。直到 1986 年切尔诺贝利核泄漏事故发生后，情况才有所转变。此后，逐渐出现了框架二（构建国家创新体系）和框架三（实现可持续发展）。

框架二出现于 20 世纪 80 年代的全球化进程中，其重点在于提升竞争力，这种竞争力是由国家创新系统为知识创造和商业化所塑造的，以便解决政府干预创新过程中引发的系统失灵问题。该框架的重点是建立集群和网络以鼓励系统中各要素之间的学习，以及培养企业家精神。其理论背景源于学者们在该阶段认识到各国在创新能力方面可能存在重要的国际差异，并将注意力集中在学习过程和社会中不同组织之间的关系上。在该阶段，Freeman（2010）和 Lundvall（2010）使用"国家创新体系"一词来确定与科学技术知识的产生和运用有关组织的不同特征，该观点的核心是，有些特征可能比其他特征更有效，这在很大程度上解释了世界各地生产率和创新绩效极不平衡的原因。综上所述，框架二支撑了框架一的技术推动视角，框架一的创新基础线性模型从根本上得到了修正，对政策实践具有重要意义。框架二从创新基础线性模型转变为链式这类具有交互作用的模型。

框架三与当代社会和环境面临的挑战有关，如可持续发展、社会福利、人类健康等。其核心主张是，现有的促进经济增长和构建国家创新体系的创新政策框架，不适合应对社会和环境挑战。目前的创新政策虽然可能推动经济增长，但往往会加剧不平等（Dutrenit 和 Suarez，2018）。因此，Schot 和 Steinmueller（2018）总结了创新政策框架中实现可持续发展的模式，他们认为该框架的创新模式必须是实验性的。因为在一开始，没有已知的路径适合应对挑战，也无法在大规模应用中实施。只有通过具有不同动机和率先实践的各种行为者积累经验，才能发现和追求一种或多种可接受的途径，而试验的目的是系统性的、破坏性的变革。

综上，对于创新政策框架的总结如表 2–2 所示。

表 2–2　创新政策框架

框架	政策干预理由	模型	特征
促进经济增长	市场失灵	线性模型 （政策正向促进创新绩效）	创新是公共品 以任务为导向 科学发现的商业化
构建国家创新体系	政府失灵	链式模型 （政策的促进作用会受到制度等环境背景的影响）	知识是黏滞的 提升竞争力 建立集群和网络 培养企业家精神
实现可持续发展	创新的负面影响	链式模型 （将社会、环境等外部效应考虑在模型内）	变革转型 考虑环境污染、贫富差距等问题

（3）创新政策的评估效果

宏观层面，创新政策具有多重作用。首先，创新政策可以缓解经济危机。例如，20世纪90年代芬兰和瑞典的经济危机被公共政策所缓解，包括宏观经济紧缩、社会和就业政策的革新以及对公共创新支持的大量投资（Benner，2012）。其次，国家可以作为高水平风险承担者，从而在开发新技术方面发挥重要作用。各国应当关注金融对国家创新的重要影响，创新需要政府提供长期资金，以实现科学技术的商业化和传播（Mazzucato，2016）。最后，在满足一定条件的情况下，创新政策有利于促进国家的经济发展、提高社会福利（Yang和Han，2017）。然而，创新政策的实施效果会受到国家制度（Freeman，1988）、国家当前技术水平（Breznitz和Ornston，2013）等因素的影响。

中观层面主要包括区域及产业两个方面。在区域方面，首先，区域战略传播能够提升该区域的社会经济地位，并使其被视为创新系统中潜在的积极创新者，从而促进经济、环境和社会的可持续发展（Rinkinen等，2016）。其次，创新政策对区域经济增长的影响与该区域的社会条件、研发直接投资有关（Rodriguez-Pose和Peralta，2015），其成功与否也会受到集聚模式的制约（Ooms等，2015）。最后，未来的创新政策可通过调整投资结构、开展省际合作以提高创新效率（Zhang，2017），对于落后区域而言，应着重吸引外部创业者、支持新创与中小企业以及与外部集群建立积极的联系，另外，要使这类区域的创新得到发展，获得国家或区域的长期公共支持至关重要（Zitek和Klimova，2016）。在产业方面，现有研究一般聚焦于产业升级，政策通过影响市场的增长与分割，进而影响本土企业的产业升级。具体而言，对于发展中国家，各国为了支持当地公司的发展而制定了一系列的政策，使本土企业具有独特的优势。其中，低端企业获得了免受外国竞争的自然保护，而高端企业则获得了激励措施，同时鼓励外国企业将活动本地化（Thune和Boring，2015）。然而，这些政策往往限制了当地公司在升级过程中能够利用的机会和能力，会影响产业升级所需的专门知识、投入和资源的获得，以及它们的升级动机。而每一个环节都是发展阶梯上的关键一环，当国家政策无意打破了发展阶梯上的梯级时，产业升级就会停滞（Ledezma 和 Ivan，2013）。但是，也有学者指出，自由化政策对产业的创新升级并无显著的正向效应（Amable 等，2016）。

微观层面主要指创新政策对企业的微观影响，该层面是本书研究的主要内容，因此将重点阐述。由于企业研发活动的高投入和不确定性以及创新成果的外部性，企业技术创新过程存在一定程度的市场失灵，需要政府部门利用公共政策加以弥补。企业是在政府通过财政政策、产业政策等措施发挥重大影响的环境中运作的，如果公司缺乏技术专长与创新资本，使其不能承担风险和实施创新，那么企业将不太可能率先进入创新赛道。在这种情况下，各国政府可以通过多种政策来提供援助，大多数国家的政府目前正在为这些目标运作各种计划（Asakawa 等，2010；Nishimura 和 Okamuro，2018）。然而，通过对已有文献进行梳理，我们发现关于创新政策是否能够真正促进企业技术创新，存在相互矛盾的观点和证据。支持者认为创新政策能够缓解创新活动的市场失灵，有利于推动企业创新；反对者则指出，政策实施过程中的政府失灵比市场失灵问题更为严重，一些情况下很难达到政策预期效果。

具体而言，创新政策可以缓解市场失灵从而促进企业创新。例如，现有研究表明股权激励可以显著增加创新研发投入（田轩和孟清扬，2018；朱琪和关希如，2019）、促进企业创新绩效（田轩和孟清扬，2018；赵息和林德林，2019）、促进企业自主创新（牛彦秀等，2016）。同样，加大知识产权保护力度可以促进研发投资、提升企业创新绩效（Aloini 等，2017；Hussinger 和 Pacher，2019）。此外，税收、补贴、公共采购对企业研发支出有显著的影响（Becker，2015；Batabyal 和 Yoo，2018；Obwegeser 和 Mueller，2018；Sun 等，2018），并且这种影响会受到企业内外部情境的制约（Bucar 等，2009；Barbieri 等，2010）。

　　然而，创新政策可能导致政府失灵，从而无法促进甚至会抑制企业创新。例如，一些学者认为股权激励并不能促进企业创新绩效，股权激励更主要是一种福利制度，有时候非但没有使管理者和股东的利益一致，反而使管理者能够从股东那里征收一些租金（徐长生等，2018）。同样，也有一些学者认为加大知识产权保护力度对企业创新存在负面影响，主要因为较强的知识产权保护造成了垄断、减少了技术溢出与知识溢出，即导致了政府失灵，而较弱的知识产权保护伴随的技术溢出与知识溢出可能会促进创新，同时，在较弱的知识产权保护环境中，市场竞争力更强，当企业聚集在知识产权保护薄弱的环境中时，"搭便车"行为让本地企业获得更多的好处（Engel 和 Kleine，2015；Lamin 和 Ramos，2016）。此外，一些学者认为政府补助并不能促进企业创新，政府补助在短期内会挤占企业的研发投资（Boeing，2016），并且这种挤出效应不仅存在于新兴经济体，在发达国家也有类似情况。同时，由于受到政府的干预，受支持的公司似乎只是通过增加创新支出来耗尽其优势，不具有持续的推动力，所以并没有提高创新产出，甚至在一定程度上有可能抑制企业创新（Bronzini 和 Iachini，2014；Catozzella 和 Vivarelli，2016），尤其可能降低企业的自主创新能力（章元等，2018）。

　　另外，创新政策对企业创新的影响可能存在非线性关系。例如，徐宁等（2019）采用 2007~2014 年 A 股中小上市公司的平衡面板数据，发现股权激励强度与突破性创新模式之间存在显著的倒 U 形关系；Im 和 Shon（2019）的研究发现产业技术模仿程度与产业创新活动之间、产业技术模仿程度与企业创新价值之间存在倒 U 形关系；李勃昕等（2019）认为知识产权保护对 OFDI 逆向创新溢出的调节作用呈 U 形非线性影响；Liu 等（2019）的研究表明补助可以促进企业技术创新，但当补助过多时，则会抑制创新，即补助与企业绩效之间存在先升后降的倒 U 形关系；Huang 等（2016）的研究表明政府补助规模与企业创新效率之间存在先降后升的正 U 形关系。

综上所述，针对创新政策概念、框架与评估效果的研究，国内外学者已经取得了较为丰富的研究成果，为今后对创新政策进行进一步研究奠定了良好的学术基础。

2.2.2 创新能力的相关研究

（1）企业创新能力的概念与测量

企业创新能力指的是企业为提升创新水平所具备的各种能力的集合，这种能力通常会贯穿于企业发展的全流程，如研发、制造、市场营销、资源分配以及决策计划等（Guan 和 Ma，2003）。也有学者将其解释如下，即企业为了充分吸收并掌握现有技术，对其进行改进与创新所必须具备的知识和能力（Lall，1992）。Yam 等（2004）进一步指出，企业创新能力可分为以下几种：一是学习能力，二是研发能力，三是制造能力，四是营销能力，五是组织创新能力，六是战略计划能力。这些能力最终都会体现在企业长期有效的创新活动上，且产出绩效十分出色。表 2–3 即为现有的主要关于企业创新能力的测量维度研究。

表 2–3　企业创新能力的测量维度研究

代表文献	测量维度	不足之处
Zhang 和 Zhou（2016）	研发人员数量、正逆向工程、技术积累、创新产出	部分指标难以测量
Taghizadeh 等（2018）	创新质量、创新速度	部分指标难以测量
曹淑媛等（2019）	创新投入、创新产出、创新可持续性	不够全面

与此同时，还有相当数量的专家学者直接将创新能力与创新绩效等同，将专利数量、新产品产出作为测量指标，但这仅可揭示企业部分创新能力。另有一些学者通过建立创新能力指数的方式对企业创新能力进行评价，表 2–4 即为现有的企业创新能力的评价体系研究。

表 2-4　企业创新能力的评价体系研究

评价体系	研究结论	不足之处
企业自主创新能力评价体系（曹洪军等，2009）	从创新意识、创新实施和创新实现等角度全面构建评价体系，其中涉及 5 个二级指标和 27 个三级指标，此处的二级指标包括创新意识、创新投入强度、创新方式、创新产出强度以及创新活动管理能力	利用层次分析法确定权重，不够客观
中小企业创新能力评价体系（姜慧和曾群超，2014）	主要是从创新投入、创新基础、创新绩效等维度构建评价体系，涉及 13 个评价指标	利用层次分析法确定权重，不够客观
上市公司创新能力评价体系（孙建军等，2016）	包括 5 个二级指标（创新强度、创新资源、创新效益、创新绩效、创新可持续性）及 21 个三级指标	利用层次分析法和德尔菲法确定权重，不仅不够客观，且权重不对外公开

由表 2-4 可知，这些评价体系的共同缺陷在于其皆以层次分析法确定不同指标的权重，不够客观，也未兼顾全面性、系统性等重要原则。因此，本书借鉴表 2-4 中的部分指标，并结合表 2-3 的测量维度，最终确定衡量企业创新能力的维度有以下三个：一是创新质量，二是创新效率，三是创新可持续性。具体来说，首先，创新质量可以反映出色的创新绩效。比如企业研发出了与众不同的新产品，推出了全新的服务，可以更好地满足企业利益相关者的需求，该维度重在解释创新产出的品质（Taghizadeh 等，2018）。鉴于政府补助与创新质量之间的关系，可从侧面论证前者能激发企业追求核心技术的积极性与动力，进而增强企业核心竞争力，使其在市场中获得超额利润。根据专利法的相关定义与已有的研究文献（黎文靖和郑曼妮，2016；孔东民等，2017），本书选取能够凸显创新品质的发明专利数量作为衡量指标，该方法经常在评价一个城市或国家的创新水平时应用。其次，创新效率可体现企业创新的投入产出水平。创新效率的提高有以下两种情况：一是创新产出降幅较

小，但总投入降幅较大；二是创新产出增幅较大，但总投入增幅较小。因此，当政府补助增加但创新产出下降时，若其他投入来源的降幅更大，那么创新效率仍有提高的可能性。由于该指标将企业创新的总投入纳入了分析范畴，所以在探究政府补助与创新效率之间的关系时可起到一定的证明作用。本书选取专利申请数量与当年及前两年研发总支出与企业资产之间的比值作为衡量指标（Huang 等，2016；姚立杰和周颖，2018）。最后，创新可持续性可反映企业创新的连续性与长期性，原因在于企业创新活动（特别是高质量的创新）往往需要很长时间推进，具有较高的不确定性，且对企业资金有很高的要求，因此检验二者关系是否可持续，能够证明政府补助是否可以有效平滑企业内部的财务波动，进而检验企业创新是否可持续。本书选取企业的无形资产作为代理变量，这可归因于新会计准则中对无形资产的重新界定，其中不仅包括专利权、非专利技术，还涉及了商标权等，基本上涵盖了企业创新投入时可能涉及的各类活动信息，可将其作为判断企业综合创新活动结果的依据（鞠晓生等，2013；李健等，2018）。因此，本书可全面评估政府补助对企业创新的影响，以便为政策改进与完善提供参考。

（2）企业创新的影响因素

现有研究中，直接以创新能力为结果变量的文献相对较少。由前文可知，创新能力是企业创新水平的一种表现，因此本小节主要对企业创新的影响因素进行回顾。关于企业创新影响因素的研究，目前文献主要集中在三个方面：一是企业内部因素，二是企业外部环境，三是 CSR。一般而言，因为 CSR 既包括对内（如股东、员工）的利益，也包括对外（如供应商、客户、社会、环境）的利益，所以本书将其单独分类。其中，企业内部因素主要包括公司治理、资源整合能力和企业战略导向等方面；企业外部环境主要包括金融环境、企业外部合作与竞争和制度环境等方面。企业创新影响因素的相关研究如表 2–5 所示。

表 2-5　企业创新影响因素的相关研究

研究类别	研究视角	具体因素	代表文献
企业内部因素	公司治理	股权结构	陈岩和张斌（2013）；Aghion 等（2013）；Rong 等（2017）；张秀峰等（2015）；Flammer 和 Bansal（2017）
		管理层特征与高管股权激励	Barker 和 Mueller（2002）；Jia 等（2018）；Sattayaraksa 和 Boon-itt（2018）；Boone 等（2019）；虞义华等（2018）；田轩和孟清扬（2018）；赵息和林德林（2019）
	资源整合能力	知识能力与创新绩效	Aboelmaged（2014）；Cheng 等（2016）；谭云清等（2017）；Albort-Morant 等（2018）；屠兴勇等（2018）；Flor 等（2018）
		人力资本与智力资本	Bartelsman 等（2015）；Protogerou 等（2017）；Agostini 等（2017）
	企业战略导向	—	王德胜等（2016）；Broekaert 等（2016）；Wang 等（2016）；Adams 等（2019）
企业外部环境	金融环境	风险投资	Arvanitis 和 Stucki（2014）；Wadhwa 等（2016）；陈思等（2017）；王兰（2017）；Lee 等（2018）；刘刚等（2018）
		对外直接投资	Wu 等（2017）；Piperopoulos 等（2018）
		融资方式	Wu 等（2016）；Choi 等（2016）；Atanassov（2016）
	外部合作与竞争	—	Barbos（2015）；Al-Tabbaa 和 Ankrah（2016）；Fu 和 Li（2016）；Xia 和 Liu（2017）；Li 等（2018）
	制度环境——非正式制度	权力距离	Hsu 等（2010）；Bradley 等（2013）；Puia 和 Ofori-Dankwa（2013）
		个人主义	Erez 和 Nouri（2010）；Bradley 等（2013）；Desmarchelier 和 Fang（2016）；Tian 等（2018）
		长期导向	Rujirawanich 等（2011）；Tian 等（2018）；
		不确定性规避	House 等（2002）；Swan 和 Allred（2004）；Bradley 等（2013）；Lim 和 Park（2013）
	制度环境——正式制度	法律保护	Ushijima（2013）；Lamin 和 Ramos（2016）；Aloini 等（2017）；Yi 等（2017）；Im 和 Shon（2019）；李勃昕等（2019）
		政府支持	Huang 等（2016）；Wu（2017）；Carboni（2017）；章元等（2018）；Bayona Velasquez 等（2018）；姚东旻和朱泳奕（2019）；Liu 等（2019）
CSR	内部 CSR	—	Attig 等（2014）；Flammer 和 Kacperczyk（2016）；Wisse 等（2018）；Benlemlih 和 Bitar（2018）
	外部 CSR	—	Chan 等（2014）；Cheng 等（2014）；Arora 等（2016）；Cui 等（2018）；Cheung 等（2018）；Chu 等（2019）

①企业内部因素

公司治理方面。第一，股权结构是股东参与企业决策与运营的重要动力，不同股东的创新风险承担水平不同，不同的股权结构对企业创新的影响也不同（陈岩和张斌，2013）。基于管理层职业生涯假说，Aghion 等（2013）发现，机构所有权与企业创新呈显著正向关系。具体而言，机构投资者通过降低管理层职业风险来增加创新激励。这主要基于两方面原因：一方面，机构所有权与产品市场竞争之间存在互补性；另一方面，当机构所有权增加时，CEO 在利润下滑时被解雇的可能性降低。另外，机构投资者的监督是促进企业创新的重要机制。Rong 等（2017）的研究表明，机构投资者对企业创新的影响主要来自共同基金。同时，产品市场竞争越激烈，促进效应越明显，这种效应存在于民营和少数国有企业之间，但不存在于多数国有企业之间。然而，机构所有权会在一定程度上增强管理层对研发费用的自由裁量权，可能导致管理层投资短视。国内机构的短视主义会加剧管理层的短视行为，而国外机构起到了促进研发的调节作用。对于中国而言，所有权性质会显著影响企业创新绩效。一般来说，在科研创新阶段，非国有企业显著优于国有企业（张秀峰等，2015）。另外，所有权和控制权分离，会导致公司行为偏离利润最大化的目标，进而影响公司创新和长期生存（Flammer 和 Bansal，2017）。第二，管理层特征与高管股权激励对企业创新也有至关重要的影响。具体而言，在管理层特征方面，变革型领导能够促进企业创新绩效，而交易型领导会降低企业创新绩效（Jia 等，2018）。变革型领导可以通过创新文化、组织学习和开发新产品，间接促进产品创新绩效（Sattayaraksa 和 Boon-Itt，2018）。另外，当跨国公司母国的国家权力距离低且社会分层较低时，高管团队的民族多样性会积极地促进企业创业和创新，因为他们具有不同的文化背景（Boone 等，2019）。同样，当高管有营销、工程、研发或发明家经历时，企业的创新绩效更佳（Barker 和 Mueller，2002；虞义华等，2018）。在高管股权激励方面，一些学者认为股权激励对企业创新具有促进作用，这一观点主要基于委托代理理论，认为股权激励降低了代理成本，使管理层为股东的利益行事，是调整管理人员利益与股东利益的一种方式。一些研究基于该推理，采用实证研究的方法，证明了股权激励可以显著提高创新研发投入、促进企业创新绩效（田轩和孟清扬，2018；赵息和林德林，2019）、促进企业自主创新（牛彦秀等，2016）。然而，也有一些学者认为股权激励并不能促进企业创新，股权激励更主要是一种福利制度，有时候非但没有使管理者和股东的利益一致，反而使管理者能够从股东那里征收一些租金（徐长生等，2018）。另外，股权激励与企业创新之间也可能存在非线性关系，主要是因为委托代理理论与行为代理模型的共同作用（徐宁等，2019）。

资源整合能力方面。第一，一个组织在竞争环境中有效运作的能力在很大程度上取决于其知识能力与创新绩效，而知识能力与创新绩效呈正相关关系。管理者需要促进知识获取、共享和应用的动态过程，然后利用这一过程培育更高水平的技术和管理创新绩效（Aboelmaged，2014）。具体而言，一些研究将知识能力进行细化，以便为企业提供更具体的建议。例如，吸收能力（内部知识驱动）和关系学习（外部知识驱动）均对企业绿色创新绩效有显著的正向影响，同时关系学习还调节吸收能力与绿色创新绩效之间的关系（Albort-Morant 等，2018）；又如，资源应用约束和外部知识丰富性通过知识搜索深度的中介作用，对开放式创新绩效产生正向影响（谭云清等，2017）。此外，实施内部活动以强化根本性创新的企业更有可能从知识共享能力中受益，而企业的对外活动更有可能通过知识获取能力来提升创新绩效（Cheng 等，2016）。屠兴勇等（2018）的研究也发现，创业者网络能力显著促进企业渐进式创新绩效，外部知识获取在两者之间起到（部分）中介作用。同样，企业外部搜索广度和深度的能力促进了创新绩效，企业潜在吸收能力对外部搜索广度和深度与创新绩效之间的关系具有正向调节作用，而企业已实现的吸收能力负向调节上述两者的关系（Flor 等，2018）。第二，人力资本与智力资本是组织中宝贵的知识资源，是创新活动的关键推动者，也是创新绩效和后续竞争优势的关键驱动因素。在人力资本方面，Bartelsman

等（2015）考察了在条件生产率分布的不同点上，人力资本如何影响创新的生产率。该研究分别基于 2000~2008 年德国 6634 家企业和荷兰 14841 家企业的非平衡面板数据，选取了技术强度水平不同的 5 个制造业和服务业，发现德国工业的特点是人力资本密集度分配更不平等，而荷兰工业的特点是高技能员工的平均比例更高。在德国，除低技术制造业外，其他所有行业的平均创新绩效都较高，而荷兰的创新绩效分布更加分散。Protogerou 等（2017）探讨了不同的企业资源和能力，如创始人的人力资本、劳动力的人力资本和知识获取的外部来源对初创企业创新绩效的影响。该研究基于一项欧洲调查，其调查了 10 个国家中成立时间为 3~10 年的初创公司，涵盖了知识密集型的服务业和制造业。研究结果显示，创始人的人力资本、团队功能和教育背景多样性，以及企业与大学的技术协作这几项因素对初创企业的创新活动有重要的影响。在智力资本方面，Agostini 等（2017）基于 150 家制造业中高科技产业的中小企业的调查数据，发现创新资本和关系资本表现出显著更高的激进性和增量性创新绩效，即拥有强大的智力资本有助于中小企业增强其产生根本性和渐进式创新的能力。

企业战略导向方面。战略导向是企业对未来的发展定位与态势选择，与企业创新密切相关。例如，Wang 等（2016）通过比较制造业和服务业企业的创新机制，探讨了顾客导向对创新绩效的影响，发现顾客导向对制造业和服务业企业的服务创新能力和产品创新能力有正向影响，而这种影响是由两种重要的企业资源——供应商合作和技术能力来调节的。Adams 等（2019）分析了客户导向、技术导向和客户/技术结合导向这三种类型的战略导向对企业创新绩效的直接影响，以及营销管理对创新绩效的调节作用。其研究结果表明：客户/技术结合导向的组织比仅以客户导向或技术导向的组织表现更好，营销管理正向调节所有影响，但对技术导向的组织影响是最大的。此外，王德胜等（2016）指出探测型战略导向、分析型战略导向及防卫型战略导向对企业的双栖创新选择具有重要的影响。此外，在战略灵活性方面，Broekaert 等（2016）发现家族企业很少从事研发工作，但具有更灵活的组织，这种灵活性使他们能够成功地研发新产品，甚至在工艺创新方面优于非家族企业。

②企业外部环境

金融环境方面。第一，基于资源基础理论与交易费用理论，大量学者研究风险投资对企业创新的影响。一些研究认为风险投资对企业创新存在显著的正向影响。具体而言，Lee 等（2018）发现企业风险投资单位的结构自主程度与企业的探索性创新绩效呈正相关关系。陈思等（2017）发现这种促进作用是因为风险投资的进入有利于被投资企业引入研发人才，且风投机构可以为其提供行业经验与资源。在情境因素方面，外资背景的风险投资、多家风险投资联合以及风险投资的投资期限均对风险投资进入与企业创新活动之间的正向关系有正向的调节作用。王兰（2017）认为风险投资机构的增值服务正向促进企业创新绩效。然而，也有一些研究认为风险投资对企业创新不存在显著的正向影响。具体而言，Arvanitis 和 Stucki（2014）分析了创业初期风险投资对被投资企业创立起 3 年、6 年和 9 年后创新绩效的影响，其研究结果既不支持对初始创新活动具有正向影响的假设，也不支持对初创企业创新绩效具有正向的时间可持续性影响的假设。Lee 等（2018）发现企业风险投资单位的结构自主程度与开发性创新绩效呈负相关关系。王兰（2017）认为风险投资机构的监控行为负向影响企业技术创新绩效，风险投资增值服务与技术创新绩效呈正相关关系。此外，还有一些学者认为两者之间呈非线性的关系。具体而言，Wadhwa 等（2016）发现投资组合多样性对企业投资者创新绩效的影响呈倒 U 形的关系，多样性的影响取决于组合中可用知识资源的深度。刘刚等（2018）发现风险投资声誉对联合投资的影响呈倒 U 形，而联合投资比独立投资更有利于企业创新绩效。第二，新兴跨国公司可通过对外直接投资寻求知识、整合知识以提高其国内创新能力，因此对外直接投资与创新绩效一般呈正相关关系。例如，Wu 等（2017）利用中国制造业企业的调查数据，证明了对外直接投资正向促进企业创新绩效，且当外国企业获得新兴市场跨国公司的所有权权益和研发强度较高时，对外直接投资与创新绩效之间的正相关关系更强。Piperopoulos 等（2018）研究了中国新兴市场企业对外直接投资如何提高子公司的组织学习和创新绩效，以及地理位置的选择是否影响这种关系，结果表明，对外直接投资对中国新兴市场企业子公司的创新绩效有正向影响，且当对外直接投资的对象是发达国家而非新兴国家时，这种影响更为明显。该结论支持了知识寻求机制，即新兴市场企业可以利用对外直接投资作为一种全球化研发并提高其创新绩效的战略。

第三，对于股权融资与债务融资对企业创新的影响，学者们基于不同的样本、不同的情境因素得出不同的结论。基于创业金融理论，Wu 等（2016）考察了新兴经济体创业公司不同资金来源之间的权衡及其对创新的影响。在新兴经济体中，企业融资的一个独特方面是非正规资本的存在，因为与成熟经济体相比，新兴经济体创业公司获取正规资本来源的准入受到更多限制。该研究使用来自新兴经济体——中国的 3235 名企业家的调查数据检验非正式债务对企业创新的影响，研究表明，非正式债务水平与创业企业的创新绩效之间呈倒 U 形关系。非正式债务对促进创新的价值有限，因为企业很少或没有机会获得较便宜的机构融资，而较发达的机构环境则强化了非正式债务的影响。另外，Choi 等（2016）研究了债务作为一种治理机制在平衡探索式创新与利用式创新中的作用，研究表明，虽然股权对探索式创新至关重要，但债务通过强加现金流义务和破产威胁，为从事利用式创新提供了激励。该研究利用专利数据证明，企业的杠杆作用与知识利用活动呈正相关，这表明股权持有者重视债务在刺激利用式创新中的作用。然而，Atanassov（2016）以美国公司为例，证明那些更依赖于公开融资（如公共债务和股票）的公司，比那些使用其他融资渠道（如基于关系的银行融资）的公司，其创新更多、创新质量更高。支持这一假设的证据是，拥有更多独立融资的公司具有更大的创新产出波动性，更有可能在新的技术领域进行创新。此外，仅关注银行债务融资时，如果企业从多家银行贷款，主要使用信贷额度，并没有那么严格的契约，它们就会有更多的创新。创新在新的公共债务发行和股权发行之后显著增加，但在新的银行贷款之后没有变化。

外部合作与竞争方面。外部合作可以为企业提供知识网络、社会资本，建立良好的供应商—客户关系等，从而促进企业创新。由于供应商—客户关系同时属于 CSR 范畴，因此本书将与供应商—客户关系相关的文献归入 CSR 部分，这里主要介绍知识网络与社会资本等方面。社会资本可以作为企业的一种重要的价值创造机制，Al-Tabbaa 和 Ankrah（2016）通过分析大学产业合作前期和后期社会资本维度的动态，来验证社会资本对企业创新的影响，分析表明，各维度的影响和相互作用不是静态的，而是随时间变化的。这项研究主要集中在校企联动对创新的促进作用上，而未研究国内外高校在这一过程中所扮演的不同角色。鉴于此，Fu 和 Li（2016）利用中国国家级企业调查数据库，探讨了国内外高校对新兴经济体创新绩效的不同影响，研究发现，与其他发展中国家的领先大学，特别是新兴工业化经济体和新兴南方国家的大学进行国际创新合作，在促进中国本土企业的突破性创新方面卓有成效。相比之下，美国／欧盟／日本的大学对外资企业的贡献是显著的，同时与国内大学的合作在中国先进技术的传播中也发挥了重要作用。此外，政府关系也是一种社会资本，Li 等（2018）的研究表明，政府关系水平越高，企业的创新能力越强。同时，与更具创新性的经济利益相关者（如供应商、购买者和竞争对手）接近的公司往往具有更高的创新绩效。除了这些独立的积极影响，该研究还考察了这两种形式的利益相关者影响的联合效应，结果显示，更多的影响并不总是更好，具体而言，当企业与更有创新精神的经济利益相关者关系密切时，那些同时拥有更高级别政府关系的企业通常获得的创新利益会被削弱。竞争在创造有利于创新的条件中起着重要的作用，两者之间的关系较为复杂。例如，Xia 和 Liu（2017）研究了国内外竞争对民营高新技术企业创新绩效的影响。该研究认为，国内外竞争对本土民营企业创新绩效的影响会有所不同，这是因为民营企业与竞争对手之间的资源依赖类型不同，以及民营企业从中获得的学习能力不同。研究结果表明，国外竞争与民营企业的创新绩效呈 U 形关系，而来自国有企业的竞争对民营企业的创新绩效有正向影响。该研究揭示了在转型经济背景下，不同类型的竞争对手对当地私营企业创新绩效的差异化影响。另外，Barbos（2015）研究了竞争压力下的信息获取，并提出了一个模型来检验产品市场竞争与行业创新活动水平之间的关系，认识到企业可以在风险维度和定量维度上强化其创新活动，结果显示，产品市场竞争和创新之间存在倒 U 形关系。

制度环境方面。制度理论表明，如果企业获得制度支持，它们的表现往往会更好（Back 等，2014）。一般来说，制度分为正式制度与非正式制度，其中正式制度主要指法律法规、政策等成文的规定，非正式制度主要指文化环境。由于本书主要研究创新政策对企业创新的影响，因此这里重点阐述正式制度对企业创新的影响。

非正式制度方面。目前大量学者对商业领域的文化与创新之间的关系进行了研究，现有对文化环境的研究主要集中于权力距离、个人主义、长期导向、不确定性规避等方面，具体如下。第一，权力距离是指一个国家的机构和组织中权力较小的成员所接受的权力分配不平等的程度，学者们普遍认为，在低权力距离文化中，层级不那么严格，有利于打破权力壁垒，从而比高权力距离文化中，个体在思想产生上表现出更高的新颖性（Bradley 等，2013）。同时，高权力距离文化中的个体也会因缺乏资源或机会做出创新决策，这会降低其通过创新解决问题的动机（Hsu 等，2010），从而抑制技术创新（Puia 和 Ofori-Dankwa，2013）。第二，个人主义是指个体之间的联系是松散的、独立的；而集体主义的个体被整合成强大的、有凝聚力的群体（Tian 等，2018）。在个人主义文化中，人们更有可能为了追求自己的目标或成就而独立做出决定。因此，个人主义文化更鼓励冒险和奖励创业行为（Bradley 等，2013），在这种情况下，个体倾向于产生新奇的和创造性的想法（Erez 和 Nouri，2010）和开展创新活动（Desmarchelier 和 Fang，2016）。相反，集体主义文化的特点是，个人的愿望和主动性服从于集体目标，这通常被认为是不利于创新的（Jones 和 Davis，2000）。第三，儒家文化的"长期导向"是指培养以未来回报为导向的美德，尤其是坚持不懈和节俭（Tian 等，2018），考虑到大多数技术发展需要长期规划和投资，与儒家文化"长期导向"相关的特征就通常有可能与更高水平的创新相关（Rujirawanich 等，2011）。第四，不确定性规避是指社会成员对不确定性和模糊性感到威胁的程度。他们努力通过社会规范、仪式和官僚惯例来降低未来事件的不确定性和不可预测性（House 等，2002）。那些高度规避不确定性的人会感到模棱两可的情况的威胁，并试图通过共识、正式规则、保护主义和程序来降低不可预见的风险，这些活动会抑制创新（Swan 和 Allred，2004）。相比之下，不确定性规避较弱的文化通常表现为接受竞争和异议，这是产生新思想以及创新产品和服务的必要条件（Bradley 等，2013；Lim 和 Park，2013）。总体而言，低不确定性规避有利于创新。

正式制度方面。本书从法律保护与政府支持两个视角进行深入阐述。通过回顾法律保护的相关文献可知，一些学者认为加强法律保护可以促进企业创新。具体而言，加强法律保护可以减轻投资者对专有技术溢出的担忧，从而促进外商直接投资（Ushijima，2013）。同样，专利法还可以通过保护发明的专有权直接促进创新，知识产权保护机制包括多种适合于保护企业有价值无形资产的方法，在创新日益开放的背景下，知识产权保护对促进企业创新有重要的作用。例如，Aloini 等（2017）基于 2012 年芬兰、意大利、瑞典和英国 477 家公司的调查数据进行研究，结果表明加强知识产权保护对企业创新绩效的提高有正向影响。另外，特定区域的市场化和特定行业的制度政策增强了国有企业的研发强度对创新绩效的促进作用，监管机构有利于新兴市场企业在内部能力薄弱的情况下进行创新（Yi 等，2017）。然而，也有一些学者认为加强法律保护对企业创新存在负面影响，主要因为较强的法律保护造成了垄断、减少了技术溢出与知识溢出，即导致了政府失灵。例如，Lamin 和 Ramos（2016）以印度的实地调查为基础，通过分析 2003~2010 年印度 3475 个研发实验室投资决策的样本，研究了行业内和行业间的知识溢出对当地企业研发投资的影响，发现无论是行业内还是行业外，本地公司都可以从其他本地公司那里免费获得资金，即当企业聚集在知识产权保护薄弱的环境中时，"搭便车"行为让本地企业获得更多的好处。另外，知识产权保护水平与企业创新之间可能存在非线性的关系。例如，Im 和 Shon（2019）的研究采用美国 1977~2005 年的专利数据，发现产业技术模仿程度与产业创新活动之间、产业技术模仿程度与企业创新价值之间存在倒 U 形关系。一般情况下，在创新过程中企业之间正外部性的相互作用大于"搭便车"问题的负面影响，然而当技术模仿处于极高水平时，"搭便车"问题的负面影响就会大于正面影响。与之类似，基于国内数据，李勃昕等（2019）认为知识产权保护对 OFDI 逆向创新溢出的调节作用呈 U 形非线性影响。

接着回顾政府支持的相关文献，一般而言，政府支持包括 R&D 补贴、政府税收优惠、政府采购等方面。一些学者认为政府支持可以作为一种政策工具，用来减少市场失灵，从而促进企业创新。具体而言，首先，政府拨款可以作为私人投资者的信号，信号效应是一种认证，它能增强企业获得外部融资的能力。例如，Wu（2017）使用了 2009~2013 年中国上市公司的数据进行实证研究，发现接受研发补贴增加了企业对外融资的可能性，国有企业比民营企业获得更多的研发补贴，但是民营企业的 R&D 经费发放的信号效应要强于国有企业。其次，政府支持还可以直接促进企业的研发投资、提高企业的创新绩效。例如，Carboni（2017）基于具有代表性的横跨七个欧洲国家的制造业跨国公司样本进行实证研究，结果表明，政府支持对企业的研发投资有积极的影响；Cin 等（2017）也发现政府研发补贴对韩国制造业中小企业的研发支出有显著的积极影响；姚东旻和朱泳奕（2019）基于中国工业企业数据库，证明了政府补助对于企业后续创新投入具有显著的促进作用，并且这种作用在私人企业、东西部企业、非高新企业中更为明显；章元等（2018）基于中关村高新技术企业 2001~2012 年的样本展开研究，发现政府补助显著提高了企业创新绩效，主要表现为购买引进新技术增加与短期创新激励效应提高；Bayona Velasquez 等（2018）基于哥伦比亚的研究表明接受补贴与公司创新之间存在正相关关系，并且在实现吸收创新的过程中，其产品和服务在国内和国际市场均取得了成功。最后，政府支持对企业创新的影响具有一定的异质性。例如，Castellacci 和 Lie（2015）的研究表明，在采用增量计划的国家，平均而言，研发税收抵免对中小企业、服务部门企业和低技术部门企业的额外性影响更大。Beck 等（2016）指出，政策引导部分只对激励创新有显著意义。另外，Zhang 和 Guan（2018）的研究表明政府直接补贴在短期内有利于企业，但不利于企业的长期创新绩效；而间接税收抵免则有利于企业的短期和长期创新绩效。同时，基于资源基础理论和社会资本理论，该研究建议在评估激励的有效性时，应该考虑资源禀赋的两个维度——财务和人力冗余。具体来说，财务冗余正向调节政府激励与企业创新绩效之间的关系，而人力冗余则起到相反的调节作用。

然而，也有一些学者认为政府支持可能导致政府失灵，从而并不能显著促进企业创新绩效，在一定程度上甚至可能抑制企业创新。例如，Zampa 和 Bojnec（2017）采用企业会计数据、补贴数据和企业层面调查获得的数据进行分析，发现政府补贴并未提高企业创新水平。章元等（2018）的研究获得了更细致的结论，该研究基于中关村高新技术企业 2001~2012 年的样本展开研究，发现政府补助降低了企业的自主创新，并且对企业的长期创新并无激励作用。Catozzella 和 Vivarelli（2016）的研究也表明政府补助对企业创新生产力有负面影响，由于受到政府的干预，受支持的公司似乎只是通过增加创新支出来耗尽其优势，而并没有提高创新产出。此外，也有一些研究认为政府支持与企业创新绩效间呈非线性的关系。例如，Liu 等（2019）基于中国电子制造业样本的研究表明，补贴可以促进企业技术创新，但当补贴过多时，则会抑制创新，即补助与企业绩效之间存在先升后降的倒 U 形关系。异质性研究表明，补贴对非国有企业的影响大于国有企业。但是 Huang 等（2016）的研究表明政府补助规模与企业效率之间呈现先降后升的正 U 形关系。

③ CSR

根据 Mcwilliams 和 Siegel（2000），CSR 是指"一种不被法律强制要求，致力于促进社会利益并超越企业明确的交易利益的企业行为"。类似地，Mackey 等（2007）指出，CSR 是一种旨在提升社会条件的自愿行为，

CSR 既包括对内（如股东、员工）的利益，也包括对外（如供应商、客户、社会、环境）的利益。根据 Cho 等（2007）案例调查发现，组织的技术创新或变革活动需要其他组织或组织间的协作才能得到有效实施和传播，尤其需要对相关组织之间潜在的利益冲突进行协调，共同识别并努力解决创新过程中可能存在的问题。因此，企业需要广泛地与这些利益相关者建立良好的关系，帮助企业更好地识别环境变化以及获取必要的资源和支持（Akgun 和 Keskin，2014），从而有效地促进企业创新。积极的 CSR 对于企业创新的作用体现在两大方面：一方面是传统的创新促进机制，体现在 CSR 能够直接促进企业创新；另一方面是新兴的企业风险控制机制，体现在 CSR 能够缓解或降低企业创新过程中的风险。在 CSR 促进企业创新方面，与利益相关者的积极关系有助于建立广泛的知识和资源网络，以支持其创新和适应新的业务计划（Gunasekaran 等，2011；Pal 等，2014）。具体而言，在企业内部层面，积极的 CSR 实践可以提高员工的创新生产力来激发创新（Flammer 和 Kacperczyk，2016），也可以提升员工的满意度，进而促进其创新行为（Wisse 等，2018）。另外，CSR 活动降低企业的投资—现金流敏感性（Attig 等，2014），从而改善投资不足与过度投资等问题，提升投资效率（Benlemlih 和 Bitar，2018），有利于促进创新。在企业外部层面，CSR 为企业赢得良好的声誉。例如，CSR 有利于减少企业的信息不对称（Cui 等，2018），改善信息环境且增强资本市场的信心，企业可以享受较低的融资成本（Cheung 等，2018），或拥有更好的融资渠道（Cheng 等，2014），降低企业的资金成本，从而促进企业创新。在 CSR 控制企业风险方面，参与 CSR 相关活动可以提高企业声誉与社会地位，从而让企业为新的业务计划创造机会（Ortiz-De-Mandojana 和 Bansal，2016），降低企业的创新风险。例如，CSR 将带来更好的公司治理评级，从而提升企业的知名度（Chan 等，2014），一定程度上降低创新的市场风险。另外，"高风险、高收益"并不是普遍存在的（Bowman，1980），企业运营过程中的一些风险承担行为并不一定会促进创新，其中存在各种内部和外部的权变因素（Bromiley，1991；

Nickel 和 Rodriguez，2002）。例如，在企业进行风险承担时，如实施产品多样化（Su 和 Tsang，2015）等企业创新行为，积极的利益相关者关系能够降低市场风险。此外，外部利益相关者也可以为企业提供创新知识，当客户本身更具有创新性、供应商和顾客在技术空间上更接近，且顾客的需求占供应商总销售额的比例更大时，供应商—顾客地理上的邻近对企业创新的正向影响更强（Chu 等，2019）。类似地，Arora 等（2016）基于 5000 多家美国制造业公司的调查数据展开研究，发现 49% 的公司表示他们最重要的新产品来自外部，尤其是客户、供应商和技术专家（即大学、独立发明家和研发承包商）。总体而言，外部发明源对经济中的整体创新率做出了重大贡献。

2.2.3 创新政策与企业创新的相关研究

本书主要研究数字技术的应用、股权激励、"营改增"政策、知识产权保护与政府补助对企业创新的影响。此处仅详细阐述股权激励、知识产权保护与政府补助这三项政策对企业创新的影响，相关代表性研究如表 2-6 所示。

表 2-6 本书所研究政策对企业创新影响的相关研究

研究政策	研究结论	情境因素	代表文献
股权激励	可以显著提高创新投入	—	Flammer 和 Bansal（2017）；田轩和孟清扬（2018）；朱琪和关希如（2019）
	可以显著促进企业创新绩效	—	田轩和孟清扬（2018）；赵息和林德林（2019）
	会抑制企业创新绩效	—	徐长生等（2018）
	股权激励与企业创新投入/突破性创新模式之间是非线性的关系	—	徐宁（2013）；徐宁等（2019）
股权激励	—	行业、所有权性质、激励方式、股价信息含量等	田轩和孟清扬（2018）；朱琪和关希如（2019）；杨慧辉等（2018）

研究政策	研究结论	情境因素	代表文献
知识产权保护	可以提高创新投入	—	Ushijima（2013）
	可以促进企业创新绩效	—	Aloini 等（2017）；Hussinger 和 Pacher（2019）
	会抑制企业创新绩效	—	Engel 和 Kleine（2015）；Lamin 和 Ramos（2016）
	知识产权保护水平与企业创新绩效之间可能是非线性的关系	—	Im 和 Shon（2019）
	—	行业、企业规模、所有权权性质、金融发展水平、外部利益相关者等	Holgersson（2013）；Nikzad（2015）；吴先明等（2016）；Fang 等（2017）；Maskus 等（2019）
政府补助	可以显著提高企业创新投入	—	Carboni（2017）；Cin 等（2017）；姚东旻和朱泳奕（2019）；Bianchini 等（2019）
	可以显著促进企业创新绩效	—	章元 等（2018）；Bayona Velasquez 等（2018）；
	会挤出企业研发投资	—	Bronzini 和 Iachini（2014）；Boeing（2016）
	会抑制企业创新绩效	—	Catozzella 和 Vivarelli（2016）；Zampa 和 Bojnec（2017）；章元等（2018）
	政府补助与企业创新绩效间呈非线性的关系	—	Liu 等（2019）；Huang 等（2016）
	—	企业规模、行业、企业创新水平、财务约束	Haapanen 等（2014）；Bronzini 和 Piselli（2016）；Choi 和 Lee（2017）；Du 和 Li（2019）

（1）股权激励对企业创新的影响

一些学者认为股权激励有助于促进企业创新，这一观点主要基于委托代理理论，认为股权激励降低了代理成本，使管理层为股东的利益行事，是调整管理层利益与股东利益的一种方式。一些研究基于该推理，采用实证研究的方法证明了股权激励可以显著提高创新投入（田轩和孟清扬，2018；朱琪和关希如，2019）、促进企业创新绩效（田轩和孟清扬，2018；赵息和林德林，2019）、促进企业自主创新（牛彦秀等，2016）。另外，基于高管职业关注的视角，CEO 出于对被解雇的担忧，会导致对有风险的创新想法的投资不足，即过度保守，而股票期权可以鼓励员工提出创新想法，避免过度保守（Laux，2015）。基于长期导向视角，Flammer 和 Bansal（2017）发现，实施高管长期激励会促进企业创新投入等长期战略的投资增加，表明以长期高管薪酬的形式对高管施加长期激励可以提高企业研发投入，而企业的短期主义则会阻碍企业创新。基于创新的风险视角，Chen 等（2016）认为长期激励可以产生一种创新的但风险更大的生产方法，当诱导创新非必要时，激励会随着风险和厌恶风险的程度而降低；而当诱导创新成为必要时，激励会随着风险和厌恶风险的程度而增加。总之，在创新机会多但风险更大的技术迅速升级的今天，激励尤为重要。

然而，也有一些学者认为股权激励并不能促进企业创新，股权激励更主要是一种福利制度，有时候非但没有使管理者和股东的利益一致，反而使管理者能够从股东那里征收一些租金。例如，徐长生等（2018）基于 A 股 2337 家上市公司 2009~2013 年的微观数据，分别运用 OLS 与 PSM 方法检验了股权激励对企业创新的影响，其回归结果均表明股权激励对上市公司的创新活动并无显著的促进效应。

另外，股权激励与企业创新之间可能存在非线性关系，主要是因为委托代理理论与行为代理模型的共同作用。例如，徐宁等（2019）采用 2007~2014 年 A 股中小上市公司的平衡面板数据，发现股权激励强度与突破性创新模式之间呈显著的倒 U 形关系；另外，徐宁（2013）基于 2007~2010 年 A 股高科技上市公司的面板数据，发现高管股权激励力度与 R&D 投入之间也呈显著的倒 U 形关系。

最后，一些学者探讨了企业内外部情境因素对股权激励与企业创新之间关系的影响，主要包括行业、所有权性质、激励方式等因素，具体如下。一些研究认为股权激励对企业创新的促进效应主要存在于主板企业、非国有企业、高新技术行业（朱琪和关希如，2019），以及股价信息含量高的企业中（田轩和孟清扬，2018）。并且，与管理层股权激励相比，核心员工股权激励对创新绩效的提升作用更明显（赵息和林德林，2019）。另外，当代理问题严重以及对管理的监测非常薄弱时，除非进行有效的设计，否则管理人员的薪酬可能成为征收租金的另一种工具。例如，杨慧辉等（2018）采用案例研究法，研究股权激励所处情境对企业创新的异质性影响，发现只有在控股股东发挥积极监督治理作用的环境中实施股权激励，才可以提高企业创新投入，并促进产出成果转化。

（2）知识产权保护对企业创新的影响

一些学者研究发现，专利通过创造事后垄断租金来鼓励事前创新，解决了市场失灵导致的投资不足问题，因此加大知识产权保护力度可以促进企业创新，具体有以下几方面路径。其一，加大知识产权保护力度可以促进投资。例如，Ushijima（2013）估计了1985~2004年日本外商直接投资与东道国专利权保护之间的关系，发现东道国专利权保护的加强减轻了投资者对专有技术溢出的担忧，因此促进了外商直接投资，这种影响在具有高度创新（模仿）能力和技术密集型产业的国家中普遍存在。其二，专利通过向公众披露知识促进创新。研发对于公司的盈利能力和增长通常是必不可少的，同时研发也是长期且有风险的，创新活动会导致企业资产未来价值的信息不确定性，这种效应在那些名气较小的公司中更为明显，而信息不确定性进一步降低了企业的市场价值，特别是创新资产的市场价值。然而，高质量的专利可以减少企业内外部的信息不对称，进而促进企业创新（Hussinger 和 Pacher，2019）。其三，专利通过保护发明的专有权促进创新。知识产权保护机制包括多种适合保护企业有价值无形资产的方法，在创新日益开放的背景下，知识产权保护对促进企业创新有重要的作用，但是知识产权保护在一定程度上限制了与外部合作伙伴共享知识的目标，对此 Aloini 等（2017）基于 2012 年芬兰、意大利、瑞典和英国 477 家公司的调查数据进行研究，结果表明加强知识产权保护对企业创新绩效的提高有正向影响。

然而，也有一些学者认为加大知识产权保护力度对企业创新绩效存在负面影响，主要因为较强的知识产权保护造成了垄断、减少了技术溢出与知识溢出，即导致了政府失灵，而较弱的知识产权保护伴随的技术溢出与知识溢出可能会促进创新。例如，Engel 和 Kleine（2015）将创新者与模仿者的情况建模为游戏，并在实验室中进行测试，与标准理论所预测的相比，实验结果显示出更多的投资与创新行为。具体而言，在实验室中为模仿者提供"免费的午餐"不会对创新产生影响。参与者对公平问题很敏感，但这种被盗用的担忧还不够强烈，不足以抵消人们对创新的强烈投资倾向，这种投资倾向超过了标准理论的预测，数据表明这种行为源于不想被同伴超越的意愿，即与担心创新被盗用相比，创新者更担心被模仿者超越，所以会加大创新投入，即在较弱的知识产权保护环境中，市场竞争力更强。与之结论相类似的，Lamin 和 Ramos（2016）以印度的实地调查为基础，通过分析 2003~2010 年印度 3475 个研发实验室投资决策的样本，研究了行业内和行业间的知识溢出对当地企业研发投资的影响，发现无论是行业内还是行业外，本地公司都可以从其他本地公司那里免费获得资金，即当企业聚集在知识产权保护薄弱的环境中时，"搭便车"行为让本地企业获得更多的好处。

另外，知识产权保护水平与企业创新之间可能存在非线性关系。例如，Im 和 Shon（2019）的研究采用美国 1977~2005 年的专利数据，发现产业技术模仿程度与产业创新活动之间、产业技术模仿程度与企业创新价值之间存在倒 U 形关系。一般情况下，在创新过程中企业之间正外部性的相互作用大于"搭便车"问题的负面影响，然而当技术模仿处于极高水平时，"搭便车"问题的负面影响就会大于正面影响。同时，笔者还对集聚产业与非集聚产业的模仿作用进行了比较分析，其结果表明适度模仿的积极作用和过度模仿的消极作用在集聚产业中更为明显。因此，创建创新集群，如美国的硅谷和中国的深圳，允许不同的创新者相互合作、模仿和竞争，有效地促进企业创新，但是过高水平的技术模仿对创新集群中的企业有害，因为它降低了这些企业进行颠覆式创新的动力。

最后，一些学者探讨了企业内外部情境因素对知识产权保护与企业创新之间关系的影响，主要包括企业规模、金融发展水平、外部利益相关者等因素，具体如下。其一，相关研究普遍认为严格的知识产权保护对大企业更有利。例如，Nikzad（2015）基于加拿大的企业数据，比较了公司规模对知识产权使用情况的差异，研究发现尽管获得正式的知识产权对中小企业有潜在的好处，但与大企业相比，中小企业的创新率较低，加之知识产权体系的成本和复杂性，中小企业使用知识产权的程度低于大企业。尽管有这样的缺陷，但专利既可以保护中小企业的创业精神，也可以被用来吸引客户和风险资本，这对中小企业的生存和发展至关重要。因此，虽然中小企业使用专利的程度低于大企业，但专利行为仍然扮演着重要的角色（Holgersson，2013）。其二，知识产权保护是通过确保研发投资的回报来刺激创新的，而这些投资必须得到资金支持，所以创新对知识产权保护的响应程度因金融发展水平而异。例如，Maskus 等（2019）研究了 1990~2009 年国内和国际金融市场发展以及专利保护对 20 个经合组织国家 22 个制造业研发强度的联合影响，结果表明不同类型的金融发展水平所产生的主要影响各不相同。在股权和信贷市场不发达的国家，知识产权保护提高了高专利行业的研发能力；在债券市场发达的国家，研发对知识产权保护力度更加敏感。类似地，吴先明等（2016）基于 2003~2012 年 86 个后发国家的研发数据，发现知识产权保护程度越高的后发国家，金融发展水平越能促进研发投入。其三，创新与各种类型的外部利益相关者的合作对于企业追求与创新相关的目标变得越来越重要。然而，与客户、供应商、竞争对手和研究机构等参与者的合作涉及知识泄露和价值盗用风险，因此一些学者检验外部利益相关者对知识产权保护与企业创新之间的调节效应。例如，Henttonen 等（2016）以芬兰的一个多行业样本为基础，对研发合作中的适用性机制进行了实证研究，其结果揭示了不同知识产权保护水平下企业与各种利益相关者的研发合作倾向；

Revilla 和 Fernandez（2012）也指出，在知识产权制度下，大公司的创新绩效相对中小企业较好，因其与客户和供应商的关系是创新机会的重要来源。其四，对于中国企业而言，所有权性质对知识产权保护与企业创新之间的关系也具有调节效应。例如，Fang 等（2017）研究了在国有企业私有化前后，知识产权保护对创新的影响。国有企业私有化后，创新有所增加，在知识产权保护较强的城市，创新增长幅度更大。研究结果显示，知识产权保护增强了企业创新的动力，私营企业比国有企业对知识产权保护更敏感。

（3）政府补助对企业创新的影响

首先，一些学者研究发现，政府补助缓解了市场失灵，减轻了企业资金压力，促进了创新活动的开展，提高了企业创新绩效。在激励企业研发投资方面，Carboni（2017）基于具有代表性的横跨七个欧洲国家的制造业跨国公司样本进行实证研究，结果表明，政府补助对企业的研发投资有积极的影响，机制检验表明政府补助触发了企业中长期信贷的使用，该政策可能更有助于面临财务约束的企业，并推动其增长。此外，Cin 等（2017）也发现政府研发补贴对韩国制造业中小企业的研发支出有显著的积极影响。类似地，姚东旻和朱泳奕（2019）基于中国工业企业数据库，证明了政府补助对于企业后续创新投入具有显著的促进作用，并且这种作用在私人企业、东西部企业、非高新企业中更为明显。Bianchini 等（2019）基于西班牙公司 20 多年的样本与 2014 年共同体创新调查中提取的 13 个欧洲经济体的更大数据集，测试了在不同制度框架下运营的公司在私人研发支出方面所受到的政府补助的影响，研究结果显示，在所有地区，受益企业在研发方面的投资都高于非受益企业，包括那些制度质量较低的地区。在促进企业创新绩效方面，章元等（2018）基于中关村高新技术企业 2001~2012 年的样本展开研究，发现政府补助显著提高了企业创新绩效，主要表现为购买引进新技术的增加与短期创新激励效应的提高。Bayona Velasquez 等（2018）基于哥伦比亚的研究表明接受补贴与企业创新之间存在正相关关系，并且在实现吸收创新的过程中，其产品和服务在国内和国际市场均取得了成功。进一步地，一些学者检验了企业内外部情境对这种影响的调节作用。例如，Du 和 Li（2019）基于中国数据的研究表明，政府补助只能促进已创新企业的创新产出，而不能提高未创新企业的创新概率；并且在经济环境恶劣、竞争激烈的情况下，企业的创新概率随着政府补助的增加而增加。又如，Bronzini 和 Piselli（2016）基于意大利数据的研究表明，创新补助只能提高小公司的创新绩效。此外，Choi 和 Lee（2017）通过对韩国小型生物科技创业公司进行研究，表明政府研发补贴刺激了其研发活动，解决了研发投入低于社会最优水平的投资不足问题，但该测试结果在其他行业和规模的适用程度还有待评估。更进一步地，Haapanen 等（2014）的研究表明，政府支持的分配规则并非普遍有效，其有效性取决于财务约束的严重程度和企业本身的创新能力水平。

其次，虽然很多研究表明政府补助有利于促进企业研发投资与创新绩效，但也有部分研究发现政府补助可能导致政府失灵，从而并不能促进企业研发投资与创新绩效，甚至在有些情况下，反而会抑制企业研发投资与创新绩效。在挤出企业研发投资方面，Boeing（2016）指出在中国的上市公司中，政府研发补助在短期内会挤占企业的研发投资。这种挤出效应不仅存在于新兴经济体，在发达国家也有类似情况。例如，Bronzini 和 Iachini（2014）基于意大利北部的数据发现政府补助在整体上并没有显著提高企业的研发投资水平。在抑制企业创新绩效方面，政府补助可能导致政府失灵，从而不会促进企业创新，甚至在一定程度上有可能抑制企业创新。例如，Zampa 和 Bojnec（2017）采用企业会计数据、补贴数据和企业层面调查获得的数据进行分析，发现政府补助并未提高企业创新。章元等（2018）的研究获得了更细致的结论，该研究基于中关村高新技术企业 2001~2012 年的样本进行分析，发现政府补助降低了企业的自主创新，且对企业的长期创新无激励作用。Catozzella 和 Vivarelli（2016）的研究也表明政府补助对企业创新生产力有负面影响，由于受到政府的干预，受支持的公司似乎只是通过增加创新支出来耗尽其优势，而并没有提高创新产出。

最后，也有一些研究认为政府补助与企业创新绩效间呈非线性的关系。

例如，Liu 等（2019）基于中国电子制造业样本的研究表明，补助可以促进企业技术创新，但当补助过多时，则会抑制创新，即补助与企业绩效之间存在先升后降的倒 U 形关系。异质性研究表明，补助对非国有企业的影响大于国有企业，而区域经济发展水平对政府补助的影响较小。然而，Huang 等（2016）的研究表明政府补助规模与企业创新效率之间存在先降后升的正 U 形关系。

第 3 章

数字技术的应用驱动制造业
企业高质量发展战略研究

正如第 2 章所描述的，本书将主动类政策界定为通过改变企业的监督与激励机制，进而鼓励企业管理层与员工进行积极主动的创新，那现实中这类政策能真正地发挥其引导作用吗？数字技术的应用与股权激励正是主动类政策中的两种，并且在现实中的运用也较多，因此第 3、4 章选取这两类作为主动类的典型政策来分别探究其对企业发展战略和创新能力的影响。

3.1 问题的提出

当前，我国制造业困难较多，大量资金"脱实向虚"，原因主要有三点：一是中国以往在制造业上所具有的三大优势，即全球化背景下的成本优势、人口红利下的规模优势、体制改革下的制度优势，基本上丧失了；二是互联网、金融业等第三产业的冲击，使很多企业家一心想"赚快钱"；三是供需错配，部分产品出现了产能过剩的问题，这严重制约了企业的长远发展。

与此同时，制造业也面临三大机会。第一，全球正经历第四次工业革命。如何提高劳动生产效率，如何实现产品迭代，是全球制造业共同面临的产业转型升级问题。近年来，各国均出台了相应的计划以期重振或振兴制造业，如美国的"先进制造业国家战略计划"、日本的"工业复兴计划"、德国的"工业 4.0"等，可见全球的智能制造尚处于发展阶段，发达国家与后发国家均处于探索阶段，制造业的数字化转型升级是一个全球性的共同目标。第二，中国互联网已经成了普惠性工程。《中国互联网发展报告2020》显示，我国数字经济规模稳居世界第二，这为制造业数字化转型提供了基础设施支撑，在很大程度上降低了制造业数字化转型的成本。同时，以互联网为代表的数字技术，如5G、大数据、云计算、人工智能等正在加速与经济社会各个领域的深度融合，成为推动我国消费升级、制造业转型、构建国家竞争新优势的重要力量。第三，供给侧结构性改革。2007年以来，中国经济增速逐年下滑，但需求刺激效果甚微。需求不足仅是表象，供需错配才是实质，因此需要从供给端着手改革。而数字技术可从以下四个方面助力调结构、促转型：通过新兴数字平台，如外卖、直播等，增加供给主体；通过大数据分析，优化供给方式；通过个性化定制，增加有效供给、提升供给质量；通过线上线下相结合的方式，提高供给效率。供给侧结构性改革政策的出台为数字技术与制造业的融合创新提供了政策上的支持与引导。上述三大机会为我国制造业追上发达国家创造了有利条件，在制造业转型升级的过程中要将数字技术高效地利用起来，以完成工业制造到智能制造的跨越，从而提升我国制造业在全球价值链中的地位。

在实践界，制造业的数字化转型正蓬勃兴起，清华大学发布的《中国企业数字化转型研究报告（2020）》显示，制造业企业是数字化转型的先驱力量。近些年，在国家的强力支持、政策的不断鼓励下，我国涌现出了一批优秀的智能制造企业，如宁德时代、三一重工、沈阳机床、比亚迪、蔚来、美的、小米等。然而，仍然有很多传统制造业企业的数字化战略不清晰、转型升级之路仍然曲折。根据现有报告，企业的数字化转型成效确实不容乐观。例如，埃森哲发布的《2020中国企业数字转型指数研究》显示，仅有11%的受访企业可以很好地利用数字能力，大多数受访企业的核心业务环节尚未全面数字化，影响了可持续发展。2021年，美国PTC公司发布的《工业数字化转型状况》指出，受新冠疫情影响，越来越多的企业为数字化转型投入了大量资金，却因各种因素导致转型失败。总之，数字技术在加工制造领域，由于信息的不完全性、数据处理的复杂性，其应用水平相对较低，只有极少数厂商可以完整地加工和处理大数据（何大安，2021）。因此，值此机遇与挑战并存的情况下，深入探究和挖掘制造业企业数字化转型升级战略与路径机制就显得十分重要。

在学术界，现有关于制造业企业数字化转型的研究主要集中在以下三个方面。其一，制造业企业数字化转型的驱动因素，包括技术范式变革（戚聿东和肖旭，2020）、国家政策导向或产业融合趋势（焦勇，2020）、用户个性化需求或用户体验提升（Bolton 等，2018）等。其二，制造业企业数字化转型升级的路径机制，如企业可以通过信息技术实现从粗放式管理到数字化管理、从工业化到智能化的战略变革（肖静华等，2021）。具体而言，数字化减轻了企业与市场间的信息不对称，有助于企业实现以用户价值为导向的"差异化 + 服务化"产品竞争策略（李万利等，2022），即企业可以围绕用户增强服务意识（Kamalaldin 等，2020），通过数据赋能培育组织韧性（王永霞等，2022）、构建创新生态系统（邵云飞等，2022），并在此基础上对生产方式（Galindo-Martin 等，2019；许宪春和王洋，2021）、商业模式（Andriole 和 Stephen，2017；郭建峰等，2022）和组织架构（Nambisan，2017；池仁勇等，2021）等进行相应的变革，提升企业的技术能力与管理能力（郭进，2021），最终完成制造业的转型升级。其三，数字化转型对制造业企业各方面绩效的影响，如数字化转型提升了企业的用户体验和相关业务收入（Bolton 等，2018），提高了企业全要素生产率（赵宸宇等，2021），提升了企业经营绩效（包耀东和李晏墅，2020）、市场绩效（吴非等，2021）和企业价值（尚洪涛和吴桐，2022）等。

可以看出，学术界已认识到制造业数字化转型的重要性与迫切性，并进行了大量的研究，为本书探讨数字技术的应用驱动制造业企业高质量发展战略奠定了坚实的理论基础，但遗憾的是，现有学术研究尚存在两个缺口，同时这两个缺口也是实践中传统企业在数字化转型过程中所面临的共性问题：一是在企业转型过程中，生产、运营和营销等领域究竟应该如何利用和部署数字技术，企业应率先从哪个领域着手，应重点在哪个领域应用，缺乏深入研究；二是鲜少探索不同类型的制造业企业在数字化转型过程中的路径差异，未指明企业应重点关注"差异化"还是"服务化"，抑或"差异化 + 服务化"。这就会使得研究所得出的结论不够清晰，因为数字化转型并不是数字技术的简单应用，更为重要的是技术的应用与组织之间的协调与匹配（戚聿东等，2020）。迄今为止，如何有效利用数字技术实现制造业的转型升级，仍是实践界与学术界关注的重点与难点。

鉴于此，本书选取了三家数字化特征明显的制造业企业作为案例研究对象，以分析制造业企业的数字化转型战略与路径等要素，构建数字技术的应用驱动制造业企业转型升级的概念框架，以期完善制造业企业数字化转型的理论架构，帮助传统企业应对数字化转型战略不清晰问题，以及转型战略与企业模式不匹配问题，为企业转型实践提供一定的指导与借鉴。

在后续部分，本书首先进行了理论分析与框架构建。其次，介绍了本书的研究方法、案例选择过程以及数据来源与分析，接着对所选择的三一重工、特斯拉与酷特智能三个案例进行深入的剖析，归纳出数字技术的应用驱动制造业企业转型升级的战略变革过程与路径机制。最后，总结本书的研究结论、理论贡献和实践启示，并指出了研究的局限性和未来的研究方向。

3.2 理论分析与框架构建

数字技术由物联网、云计算、人工智能和区块链等多种信息、计算、通信和连接技术组成（Bharadwaj 等，2013）。数字技术本身对于企业并无价值，只有将它们应用于特定环境时，才能真正展现出价值。例如，数字技术在生产领域、市场营销和运营管理领域的应用推动了智能生产、数字营销和智能运营管理等方面的发展。具体到制造业，数字技术已逐渐贯穿于这类企业生产经营的全流程，如产品设计、加工制造、营销流通、售后服务等，它为组织所带来的变革无处不在，颠覆了原有的生产交换和业务开展方式，传统企业亟须进行数字化转型。然而，传统企业的数字化转型没有标准的经验可供借鉴，多数企业都在摸着石头过河。有学者指出在数字经济背景下，如果没有一个科学的数字化转型战略作为指引，就不会有成功的"数字化"；如果没有选择有效匹配的数字化转型模式，更不可能有成功的数字化转型。因此，企业需要制定清晰的战略和实现路径以更好地利用数字技术，进而指引企业成功实现数字化转型。

传统制造企业的主要职能是生产商品，采用供给方主导的规模化流水线式的工业化生产方式，生产出的商品由经销商负责营销并将其传递给用户。此外，对于商品的售后，也由专门的售后服务商提供，各利益方的职责分明、边界清晰。然而，随着数字技术的不断应用，现阶段的制造业企业正逐渐向智能化生产转型，即根据用户需求进行个性化的定制生产，并且逐渐参与到商品的市场推广、售后服务等环节中，各利益方相互影响、不断融合。也就是说，传统企业的数字化转型不是企业某一业务部门或技术部门的事情，而应该由企业的最高决策层来规划转型策略。这个战略转型过程涉及从企业战略、组织设计到运营管理的各个环节，并且需要自上而下地在企业的各个职能和业务领域进行部署。

首先，当制造业企业和消费者进行商品交换时，生产厂商通过流通厂商将商品和服务传递给消费者，消费者的需求和偏好等数据则通过流通厂商及时返回给生产厂商。此时，生产厂商可以通过处理用户数据、上下游厂商数据等，快速调整生产以适应市场需求，缩短产品生命周期。也就是说，制造业企业对数字技术的应用改变了其生产节奏和方式，企业需要进行生产方式的变革。例如，实时销售数据分析可以帮助企业预测市场趋势，提前调整生产计划；智能供应链管理有助于优化库存和物流，降低成本；个性化定制生产则满足了消费者对于独特和定制产品的需求。总之，数字技术的运用不仅加快了制造业企业的生产节奏，还促使企业不断创新生产方式，以更加敏捷地响应市场变化，适应市场环境，进而促进其高质量发展。

其次，在前述商品与数据流转的过程中，数字技术有效提升了供应链上下游信息的传递效率，推动了制造业企业内部与外部的全流程打通与垂直整合，这一变革重塑了利益相关者之间的关系，将它们整合成新型产业生产力。随着数字化转型的深入，供应商、客户等利益相关者为了在数字化转型过程中获得新的价值和创收机会，越来越倾向于从以产品为核心的交易模式转向以服务为导向的关系参与模式。这一转变有助于整个价值链实现共赢，改变了企业原有的主要依靠销售商品获取利润的商业模式。在这种新型商业模式下，制造业企业开始关注在产品、服务和解决方案等多个层面为客户创造价值。例如，企业可能会提供基于数据分析的预测性维护服务，帮助客户优化设备运行和降低维护成本。此外，企业还可以通过与客户紧密合作，共同开发定制化的解决方案，从而满足客户独特需求。这种以服务为导向的关系参与模式既有助于提升客户满意度，也能为企业带来更多长期的收益，增强市场竞争力，进而促进其高质量发展。

最后，制造业企业的数字化转型并不只是技术在企业生产运营过程中的简单应用，更为重要的是技术应用之后，生产方式、商业模式与组织之间的协调与匹配（戚聿东和肖旭，2020）。相比传统的大规模的工业制造，强调个性化的智能制造则更加灵活、动态与包容，这就要求组织具有以下特征来适应技术为企业带来的变革：一是构建扁平化的敏捷型组织，以快速灵活地响应用户需求；二是构建具有个性化与包容性的组织，以适应数字技术带来的快速变化；三是构建生态平台型组织，以实现价值链共赢。制造业企业在数字化转型过程中，通过上述三大变革，不断提升自身生产能力并优化供给结构，这些变革使得制造业企业能够更加灵活地适应市场需求变化，并能够更加高效地利用资源、优化生产流程和降低成本。降本增效后，通过将重点放在产品的研发和创新上，企业能够不断提高产品的附加值和品质，从而朝更高端、更高附加值的价值链方向发展。除此之外，制造业企业在商业模式变革的过程中，通过建立协同创新、产业联盟等合作机制，促进上下游产业链不同企业之间的资源共享和技术创新，进一步加快产业升级和转型发展的步伐，最终实现高质量发展。

在制造业企业数字化转型过程中，究竟应如何利用数字技术呢？厂商与厂商、厂商与消费者之间在完成产供销行为的过程中应如何互动呢？利益相关者理论认为，企业需要将组织目标与利益相关者结合起来，因为利益相关者会影响企业实现组织目标，所以企业不能仅代表股东的利益，还需要将其他相关者考虑在内（Freeman，1984）。那具体到本书所研究的主题，制造业企业在数字化转型的过程中，需要以互联网、物联网等底层技术搜集用户数据、供应商数据、售后服务数据等，利用人工智能、云计算等技术加工和处理大数据，并将从数据中提取的信息真正深度融入产品的优化设计、生产制造、产品质量管控、工业环境改进、产品营销与运营等过程之中。即以数字技术为核心，带动商品、消费者、供应链的共同发展，打造平台型或生态链企业，实现资源配置优化，促使制造业企业转型升级。也就是说，企业需要利用数字技术进行生产要素的整合，最终使资源聚合经由厂商、消费者、供应商等产生网络协同效应。

另外，在企业生产经营的过程中应用数字技术时，企业类型起着重要作用，技术的应用与组织之间需要协调与匹配（戚聿东等，2020），企业只有选择一个有效匹配的数字化转型模式，才有可能实现成功的数字化转型。数字技术可以获取、处理甚至预测消费者和市场等利益相关者的信息和需求，其所带来的最重要的变革就在于可以使制造业企业实现从工业制造向智能制造的转变，进而动态地满足消费者的个性化需求。这意味着厂商需要提供多样化的产品，以便通过创新产品来应对消费者快速变化的需求。而产品的多样化将意味着产品生命周期的缩短，例如，过去一辆汽车的平均生命周期是八年，而当前的制造商在三年内就得改变车型。然而，在智能制造时代，制造业企业的价值链已由传统的销售硬件产品扩展为提供硬件产品和相应的全生命周期服务，产品生命周期有所延长。有研究指出，智能制造是指在制造工业的各个阶段，以一种高度柔性与高度集成的方式，支持工厂和企业内部、企业之间以及产品全生命周期（产品研发设计、生产加工、运营管理、维护服务到报废处理的全过程）的实时管理和优化。因此，本书认为个性化需求与产品生命周期是制造业企业数字化转型过程中需要考量的两个重要的调节变量，以明确企业数字化转型战略的边界条件和适用情境。

综上所述，本书构建了如图3–1所示的理论分析框架。

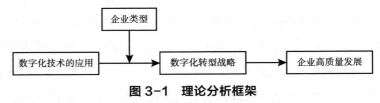

图 3–1　理论分析框架

资料来源：除另有注明的，本章其余图表均为笔者自制。

3.3　研究设计

3.3.1　研究方法

首先，本书以数字技术对制造业企业的影响为研究情境，探讨企业在生产经营过程中应如何利用数字技术，研究问题具有探索性和解释性的特征，案例研究方法适合分析这类问题。其次，本书试图揭开数字技术与制造业企业融合过程中的企业生产方式、商业模式及组织架构的变革过程。这是一个涉及多方面的复杂现象，它扎根于特定的组织环境之中，选取案例研究方法更为恰当。最后，与单案例研究相比，多案例研究既可独立研究，又可相互检验，从而确保理论研究的外部效度与普适性。综上，本书采用多案例研究方法。

3.3.2　案例选择过程

（1）制造业企业分类

根据图3–1所示的理论分析框架中的两个调节变量，本书将制造业企业划分为四类，具体如图3–2所示。其中，Ⅰ类制造业企业主要包含大型装备制造业、医药制造等生产大规模标准产品的企业，如三一重工、沈阳机床等；Ⅱ类制造业企业主要包含船舶、航空航天、汽车、家电等需要一对一定制或模块化定制产品的企业，如特斯拉、海尔、美的等；Ⅲ类制造业企业主要包含计算机、通信和其他电子设备制造、服装制造等生产定期更新换代产品的企业，如苹果、小米、联想、酷特智能等；Ⅳ类制造业企业主要指生活日用等价值较低的快速消费产品生产企业，如纸巾、保鲜袋等生产企业，由于这类企业的产品价值较低且数字化转型成本较高，尚无转型成功的典型案例，因此本书暂不对此类企业展开研究。

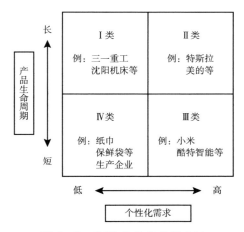

图 3-2　制造业企业分类方法

（2）案例选择

根据上述分类，本书分别选择归属于Ⅰ、Ⅱ、Ⅲ类的三一重工、特斯拉与酷特智能这三家制造业企业作为案例研究对象，主要基于以下三点原因。一是这三家企业均属于这三类企业中的佼佼者，具有代表性。三一重工是全球领先的装备制造企业，也是中国智能制造首批试点示范企业；特斯拉是目前新能源汽车产业的国际领先企业；而酷特智能是目前国际领先的服装智能制造商。二是这三家企业基本覆盖了亟须进行数字化转型的制造业企业的类型，研究结论对解释制造业企业的数字化转型具有强有力的借鉴性。另外，本书选择的是不同类型的企业，这便于其他相关企业明确自己的定位，以便选择合适的数字化转型战略。因为不同行业和不同类型的企业，其数字化转型的重点和路径差异非常大，所以企业必须找到适合自己的转型方案。三是本书考虑了所选企业的信息充裕度和可信度，这三家企业公开信息充足、数据获取方便，为收集二手数据提供了便利条件。

3.3.3　数据来源与分析

本研究主要通过以下三种渠道来收集数据，多种来源有利于提高数据的信效度。一是对三一重工和酷特智能进行现场调研和访谈，收集了一部分研究所需的一手数据。二是企业公开的二手数据，包括领导层的访谈、企业宣传手册、公开报道资料、公司年报、官网信息等。三是与这三家企业数字化转型升级战略相关的学术论文、科学期刊等。

此外，本研究的数据分析包含案例内分析和案例间分析两个阶段。首先，研究者基于统一的编码方案分别对三家企业进行案例分析，将高管访谈资料设置为 M1，将中层管理者或一线员工的访谈资料设置为 M2，二手数据来源多样，本研究统一标记为 L。其次，对选取的三家企业案例进行对比分析，研究三个不同案例的联系与区别，同时通过补充二手资料对少数冲突观点进行验证，在图表形式和复制逻辑的基础上对案例数据和涌现的理论进行不断比较，逐步从案例比较分析中提炼理论框架，并与现有文献进行对比，最终实现理论饱和。

3.4　案例分析与发现

3.4.1　数字技术的应用

数字技术最基础的元素是数据，因此如何筛选与运用数据是研究的重点。

（1）商品使用数据的运用

商品使用数据对制造业企业的产供销活动具有重要的意义。三一重工正是运用产品传回企业的大数据提前预测市场需求变化，以调整其生产经营活动。企业将控制器嵌入所有的出厂设备中，通过控制中心实时采集回收设备数据，目前公司汇总的国内挖掘机开工运行数据总量已经超过千亿条，覆盖了挖掘机的地理位置、油耗、土方等数据，通过这些实时数据就能够计算得出挖掘机指数，政府可以通过挖掘机指数对当前宏观经济形势进行判断。设备开工时长反映了设备真实的使用情况，这一数据能够准确反映需求端的变化趋势。对比而言，订单数据由于会受到交货周期等多个因素影响，在反应时长需求边际变化上要滞后于开工时长。企业推动数字化转型后，通过对搜集的设备开工时长数据进行分析，就能够准确判断市场对设备的需求变化，从而及时调整产品生产节奏，优化产品设计，并确立新的市场营销策略。另外，目前特斯拉还依托于行车数据不断发展其自动驾驶业务，特斯拉研究的 Autopilot 系统安装数量已经突破 100 万辆，累计获得数十亿公里的行驶里程数据，这就为特斯拉优化其自动驾驶方案提供了巨大的数据优势。

（2）消费者数据的运用

消费者数据对制造企业主要有两方面的作用：一是企业可以分析消费者行为数据，减少消费者端的信息不对称，从而使所生产的产品、确定的销售价格以及提供的售后服务均能够有效地满足用户需求；二是企业还可以开放与消费者的交互平台，从而依据数据进行个性化的定制生产。三一重工主要将消费者数据用于服务中，包括个性化的解决方案和金融服务、售后服务、设备租赁等。例如，三一重工依托易维迅、客户云等客户端已经能够处理 98% 的业务。其中，易维迅主要对挖机进行智能管理，客户能够通过这一 App 预诊断 50% 的故障，这样就显著减少因故障造成的停工损失；而客户云则将代理商、维修商、消费者等主体联通起来，实现信息的快速传递，确保设备出现故障后 2 小时内有维保人员进行处理，这就缩短了客户的停工时间，同时提高了公司整体维保效率。特斯拉与三一重工有所类似，即用户的使用体验和售后服务都是重要环节，但又有不同之处。特斯拉一方面采用消费者线上预订后再接单生产的模式，以满足用户的个性化需求并优化库存；另一方面采用自建展示厅和体验店的直销模式，以加强与用户的沟通，从而能够迅速为用户提供服务。另外，参考苹果的发展历程，特斯拉正逐渐从以售卖产品为铺垫向软件和生态服务发展，如为用户提供有偿的车辆性能更新服务、流媒体服务等。此外，消费者的意见数据可以让特斯拉更好地识别其所面临的威胁和机遇，如应对新的新兴市场和服务。无论是在销售过程中，还是在车内驾驶体验中，抑或在售后服务中，客户体验都是汽车市场的一个关键差异化因素。而酷特智能则和三一重工不同，酷特智能主要是在生产环节利用消费者数据。一是借助积累的消费者数据和市场经验，加大量体工具和方法专利的研究力度，对人体 19 个部位 22 个尺寸数据进行采集，利用 3D 激光量体仪实现 7 秒内完成人体数据自动采集，实现了和生产系统的自动智能化对接。输入用户体型数据后，系统就能够根据输入数据同步变化近 1 万个数据，这样就能够针对驼背等 113 种特殊体型实现产品的个性化设计和定制，确保精准化生产。二是根据顾客反馈、网上的时尚资讯等数据，对已有的产品模块进行优化。

（3）供应链数据的运用

供应链数据能够让制造业企业摆脱传统经销商和供应商的合作限制，更灵活地从市场选择合作伙伴。同时，这些供应链数据也使得企业可以对上下游合作伙伴的供需进行整合重组，从而为用户提供高质量的产品服务。三一重工借助数字技术实现了整个产业链的联通，加强了对产业链的闭环管理，也实现了生产设备的全生命周期管理。三一重工利用其打造的工业互联网平台能够实现产业链上下游企业的协同合作，如用户在登录三一重工客户云App 后，可以直接将设备故障信息发送给维修商，这就提高了设备的维修效率。对于特斯拉而言，其在创建早期就和 AC Propulsion 等公司联合设计了Roadster 产品架构，和多个企业建立了生产网络，从而顺利进军新能源汽车市场，而后特斯拉在市场竞争中通过和松下建立合作关系获得核心竞争力。另外，特斯拉在电子电气架构上采取了不同于传统汽车厂商的集中式模式，即由特斯拉对底层操作系统进行研发，而后通过中央处理器统一管理各个域处理器和 ECU，这样就为特斯拉提供了更多供应商选择，也便于特斯拉后续开发第三方软件，让用户从特斯拉获得更好的服务体验。酷特智能则通过对上下游厂商数据进行采集分析构建自身的生态圈，联通酷特智能的各个合作伙伴，这样酷特智能就能够根据市场用户需求选择各个价值创造环节的最优合作伙伴，确保能够为客户提供高质量产品和服务。

数字技术的应用方式如图 3-3 所示。

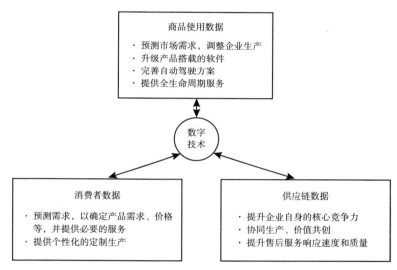

图 3-3　数字技术的应用方式

3.4.2　数字技术的应用驱动制造业企业高质量发展战略

根据新增长理论的阿罗模型，技术是决定生产系统的内生变量，是生产要素之一。因此，技术变革必然会带来生产方式的变革。而技术变革或生产方式的变革会引起商业模式的变革，很多学者在开展创新研究的过程中也有意或无意地发现了其间的联系。商业模式在获取早期的技术价值方面具有重要作用，成功的商业模式是一种启发式的逻辑，可以将技术潜力转化为经济价值，也可以将新的想法或技术商业化，从而提高其竞争力。同时，商业模式的创新还可以帮助企业突破已有的技术范式，以避免落入"追赶陷阱"。可见，当技术变革发生时，商业模式的创新也很重要。另外，更为重要的是新技术应用之后，当生产方式与商业模式发生变革时，组织架构也需做出相应的调整，以便与企业的生产经营协调匹配。例如，在第一次工业革命中，蒸汽机技术利用机械化生产取代了纺织、交通、制造等多个行业领域的手工劳动，推动了蒸汽机车的商业化应用，而股份公司也是在蒸汽机技术革命下产生的全新组织形式，传统的家庭作坊开始逐步被资本关系社会化取代。而后，在第二次工业革命中，内燃机替代了蒸汽机并推动了新技术新装备的产生，将市场竞争推向了垄断竞争阶段，此时的组织结构开始呈现科层式特点。第三次工业革命以计算机、互联网等为标志，社会各个行业领域开始推行自动化生产，外包和纯设计成为重要的商业模式，而组织结构则迈向网络式结构。综上，每一次工业革命都推动生产方式、商业模式和组织结构发生了巨大变化。当前，智能化、信息化技术所推动的人性化、数字化生产则宣告了第四次工业革命的到来，其目前尚处于初期阶段，各国均在探索中。因此，本书将通过三个典型案例，深入分析数字化时代的企业生产方式、商业模式和组织架构的变革过程，以期为制造业企业的数字化转型战略提供理论依据与实践参考。

（1）生产方式变革

随着制造业企业的数字化转型进程不断推进，企业开始根据用户需求进行个性化的定制生产。借助数字技术，制造业企业可以从数据层面理解客户、通过数据改善产品与服务、由单纯的"生产制造"转向"供应链协同"，最终借由数据，从规模化生产转为柔性化生产。柔性化生产是指生产线在确保成本、产品质量、交货周期等不变的前提下，能够实现大批量和小批量生产的自由切换。数字技术的创新发展已经颠覆了制造业企业传统的生产模式，这些企业开始在设计、生产、营销、售后等全流程大量应用工业大数据，为企业生产经营决策提供支撑，数据已经成为现代企业生产的重要要素。

　　本书的三家案例企业都采用了与以往不同的生产方式，不过侧重点有所不同。大规模机器换人和柔性化生产是当前三一重工数字化生产的主要特点。以三一重工 18 号工厂为例，该工厂于 2019 年完成数字化升级，成为行业内首个数字标杆工厂。18 号工厂目前能够实现"产品混装 + 流水线"的高度柔性化生产，该厂在车间内大量应用自动引导小车和智能机器人，解决了离散型制造面临的一系列矛盾，整个工厂的员工数量在 8 年内减少了64%。从 18 号工厂的生产流程来看，下料、分拣、组焊、机加、涂装、装配、测试等全流程都实现了无人化智能化。截至 2024 年，18 号工厂已经实现了全部生产工序的互联，能够对各个生产环节进行数据采集，通过人工智能和机器学习建立生产数据模型，为生产线上每台设备和每个人进行细化排产，实现制造流程的最优化。过去，18 号工厂每条生产线最多能够装配 2种车型，现在则能够生产 5~10 种车型，厂房内生产线能够同时实现 69 种产品的组装。高度柔性化生产提高了整个厂房的效率，降低了生产制造成本，能够在短时间内满足客户的多样化需求。

　　另外，特斯拉在创立初始就采用了与传统车企完全不同的战略。在生产方式方面，特斯拉从电动车的核心部分——电池、电机、电控（以下简称"三电"）出发，一步步垂直整合，逐渐解决了三电成本高、产能不足的问题，掌握了三电核心技术。在此基础上，特斯拉开始探索电池使用的多样性，通过引入多家供应商，如 LG 和宁德时代，利用供应商之间的竞争进一步降低采购成本并确保产能。与此同时，特斯拉还建立了全自动化的生产线并改造传统工艺以提高生产精度、提升生产效率。特斯拉目前在其冲压生产线、组装中心等制造环节中的机器人数量已经超过 150 个，这些机器人可以独立完成车架搬运、去毛边、装座椅等多个工作任务，不同生产工序中的机器人在车间可以实现无缝对接。高生产效率使其可以采用消费者线上预订后再接单生产的模式，满足了客户个性化需求，减少了客户等待时间，并避免了库存过多的问题。

　　最后，酷特智能的生产模式以满足客户个性化定制需求为中心。一方面，酷特智能会根据消费者的反馈和最新时尚资讯等数据优化公司现有的产品模块；另一方面，酷特智能会根据采集的客户身材尺寸数据定制生产模块。酷特智能在接到客户订单后，会通过流水线作业生产服装，整个制衣流程包括了300多道不同的生产工序。酷特智能为每道工序都设计了标准的加工工艺，而每件服装主体上都会带有射频识别卡片，卡片内存储了操作指令，机器人和员工根据操作指令对服装细节进行加工，最终完成服装成品制作。酷特智能坚持以客户需求为导向设计整个生产系统，推动各类生产资源的数据化和联网化，加快引入智能化生产设备，利用数字化设备实现全部生产要素的互联互通，从而提高服装生产效率并满足客户的个性化制衣要求。

（2）商业模式变革

随着数字化进程的加深，企业逐渐参与到商品的市场推广、售后服务等环节中，各利益方相互影响、不断融合，改变了其原有的主要以销售商品进行获利的商业模式。由此可见，数字技术推动了企业商业模式的重塑，促使企业开始采用全新的价值创造和获取方式。

在对三家案例企业进行分析中，三一重工很早就开始布局工业物联网，在国内率先打造树根互联这一自主可控的工业互联网平台。一方面，三一重工利用自身的数字化转型优势，通过设备入股、承包经营等方式进一步扩大创收业务领域，逐步向"设备制造商 + 全生命周期制造服务商"转型，打造三一重工商业生态圈。另一方面，三一重工还加快输出其数字化转型平台和方案。据统计，截至2021年，树根互联平台接入的工业设备数量已经超过72万台，资产总价值超过6000亿元，覆盖了81个细分专业。除三一重工外，平台还服务了德邦快递、长城汽车、中船重工等多个龙头企业，这些企业都开始利用根云平台推动数字化转型，通过数字化平台的输出和更多企业的加入，有望将其打造成国内制造业通用的工业互联网平台。

在近几年的市场经营中，特斯拉已经开始从汽车产品销售转向软件服务，其商业模式已经开始推动整个汽车行业的变革。一方面，特斯拉通过对汽车产品软硬件技术的创新升级，不断提高整车OTA能力，特斯拉通过研发底层操作系统，利用中央处理器实现了对不同电子控制单元和域管理器的管理，很大程度上通过软件更新替代了 4S 店的功能，有效提高了特斯拉汽车产品的服务价值。另一方面，特斯拉积极构建自动驾驶方案，硬件上自行研发了车载自动驾驶平台，还成立了自研芯片小组；软件上通过车载摄像头采集真实的道路图像信息，然后利用多种人工智能算法提取图像特征、进行分布式训练、评估预测结果与实际结果的差异并调参修正，最终目标是实现 L5 级别的全自动驾驶技术。2020 年底，特斯拉尝试向用户推出每月 100 美元的订阅服务。参考苹果公司的发展历程，随着汽车销量的增加，软件和服务的订阅模式将极大地提升其盈利能力。

酷特智能在经营中采用了类似于三一重工的商业模式。一方面，酷特智能利用 C2M 平台推动现有产业链中不同企业的协同生产，将有关信息数据进行共享，推动供应链不同企业的沟通协作，大大提高了整个供应链的市场反应速度和运转效率。另一方面，酷特智能开始投入大量资源来构建智能生态圈，将酷特智能现有的智能工厂解决方案等进行对外输出，从而为其他传统企业推动数字化转型提供了有益参考。

（3）组织架构变革

相比传统的大规模工业制造，强调个性化的智能制造更具灵活性、动态性与包容性，这就要求组织改变其原有的组织架构以适应数字技术在企业中的应用 (戚聿东等，2020)。三家案例企业在数字化转型的过程中，组织架构都有所改变，不过变更方式存在较大的差异。

首先，三一重工利用工厂智能管理系统已经完全实现了生产自动化，人员的作用已经开始更多转向管理层面，侧重于对生产线上的机器人进行应用编程和使用维修。技术人员可以通过对设备扫码及时核对生产数据，并将有关数据上传至平台。三一重工管理人员从平台就能够查看各个生产线的生产状况和生产资源分布消耗情况。自动化生产也推动了三一重工组织架构的变革。一是无人化特点日益明显，智能工厂的一大重要特点就是员工总数的减少，据统计，三一重工从 2011 年开始数字化转型后，已经减少了 64% 的员工。二是人员结构得以优化，自动化生产减少了三一重工生产工人数量，高素质科技人员和营销人员在三一重工员工队伍中占比进一步提高。例如，18号厂房引入大量机器人参与生产后，招聘的工人主要从事机器人应用编程和操作维修，同时三一重工制定了专门的激励政策，鼓励员工学习掌握机器人编程语言。

其次，特斯拉在不断加快数字技术的创新应用进程中，已经逐渐转型为一家科技公司。特斯拉于 2014 年研发推出自动驾驶辅助系统 Autopilot、2016年开始进军光伏新能源领域、2019 年正式面向市场推出自动驾驶 FSD 车载芯片、2020 年宣布开始部署神经网络训练集群 Dojo system。由此可见，特斯拉目前已经围绕智能汽车开始打造核心技术领域，特别是加强了对电芯、超算、大数据、人工智能芯片等前沿技术的攻关。特斯拉的经营业务早已远远突破传统汽车行业的界限，依托新能源重新配置供应链分工，不断追求软硬件一体化的强大内生能力。同时，特斯拉推动了组织架构的扁平化，减少了组织层级，提高了公司内部的沟通效率。特斯拉最终目的就是利用技术解决能源领域和人们出行的根本性问题，打造商业技术综合体。

最后，酷特智能利用数据驱动生产交付，顾客能够直接与员工产生联系，这样顾客的个性化需求就能够直接反馈至生产环节，管理层无须再参与生产资料的协调分配。因此，酷特智能开始精简组织结构，逐步实现去领导化，减少各个部门和科层，最终实现了整个组织的扁平化，大大提高了酷特智能组织内部的沟通效率。以酷特智能的生产车间为例，在传统科层组织架构下，整个车间从总监到一线班组长设置了多个不同的岗位层级，资源调配和生产组织需要多个层级岗位的协调沟通。而车间进行数字化转型后，很多中间层级岗位就没有必要再参与到生产管理中，因此酷特智能撤掉了多余的层级和部门，直接由车间厂长对接班组长。

综上，开始数字化转型后，三家案例企业的数字化转型战略总结如表3-1 所示。

表 3-1 三家案例企业的数字化转型战略

企业	生产方式	商业模式	组织架构
三一重工	全流程的柔性化、智能化、无人化生产	对于消费者,提供设备和全生命周期服务 对于合作伙伴,输出数字化转型平台和方案	员工总数减少 人员结构优化
特斯拉	全流程的柔性化、智能化、无人化生产	出售硬件产品——汽车,先预订再生产 提供软件服务和自动驾驶方案	没有明显层级的精简扁平化组织
酷特智能	大规模个性化定制	对于消费者,提供个性化定制服务 对于合作伙伴,输出智能工厂解决方案 对于供应商,协同生产、价值共享	层级减少的去中心化的扁平组织

　　另外,通过上述分析,可以发现数字技术的应用有助于推动制造业企业的数字化转型。例如,三一重工可以通过商品使用数据及时调整生产销售方案,也可以通过打通用户数据与供应链数据,联合代理商、维修商及时为用户提供售后服务,进而提高用户满意度、增强用户黏性。特斯拉可以通过车辆行驶数据和用户反馈数据,及时更新车辆所搭载的软件以提高用户满意度,更重要的是,可以运用这些数据完善其自动驾驶方案,这将是其重要的竞争优势;特斯拉还可以通过供应链数据及时调整生产方案和销售价格。酷特智能的生产交付完全由用户数据所驱动,在满足用户个性化需求的生产过程中,通过供应链数据调度各个生产单元与上下游厂商,保障了产品从下单到交付的时效,提升了用户满意度。三家企业均通过有效地筛选和运用相关数据,实施了数字化转型战略,即对其生产方式、商业模式与组织架构进行变革。

　　进一步地,不同类型的企业对数据的应用和侧重有所不同,导致企业的数字化转型战略也不同。Ⅰ类制造业企业个性化需求低、产品生命周期长,Ⅱ类制造业企业个性化需求高、产品生命周期长,Ⅲ类制造业企业个性化需求高、产品生命周期短。产品生命周期长就意味着售后很重要,个性化需求高就要求企业可以进行个性化的定制生产。通过上述分析,可以看出三家不同类型的案例企业均采取了有效的转型升级战略措施。例如，以三一重工为代表的 I 类制造业企业，其设备相对复杂、生产周期长、单价高昂，所以需要商品使用数据及时调整生产和销售方案，用户数据和供应链数据主要用于提供售前解决方案与售后服务。以特斯拉为代表的 II 类制造业企业，商品使用数据主要用于基础软件升级和自动驾驶方案的迭代，用户数据用于个性化定制和售后服务，供应链数据用于及时调整生产方案和价格。另外，数字化转型后，上述两类制造业企业的生产基本趋向于全智能化的无人生产，极大地提高了生产效率、降低了人力成本。以酷特智能为代表的 III 类制造业企业，其生产完全由用户数据驱动，采用"量体裁衣"的个性化定制方式，供应链数据使其可以实时调整价格，兼顾了个性化定制要求与成本问题。由于衣服的产品生命周期较短，商品使用数据不需要用于售后，但用户在互联网上的使用反馈有助于企业及时更新款式、版型、工艺或材质等数据库。此外，II 类和 III 类制造业企业均不局限于主营业务，且有个性化的定制需求，所以为了快速地实现技术更迭和响应顾客需求，其组织架构是精简扁平化的。

最后，企业采用数字技术能够提高管理运营效率并降低生产成本，推动价值链重塑和结构创新，助力制造业企业实现高质量发展。例如，三一重工、特斯拉和酷特智能这三家企业在实施数字化战略后，均大幅提高了企业的生产效率和市场利润，优化了产品设计、生产和营销服务流程，提高了企业核心竞争力。具体来说，三一重工在采用数字化战略后开始不断提高国内市场占有率，其挖掘机市场占有率到 2020 年已经达到了 28%。同时，三一重工的盈利能力也实现大幅跃升，2019 年其人均产值达到 410 万元，超过了全球龙头企业卡特彼勒的 363 万元。另外，三一重工目前依托云端平台能够完成 98% 的业务，平台采集得出的挖掘机指数使其能够把握市场动态，为生产决策提供有效支撑，这使得其存货周期连续多年低于同行业的龙头企业小松和卡特彼勒。特斯拉深化数字化进程后，取得的成绩有目共睹，当前市值大幅超越传统汽车龙头企业丰田，成为全球第一大市值的汽车企业；并且其所涉及的人工智能芯片、算法、车载操作系统、电芯、新能源、新材料等各项前沿技术均处于价值链高端，也是我国政府所倡导的创新领域。酷特智能数字化转型后，核心竞争力与之前相比有较大改变，其拥有大规模个性化的定制技术，具备智能制造能力和满足个性化需求的海量数据库，从而使企业在满足用户需求的同时，通过数据打通各生产环节，运营效率的提升主要体现在三个方面：其一，企业建立了完善的供应商评价和选择体系，形成了良好稳定的供应商关系；其二，个性化定制的订单驱动模式解决了传统服装行业库存和资金占用的痛点，且大规模定制模式相比传统定制模式，供货周期短、成本售价低；其三，企业较少依赖线下营销网络，营销费用低。正是因为具备上述竞争优势，在 2020年新冠疫情防控期间，公司迅速转产口罩等防疫物资，最终其年度营收同比增长 16.94%，超越雅戈尔、报喜鸟等行业龙头企业。综上，制造业企业可通过数字技术打通产品、用户与供应商的联系，从而为企业变革生产方式、商业模式与组织架构提供参考与保障，进而促进企业的高质量发展。

据此，本书总结出数字技术的应用驱动制造业企业高质量发展的作用机制，如图 3-4 所示。

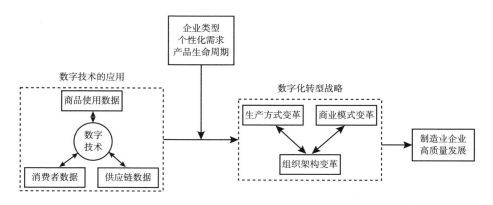

图 3-4　数字技术的应用驱动制造业企业高质量发展的作用机制

3.5 本章小结

3.5.1 研究结论

　　由于满足用户需求是数字化转型企业的核心目标，因此本书选择与用户切实相关的两个维度，即个性化需求与产品生命周期，对制造业企业进行分类，并选取三一重工、特斯拉和酷特智能这三家不同类别的典型企业作为案例研究对象，采用多案例研究方法，分析了数字技术对制造业企业高质量发展的驱动作用，从而明确了相关企业应具体采取何种转型升级战略，以实现高质量发展，最终得出如下结论。第一，数字技术最基础的元素是数据，因此如何筛选与运用数据是企业发展的重点。其中，商品使用数据可以用来预测市场变化和优化产品所搭载的软件和服务方案；消费者数据可以有效降低产销双方的信息不对称性，并提供个性化的定制生产，从而为用户提供全生命周期服务；供应链数据提高了企业选择合作伙伴的多样性，还可以将上下游厂商重组为新型生产力以高质量地满足用户需求。这三种数据对于企业数字化战略实施和生产流转具有重要的作用。第二，数字技术的应用会影响制造业企业数字化转型的战略选择。借助数字技术，制造业企业可以从数据层面理解客户、通过数据改善产品与服务、从规模化生产转为柔性化生产；数字技术也使得企业可以改变原有的以销售硬件获利的商业模式，转而提供软件和服务，重塑了商业模式；另外，数字技术要求企业具有高度的灵活性和快速的迭代性，企业需改变原有的组织架构以适应数字技术在企业中的应用。第三，企业类型会调节数字技术对制造业企业数字化转型战略选择的影响。不同类型的企业对数据的应用和侧重有所不同，导致企业的数字化转型战略也不同，企业应明确自身定位，选择合适的数字化战略。第四，制造业企业数字化转型战略可有效促进其高质量发展。企业采用数字技术能够提高管理运营效率并降低生产成本，推动价值链重塑和结构创新，让制造业企业实现高质量发展。

3.5.2　理论贡献

第一，本书总结了企业在各项生产经营活动中应如何搜集、筛选和运用数据。数据的应用方式在一定程度上会影响企业数字化转型的具体战略选择，是企业制定数字化战略的基础。但当前制造业企业数字化转型的研究主要集中于驱动因素、转型战略路径和转型绩效三个方面，鲜有文献深入探讨转型过程中数据应如何应用，为此本书以三一重工、特斯拉和酷特智能三家企业为案例研究对象，通过分析总结出制造业企业需要重点关注的数据和应用方式，弥补了现有理论研究的不足。

第二，本书较为系统全面地归纳了数字技术的应用驱动制造业企业高质量发展的战略路径。现有研究更多地关注制造业服务化战略这一方面，没有更加深入地关注企业如何利用数字技术掌握核心技术、实现价值链升级与产业布局优化。本书通过对三家案例企业进行深入分析，确定了制造业企业的数字化转型战略，即生产方式变革、商业模式变革与组织架构变革，三者相辅相成方能驱动制造业企业成功地完成数字化转型和高质量发展，该结论完善了现有研究，并为制造业企业的转型实践提供了较为全面的指引。

第三，本书基于数字化企业的特点提出了一种新的分类方法，并探索了不同类型的制造业企业在数字化转型过程中的路径差异。当前，鲜有文献探索不同类型的制造业企业在数字化转型过程中的路径差异，这就会使得研究所得出的结论不够清晰，为此本书从数字化企业的特点出发，选择了个性化需求与产品生命周期两个维度对制造业企业进行分类，并探索了不同类型企业的转型重点。作为一种新的分类方法，其可能存在不足之处，但仍希望为未来的研究提供一定的理论基础。

3.5.3　实践启示

本书通过对三一重工、特斯拉和酷特智能的数字化转型过程进行研究，总结出数字技术的应用驱动制造业企业高质量发展的如下几点实践启示。

第一，企业可重点应用商品使用数据、消费者数据和供应链数据。目前，数字技术在制造领域，由于数据来源的复杂性，只有极少数厂商可以完整地筛选、加工和处理大数据（何大安，2021）。本书的研究结论在一定程度上解决了该问题，为相关企业指出了应筛选哪类数据和在生产经营过程中如何运用数据，为其进行数字化的转型实践提供了一定指导。

第二，企业在数字化转型过程中要明确自身类型和定位，选择合适的转型战略。2021年，美国PTC公司发布的《工业数字化转型状况》提出，受新冠疫情影响，越来越多的企业为数字化转型投入了大量资金，却因各种因素导致转型失败。其中的一个重要原因就是企业对自身的定位不清晰，本书的分类方法有助于企业对其进行快速准确的定位并选择相应的转型战略。例如，对于个性化需求高的企业，其生产方式应转为大规模的个性化定制生产，组织架构则以精简扁平化的网格型组织为宜；而对于产品生命周期长的企业，其应重点应用商品使用数据以预测产品需求，确定产量或提供全生命周期解决方案。另外，对于所有的数字化转型企业，其商业模式都不局限于售卖企业所制造的硬件产品，产品所配套的软件和服务都将是其重要的营收来源。也就是说，制造业企业要在明确自身特点的基础上，以互联网、物联网等作为底层技术，打通商品使用数据、消费者数据和供应链数据，并将数据信息真正深度融入产品的优化设计、生产制造、产品质量管控等工业过程中，实现生产方式、商业模式、组织结构的变革，进而推动制造业企业的转型升级。

第三，作为制造业企业，重点仍然是要掌握核心技术。例如，三一重工正是通过打破国人传统的"技术恐惧症"，坚持自主创新而迅速发展。特斯拉更是从一家新能源汽车公司成为一家科技公司，它所涉及的车载芯片、车载操作系统、自动驾驶方案等都将使其在未来拥有极大的竞争优势。当然，制造业尤其是核心技术的回报周期较长，这就需要国家制定政策以获得资本的长期支持。另外，数字技术的发展使得制造业企业可以实现无人化的全自动生产线，这就要求企业的员工素质需要做出相应的改变，政府或企业可以对员工进行机器人编程、操作或维护等技能培训，以顺利地完成工厂"机器换人"的过渡。

第 *4* 章
股权激励对企业创新能力的 影响机制研究

4.1 问题的提出

对企业而言，持续的创新能力使其能够有效地应对商业环境中的不确定性，提升其竞争力。在中共中央、国务院出台的多项政策中[①]，如《中共中央 国务院关于深化体制机制改革加快实施创新驱动发展战略的若干意见》《关于进一步做好中央企业控股上市公司股权激励工作有关事项的通知》等政策，均多次提到了股权激励的重要性，要求完善股权激励管理体制、加大股权激励力度。

在现实中，股权激励的实际效果仍存在巨大的争议。一些公司运用得当，显著促进了企业创新或提高了企业绩效。例如，复星医药自 2013 年实施股权激励计划后，其专利价值逐年升高（王宪，2019）；海康威视实施股权激励计划后，其 R&D 投入金额逐年增加（王妍，2019）；小米集团实施股权激励计划后，其研发创新方面明显提升（沈世琳，2019）。然而，也有一些公司的股权激励契约设计得并不合理，侵占了股东或管理层的利益，使得企业绩效变差。例如，上海家化推出第一次股权激励后，年净利润逐年下降（杨慧辉等，2018）。此外，还有大量研究运用实证方法检验其微观效果。

具体而言，一些学者认为股权激励有助于促进企业创新，这一观点主要基于委托代理理论，认为股权激励降低了代理成本，其使得管理层为股东的利益行事，是调整管理人员利益与股东利益的一种方式。一些研究均基于该推理，采用实证研究的方法证明了股权激励可以显著提高创新研发投入、提升企业创新产出与创新绩效（田轩和孟清扬，2018；赵息和林德林，2019）、促进企业自主创新（牛彦秀等，2016）。然而，也有一些学者认为股权激励并不能促进企业创新，股权激励更主要是一种福利制度，有时候非但没有使管理者和股东的利益一致，反而使管理者能够从股东那里征收一些租金。例如，徐长生等（2018）分别运用 OLS 与 PSM 方法检验了股权激励对企业创新的影响，其回归结果均表明股权激励对上市公司的创新活动并无显著的促进效应。另外，股权激励与企业创新之间可能存在非线性关系，主要是因为委托代理理论与行为代理模型的共同作用。例如，徐宁等（2019）发现股权激励强度与突破性创新模式之间呈显著的倒 U 形关系；另外，徐宁（2013）发现高管股权激励力度与 R&D 投入之间也呈显著的倒 U 形关系。除了上述直接的影响关系，企业内外部情境对这种影响的调节效应也是研究的重点，具体包括行业（朱琪和关希如，2019）、所有权性质、股价信息含量、激励方式（田轩和孟清扬，2018；赵息和林德林，2019）及所处情境（杨慧辉等，2018）等。

通过对文献的简要回顾，我们可以看出现有文献对于企业创新的影响多集中于创新投入或创新绩效，一般以研发支出、专利数量或新产品产出为衡量指标，而对创新效率与创新可持续性的研究不足，我们认为上述指标只能反映企业创新的一部分，创新效率与创新可持续性也是企业创新的重要体现，对此本研究选取企业创新能力（包括创新质量、创新效率与创新可持续性三个方面）来多维度地评估政策影响，这在一定程度上使政策效果的评估更加准确，并且拓展了相关政策的微观效果研究，为创新政策的选择与制定提供了经验证据。另外，股权激励对企业创新的直接影响只是理论框架的一个重要方面，深入探索其情境因素对于完善该理论体系具有重要的作用，而现有文献对于调节机制的检验仍多集中于行业、所有权性质、激励方式等基本方面，对于企业与社会的相互作用探究较少。

鉴于此，本书采用我国2010~2018年的非金融沪深A股上市公司数据实证检验股权激励对企业创新能力的影响，并分别基于国家创新体系与可持续发展视角将企业家精神与CSR纳入分析框架，分析这两个因素的调节效应。理论上丰富了新兴市场下股权激励领域的相关研究，实践上为我国股权激励政策的制定和改进以及为企业提升其创新能力提供了借鉴。

4.2 理论分析与研究假设

4.2.1 股权激励与企业创新能力

本部分就股权激励与企业创新能力之间的关系进行简要分析，并提出研究假设，从而为后续实证研究提供理论基础。本部分基于委托代理理论理解股权激励对企业创新能力的促进作用，以及基于行为代理模型理解股权激励对企业创新能力的抑制作用。

基于委托代理理论，股权激励对企业创新具有促进作用，主要是因为股权激励使得管理层更重视长期利益以及可以提高其对创新风险的承担水平。根据股东模型，企业的目标是使股东财富最大化。在该模型中，判断业绩的标准可以简单地理解为公司的市场价值，即股东价值。因此，管理层有一种隐性义务，即确保公司的运营符合股东的利益，然而该模型的根本问题源于所有权与控制权而产生的委托代理分离关系，正是这种分离导致公司的行为偏离了利润最大化的目标。当所有权和控制权分离时，委托人与代理人的利益和目标不同，管理层不是公司的所有者，他们不能承担全部的成本，也不能获得全部的收益。因此，尽管投资者对股东价值最大化感兴趣，但经理们可能还有其他目标，如实现薪酬最大化、推动市场份额增长或依赖特定投资项目等。而股权激励试图使管理层与股东的利益相一致，这种统一可以使企业追求长期利益，实现长期生存（Flammer 和 Bansal，2017），而长期性就是企业创新的特征之一。此外，企业创新还具备高风险的特征，由于财富和人力资本的单一化、对自身声誉的担忧以及掌握控制权的私人利益，管理层通常比股东更厌恶风险，因此会选择风险较小的项目，有时甚至会放弃那些净现值为正但风险较高的创新项目（Zhao，2013）。股权激励是改变管理者激励的主要途径之一，为了激励风险厌恶的管理者不放弃高风险的净现值项目，企业的财务决策和管理报酬合同应该确保管理财富是企业价值的凸函数。股权激励增强了代理人报酬的凸性，从而增加了代理人对企业创新的敏感性，减轻了管理层的风险规避，并激发价值创造决策。至于股权激励方案应如何设计以最大限度地激励创新，Manso（2011）的研究表明，激励创新需要容忍短期内创新可能遭遇的失败，以及在长期对创新的成功给予丰厚的回报。因此，在对高管的各种激励措施中，股票期权和限制性股票是公司促进企业实施创新战略、追求长期绩效的关键组成部分（Flammer 和 Bansal，2017；Yu 和 Lee，2018）。此外，Laux（2015）的研究也表明，最优薪酬方案由股票期权和限制性股票组成，前者可以鼓励员工发现创新想法、避免过度保守，后者可以防止过度冒险。根据国泰安的数据，我国上市公司的股权激励标的物基本为股票期权或限制性股票。

然而，基于行为代理模型（Wiseman 和 Gomez-Mejia，1998），管理层进行研发投资的意愿会受到管理激励以及关键的组织和个人参考点的共同影响（Makri 等，2006；Zolotoy 等，2019）。行为代理模型关注管理层在决策过程中的损失厌恶，强调了组织环境和个人问题框架的重要性，以解释管理者在什么时候可能表现出风险厌恶和风险寻求行为，这种区别主要在于代理人的股权激励所占的个人财富比例。持有股票的代理人在股价下跌时面临风险，但在股价上涨时也有机会获得利润。因此，当股权激励占比处于低水平或中等水平时，代理人可以承担风险，低水平或中等水平的下行风险对其个人财富构成的威胁较小，此时代理人更关注向上的回报，这使得其能够投资于高风险的项目以提升股票价值；相反，当股权激励所占比例较高时，代理人就会变得厌恶风险，此时下行风险对个人财富的影响较大，代理人在评估风险承担失败时的损失中变得无法接受下行风险，进而导致高管更加厌恶风险（Larraza-Kintana 等，2007；Yu 和 Lee，2018）。也就是说，股权激励对于企业创新风险承担的影响因素较为复杂，我们难以获取上市公司代理人的个人财富，也就无法得知股权激励所占的具体比例，因此无法判断股权激励的具体影响。上述分析是建立在激励方案设计合理的前提下，然而现实中的方案设计往往失之偏颇，这种情况在控制权远大于所有权的公司以及股权集中度过高的公司中尤为常见。在前一种情况下，方案很容易被设计成一种福利制度，使得管理者能够从股东那里征收一些租金；而在后一种情况下，很容易发生大股东侵占中小股东利益和掏空公司的行为（徐长生等，2018；杨慧辉等，2019）。这些不合理的方案设计会在一定程度上抑制股权激励的促进效应。

基于以上分析，关于股权激励对企业创新能力的影响，本书提出以下竞争性假设：

H1a：股权激励能够促进企业创新能力。

H1b：股权激励会抑制企业创新能力。

4.2.2　企业家精神与 CSR 的调节效应

本小节将根据前文创新政策的框架分别探讨企业家精神和 CSR 对股权激励与企业创新能力关系的影响。国外学者使用"国家创新体系"一词来确定与科技知识的产生和运用有关组织的不同特征，该观点的核心是，有些特征可能比其他特征更有效，这在很大程度上解释了世界各地生产率和创新绩效极不平衡的原因，即国家创新体系内部各主体的特征、主体间的交互作用决定了企业内部开展创新活动的积极性和有效性（Lundvall，2010）。另外，创新可能导致破坏性的创新，使少数人受益，但牺牲了多数人的利益，导致了低质量的工作出现，并引发了比它所能解决的问题更多的新问题（Soete，2013），在创新的过程中要认识到各行动者所做出的贡献，以可持续发展解决创新的负面问题（Schot 和 Steinmueller，2018）。

因此，这里我们分别基于国家创新体系与可持续发展的视角，将上文基本假设的线性模型拓展为链式模型，探讨企业家精神与 CSR 的调节效应，拓展政策评估框架，以期为股权激励政策的改进提供一定的实践证据。

（1）企业家精神

本研究从企业家精神对企业创新的影响，以及股权激励与企业家精神的交互关系这两个方面进行分析。据 Wennekers 和 Thurik（1999）的研究，企业家精神包括三个层面：个体层面、企业层面与宏观层面。其中，宏观层面的企业家精神包含整个社会经济体中所有个体层面与企业层面的企业家精神，是创新和积极进取的创业行为的总体表现，是在不确定的结果下追求机会的管理意愿（Anderson 等，2015），可以反映企业所处地区的创新强度或创业活力（孙早和刘李华，2019），符合研究要求。因此，除特殊指出外，本书有关企业家精神的讨论专指宏观层面的企业家精神。

有关企业家精神对企业创新的影响，Schumpeter（1934）最早指出企业家精神在"创造性破坏"创新活动中的重要作用，对企业家精神的重视可追溯到 20 世纪 80 年代，当时技术转移引领的全球技术追赶并没有发生，技术先进的国家保护所拥有的技术并因此阻碍了科技知识的传播，从而阻挡了其他国家利用这种知识进行追赶的进程。于是，Soete（1985）指出，造成这一差异的原因之一是吸收能力，吸收能力不仅源于教育水平，还源于其素质和创业的社会能力，即需要培养企业家精神，构建国家创新体系。在企业层面，企业家精神包括公司的风险承担战略（如公司进行风险投资、并购或结盟等）、对创造新产品或新服务的承诺等（Simsek 等，2010），是进入竞争市场的新途径，如创业、新产品的推出和全球化的展开（Miller 和 Acs，2017）；在宏观层面，企业家精神可以帮助企业利用多样化的外部知识资源战略（如并购、技术联盟等）推进创新，因为内部的知识资源是有限的，而且探索活动往往很难在内部进行协调。

有关股权激励与企业家精神的交互关系，主要有以下两个方面。首先，股权激励有利于促进企业家精神。市场经济的核心是企业家精神的充分发挥（胡永刚和石崇，2016），企业家在开发新产品或新服务的过程中，因为市场中现有企业的资源和市场地位受到威胁，可能面临来自现有企业的强烈抵制。面对这种不确定性，投资者渴望更快的学习，因此提供更高的管理激励来诱导代理人做出更大的努力（He 等，2014），投资者与代理人的共同努力使得个体层面的企业家精神得以充分发挥，最终增强了宏观层面的企业家精神。其次，企业家精神作为一种外部治理机制（Mthanti 和 Ojah，2017），可以进一步减轻委托代理过程中的代理问题。代理问题是一个信息不对称的问题，即管理者对投资者资金的最佳替代用途有更好的了解，管理者最终拥有大量的剩余控制权，并有权根据自己的选择分配资金。这种自由裁量权在合同中可能有所规定，但事实是管理者拥有绝大多数的控制权，这会导致管理者形成管理壁垒并榨取租金。而企业家精神与国家治理的相互作用，共同优化了公司治理的自由裁量权，随着自由裁量权的增加，公司将更有可能采用与既定规范和实践相一致的超标准的治理实践，即优化了公司治理（Aguilera 等，2018）。另外，企业家精神在创业生态系统中处于核心地位，而创业生态系统强调过程中多组织的相互协作、多主体的相互配合，股权激励侧重于创建或优化创业生态系统，从而使得企业家精神得以有效发挥，缓解了创业过程中可能存在的代理问题（滕堂伟，2017）。而创业包括创新和不确定性（Leyden 等，2014），因此，企业家精神也缓解了创新过程中存在的代理问题。

综上，我们提出以下假设：

H2：企业家精神正向调节股权激励对企业创新能力的影响。

（2）CSR

本研究从 CSR 对企业创新的影响，以及股权激励与 CSR 的交互关系这两个方面进行分析。CSR 是指一种不被法律强制要求，致力于增进社会利益并超越企业明确的交易利益的企业行为（Mcwilliams 和 Siegel，2000）。类似地，Mackey 等（2007）指出，CSR 是一种旨在提升社会条件的自愿行为，有利于实现可持续发展。

有关 CSR 对企业创新的影响，其理论基础主要是利益相关者理论。根据 Cho 等（2007）的研究，组织的技术创新或变革活动需要其他组织或组织间的协作才能得到有效实施和传播，尤其需要对相关组织之间潜在的利益冲突进行协调，共同识别并努力解决创新过程中可能存在的问题。具体而言，CSR 对于企业创新的作用主要体现在以下两个方面。一是创新促进机制，体现在 CSR 能够直接促进企业创新，企业与利益相关者的积极关系有助于建立广泛的知识和资源网络，以支持其创新和适应新的业务计划（Gunasekaran 等，2011；Pal 等，2014）。在企业内部层面，积极的 CSR 实践活动可以提高员工的创新生产力来激发创新（Flammer 和 Kacperczyk，2016），也可以提升员工的满意度，进而促进其创新行为（Wisse 等，2018），还可以降低企业的投资—现金流敏感性，从而改善投资不足与过度投资等问题，提升投资效率（Benlemlih 和 Bitar，2018），有利于促进创新。在企业外部层面，积极的 CSR 将为企业赢得良好的声誉，因为 CSR 有利于减少企业的信息不对称（Cui 等，2018），改善信息环境且增强资本市场的信心，企业可以享受较低的融资成本（Cheung 等，2018），或拥有更好的融资渠道（Cheng 等，2014），降低企业的资金成本，从而促进企业创新。二是企业风险控制机制，体现在 CSR 能够缓解或降低企业创新过程中的风险，因为"高风险、高收益"并不是普遍存在的（Bowman，1980），企业运营过程中的一些风险承担行为并不一定会促进创新，其中存在各种内部和外部的权变因素，例如在遇到突发、导致经营中断的负面事件（如联合抵制、不道德或违法行为等）时，或在实施产品多元化等企业创新行为时，积极的利益相关者关系能够降低市场风险。参与 CSR 相关活动可以提高企业声誉与社会地位，使得其有更好的公司治理评级，提升企业的知名度（Chan 等，2014），从而让企业为新的业务计划创造机会（Ortiz-De-Mandojana 和 Bansal，2016），降低了包括创新的市场风险在内的一系列创新风险。

有关股权激励与 CSR 的交互关系，主要有以下两个方面。其一，股权激励可以提升 CSR 水平。股权激励有利于企业增加利益相关者关系这种长期战略的投资,尤其是在员工和自然环境方面(Flammer 和 Bansal,2017)。其二,CSR 可以看作一种相对较新的公司治理实践,在一定程度上能提高公司治理水平,因为在高管薪酬中采用 CSR 合约会缓解企业短期行为、提升公司价值、加强社会和环境倡议、减少排放以及促进绿色创新,CSR 有助于管理层直接关注那些不太突出,但从长期来看对企业具有重要经济意义的利益相关者,从而改善公司治理(Flammer 等,2019)。另外,CSR 的强制性披露限制了企业盈余管理,提高了财务报告质量,缓解了信息不对称(Wang 等,2018),减轻了企业的代理问题。

综上,我们提出以下假设:

H3:CSR 正向调节股权激励对企业创新能力的影响。

4.3 实证研究设计

4.3.1 研究样本与数据来源

由于作为因变量之一的创新可持续性代理变量——无形资产,在 2010 年新会计准则实施后有较大的变化;另外,考虑到 CSR 数据的可得性,本书统一选择 2010~2018 年的非金融沪深 A 股上市公司来检验研究假设。除 CSR 数据来自和讯网之外,其余变量数据均来自国泰安数据库。为了保证数据的真实性,本书剔除了处于异常状态(ST、停牌、退市)的交易样本及有缺失值的样本,之后对连续变量进行双向 1% 水平的缩尾处理,最终得到的样本集为非平衡面板数据。由于专利数据符合左删失数据分布的特点,因此本书对于创新质量(Quality)与创新效率(Efficiency)的检验采用 Tobit 模型估计;对于创新可持续性(Sustain)则采用 OLS 模型估计。

4.3.2 变量定义

(1)被解释变量

企业创新能力。根据第 2 章对企业创新能力的测度方法,本书从创新质量、创新效率与创新可持续性三个维度对企业创新能力进行测量。其中，创新质量选择发明专利申请数量来衡量（黎文靖和郑曼妮，2016；孔东民等，2017；Wang 和 Zou，2018），因为数据库中原始专利数据并未提供专利引用信息，所以依照原创性标准以数量测度，同时该测量方法也是现有文献中衡量创新质量时最为常用的。创新效率使用专利申请数量除以当年及前两年研发支出之和与企业资产的比值来衡量（Huang 等，2016；姚立杰和周颖，2018），创新效率是指创新产出与总投入之比，在反映创新现实方面更加全面。创新效率的提高可以是创新产出下降幅度较小，但总投入下降幅度较大；也可以是创新产出增加幅度较大，但总投入增加幅度较小。创新可持续性采用企业无形资产增量作为代理变量，因为新会计准则中的无形资产包括了专利权、非专利技术、商标权等，涵盖了更多企业创新投入的活动信息，可以将其作为企业综合创新活动的结果（鞠晓生等，2013；李健等，2018）。

（2）解释变量

股权激励。定义实施股权激励计划的上市公司为 1，未实施股权激励计划的上市公司为 0。

（3）调节变量

本研究的调节变量包括企业家精神与 CSR。根据 Wennekers 和 Thurik（1999）的研究，企业家精神可分为企业家创业精神与企业家创新精神。因为本书主要研究企业创新，所以这里选用企业家创新精神衡量企业家精神，现有文献通常采用当年该地区的专利申请数来衡量（余文涛，2018；孙早和刘李华，2019），本研究沿用这一测量方式。另一调节变量 CSR 的数据来源于和讯网。和讯网 CSR 分别从股东责任，员工责任，供应商、客户和消费者权益责任，环境责任以及社会责任五个方面进行考察，基本囊括了利益相关者的各个方面，因此其总得分通常被作为 CSR 整体表现的代理变量，该数据也比较普遍地在相关研究中得到应用（Hu 等，2018；Song 等，2018）。

（4）控制变量

本研究包含了以下几个控制变量。①由于企业资本支出对企业的创新绩效具有较大的解释力（Audretsch 和 Link，2018），因而可能会影响本研究对企业创新能力的研究结果，所以将其纳入控制变量。②产品市场竞争增加了对治理结构薄弱公司的激励，能有效缓解管理层的懈怠行为，减轻代理问题；并且，在经营竞争激烈行业的企业中，这种缓解程度更大（Chen 和 Chang，2010），而较好的治理结构对企业创新有正向的促进作用，因此产品市场竞争被纳入本研究的控制变量，并通过国内外研究中常用的赫芬达尔—赫希曼指数（HHI）进行测量。③资源冗余是影响企业创新的一项重要因素，因此，本研究选取表征资源冗余的销售管理费用率、企业负债率与现金流水平作为控制变量（Andersen，2012；Van Essen 等，2015；Hawn 和 Ioannou，2016）。④所有权和控制权分离会导致公司行为偏离利润最大化的目标，进而影响公司创新和长期生存（Flammer 和 Bansal，2017），因此这里将两权分离度作为控制变量。⑤企业规模（Revilla 和 Fernandez，2012）与企业年龄（Zhou 等，2017）对企业创新有一定的影响，所以本研究将其列为控制变量。⑥考虑到中国特有的经济体制，国有企业相对于民营企业具有更容易获取资源和支持、兼顾政治任务与经济效益等属性，这些属性可能会导致其在企业创新方面存在较大差异，因此本研究将所有权性质纳入控制变量。

本研究所涉及的变量及测量方法如表 4-1 所示。

表 4-1 变量及测量方法

变量类型	变量名称	二级变量	变量符号	变量说明
被解释变量	企业创新能力	创新质量	Quality	发明专利申请数量（取对数）
		创新效率	Efficiency	专利申请数量 /（当年及前两年研发支出之和 / 企业资产）（取对数）
		创新可持续性	Sustain	无形资产增量（取对数）

变量类型	变量名称	二级变量	变量符号	变量说明
解释变量	股权激励	—	Incentive	哑变量，实施股权激励计划为1，未实施为0
调节变量	企业家精神	企业家创新精神	IE	当年该地区的专利产出（单位：万件）
	企业社会责任	—	CSR	企业各项社会责任的总得分
控制变量	现金流水平	—	CFR	本年度经营流动产生的现金流量净额／期末总资产
	资本支出	—	Cap	期末资本支出／期末总资产
	企业负债率	—	LEV	期末总负债／期末总资产
	销售管理费用率	—	SA	销售与管理费用之和／期末总资产
	赫芬达尔—赫希曼指数	—	HHI	产品市场竞争程度
	两权分离度	—	Separation	控制权与所有权之间的差值
	企业规模	—	Fsize	期末总资产（取对数）
	企业年龄	—	Fage	企业年龄
	所有权性质	—	SOE	国有企业：SOE=1；非国有企业：SOE=0

资料来源：除另有注明的，本章其余图表均为笔者自制。

4.3.3　研究设计

本研究旨在评估股权激励计划对企业创新能力的影响效应，即探索股权激励计划与企业创新能力之间是否存在实际的因果关系。因为在现实中企业是否实施股权激励计划可能是非随机的，所以如果直接采用 Tobit 或 OLS 回归进行研究会产生样本选择性偏误问题，即实施股权激励计划与未实施股权激励计划的企业存在系统性差异，直接回归无法解释股权激励对企业创新能力的真实影响。因此，为了得到可靠的估计结果，本研究采用倾向得分匹配（PSM）法。

PSM 的思想源于匹配估计量，其基本思路是在未实施股权激励计划的企业中找到某个企业 j，使得 j 与实施了股权激励计划的企业 i 的匹配变量尽可能不存在显著差异，这样企业 i 与 j 实施股权激励计划的概率相近，从而可以进行比较。本研究通过 Probit 模型估计，采用核匹配法为处理组（实施股权激励计划的企业）配对控制组（未实施股权激励计划的企业），其中处理变量为是否实施股权激励计划的哑变量，协变量为现金流水平、资本支出、企业负债率、销售管理费用率、赫芬达尔—赫希曼指数、两权分离度、企业规模、企业年龄、所有权性质，结果变量为企业创新能力。

在得到处理组与控制组样本后，参考田轩和孟清扬（2018）等的研究，构建如下模型进行检验。公式 4.1 中，Y 分别代表创新质量、创新效率与创新可持续性，i 和 t 分别表示企业和年份；$Incentive$ 表示是否为实施股权激励计划的企业，该值为 1 表示实施股权激励计划的企业，为 0 则表示未实施股权激励计划的企业。β_1 为主效应——股权激励对企业创新能力的净影响，如果系数显著为正，则表示相较于控制组，股权激励对处理组的企业创新能力有显著的正向促进效应。考虑到创新的延迟效应，本研究将所有自变量做滞后一期处理，该处理也与现有文献常用的做法相一致（Huang 等，2016；孔东民等，2017），μ_i 和 λ_t 分别表示行业效应和年份效应，ε 为随机扰动项。

$$\begin{aligned} Y_{i,t+1} = &\beta_1 Incentive_{i,t} + \beta_2 CFR_{i,t} + \beta_3 Cap_{i,t} + \beta_4 LEV_{i,t} \\ &+ \beta_5 SA_{i,t} + \beta_6 HHI_{i,t} + \beta_7 Separation + \beta_8 Fsize_{i,t} \\ &+ \beta_9 Fage_{i,t} + \beta_{10} SOE_{i,t} + \mu_i + \lambda_t + \varepsilon_{i,t+1} \end{aligned} \quad (4.1)$$

对于调节效应的检验模型如公式 4.2 所示，式中 Z 为待检验的调节变量。

$$Y_{i,t+1}=\beta_1 Incentive_{i,t}+\gamma_1 Z_{i,t}+\gamma_2 Incentive_{i,t}\times Z_{i,t}+\beta_2 CFR_{i,t}$$
$$+\ \beta_3 Cap_{i,t}+\beta_4 LEV_{i,t}+\beta_5 SA_{i,t}+\beta_6 HHI_{i,t}+\beta_7 Separation \quad (4.2)$$
$$+\ \beta_8 Fsize_{i,t}+\beta_9 Fage_{i,t}+\beta_{10} SOE_{i,t}+\mu_i+\lambda_t+\varepsilon_{i,t+1}$$

4.4 实证结果分析

4.4.1 描述性统计与相关系数检验

变量描述性统计与相关性矩阵结果如表 4-2 所示。可以看出，在因变量方面，创新效率的均值与中位数相差很大，说明我国非金融上市公司在 2010~2018 年，创新效率分布极不平衡。并且中位数远小于均值，说明大部分公司的创新效率都比较低。在自变量方面，股权激励的均值仅有 0.01，说明样本期内样本公司实施股权激励计划的公司较少。

在相关系数方面，各变量之间的相关系数均小于 0.5，表明变量之间存在多重共线性的可能性较低。其余控制变量与因变量都有一定关系，说明控制变量的选取较为合理。

4.4.2 回归结果分析

PSM 要求匹配后处理组和控制组在匹配变量上不存在显著差异，如果存在显著差异，则表示匹配估计无效。因此，先进行匹配平衡检验，分别以创新质量、创新效率与创新可持续性作为结果变量进行匹配，其匹配平衡检验结果分别如表 4-3、表 4-4 和表 4-5 所示。可以看出，相比配对前，配对后的处理组和控制组在协变量方面的差异大幅下降，其标准偏差的绝对值均显著小于 10［据 Rosembaum（1983）的研究，协变量标准偏差的绝对值大于 20 时可认为匹配效果不好］。并且根据 t 值可知，匹配后的协变量没有显著差异。因此，可认为本书选取的协变量合适并且匹配方法可靠，即在匹配后，处理组和控制组实施股权激励计划的概率接近，可以进行比较。

表4-2 变量描述性统计与相关性矩阵

	1	2	3	4	5	6	7	8	9	10	11	12	13	14	15
1.Quality	1														
2.Efficiency	0.285***	1													
3.Sustain	0.270***	0.235***	1												
4.Incentive	0.084***	0.080***	0.039***	1											
5.IE	-0.013	-0.046***	-0.059***	0.016***	1										
6.CSR	0.153***	0.062***	0.142***	0.022***	-0.001	1									
7.CFR	-0.096***	-0.028*	-0.025***	-0.016***	0.044***	0.147***	1								
8.Cap	-0.025	0.035***	0.150***	-0.010	0.033***	0.053***	0.118***	1							
9.LEV	0.258***	0.185***	0.237***	0.013***	-0.094***	-0.002	-0.394***	-0.078***	1						
10.SA	0.066***	-0.045***	-0.076***	0.016***	0.026***	0.003	0.126***	0.026***	-0.168***	1					
11.HHI	-0.078***	0.027	0.008	-0.021***	-0.059***	-0.020*	0.010*	0.039***	0.038***	0.004	1				
12.Separation	-0.020	-0.041***	0.033***	-0.004	0.023***	0.057***	0.007	0.016***	0.077***	0.026***	0.004	1			
13.Fsize	0.495***	0.339***	0.493***	0.060***	-0.087***	0.292***	-0.096***	-0.064***	0.509***	-0.236***	-0.027***	0.071***	1		
14.Fage	0.080***	0.028***	0.069***	0.018***	-0.021***	-0.054***	-0.069***	-0.176***	0.248***	-0.029***	0.059***	0.036***	0.196***	1	
15.SOE	0.328***	0.074***	0.078***	-0.021***	-0.147***	0.079***	-0.045***	-0.043***	0.165***	-0.075***	0.054***	-0.016***	0.180***	0.060***	1
Mean	2.30	0.39	16.71	0.01	0.06	25.34	0.21	0.05	0.41	0.09	0.03	5.53	22.00	15.06	0.16
Median	2.20	0.07	16.90	0.00	0.03	22.21	0.13	0.04	0.40	0.07	0.01	0.00	21.82	15.00	0.00
S.D.	1.45	1.97	2.17	0.10	0.06	16.04	0.42	0.05	0.21	0.08	0.06	8.08	1.28	5.55	0.37
Min	0.00	0.00	5.30	0.00	0.00	-19.31	-0.65	0.00	0.05	0.00	0.00	0.00	19.27	0.00	0.00
Max	8.84	70.27	24.59	1.00	0.63	90.87	2.11	0.25	1.02	3.65	1.00	53.32	25.8	37.00	1.00
N	4297	3511	14131	25944	25944	25944	25944	25944	25944	25944	25944	25944	25944	25944	25944

注：***，** 和 * 分别表示 p<0.01，p<0.05 和 p<0.1。

表 4-3　创新质量为结果变量的匹配平衡检验结果

可观测变量		均值		标准偏差	标准偏差减少幅度（%）	t-test	
		处理组	控制组			t	p
CFR	配对前	0.24246	0.22539	3.9		0.91	0.363
	配对后	0.24208	0.23384	1.9	51.7	0.36	0.716
Cap	配对前	0.05927	0.05805	2.5		0.58	0.560
	配对后	0.05942	0.05930	0.2	90.1	0.05	0.962
LEV	配对前	0.35492	0.36502	−5.3		−1.20	0.232
	配对后	0.35397	0.34923	2.5	53.1	0.49	0.621
SA	配对前	0.10605	0.09536	14.9		3.49	0.000
	配对后	0.10578	0.10101	6.7	55.4	1.22	0.223
HHI	配对前	0.01811	0.02365	−13.2		−2.74	0.006
	配对后	0.01816	0.01807	0.2	98.4	0.07	0.948
Separation	配对前	4.89570	5.40180	−6.4		−1.76	0.079
	配对后	4.90590	4.80080	1.3	79.2	0.28	0.779
Fsize	配对前	21.86500	21.72000	13.1		2.98	0.003
	配对后	21.85000	21.79300	5.1	61.0	1.02	0.308
Fage	配对前	13.60600	14.58100	−3.0		−0.57	0.566
	配对后	13.60000	13.35800	0.7	75.2	0.85	0.393
SOE	配对前	0.05593	0.19841	−43.8		−9.20	0.000
	配对后	0.05615	0.05220	1.2	97.2	0.34	0.736

表 4-4　创新效率为结果变量的匹配平衡检验结果

可观测变量		均值		标准偏差	标准偏差减少幅度（%）	t-test	
		处理组	控制组			t	p
CFR	配对前	0.24600	0.16156	22.4		5.95	0.000
	配对后	0.23277	0.22198	2.9	87.2	0.66	0.509
Cap	配对前	0.05145	0.04869	6.4		1.72	0.085
	配对后	0.05149	0.05087	1.5	77.4	0.33	0.740
LEV	配对前	0.37368	0.40925	−19.0		−4.88	0.000
	配对后	0.37597	0.37773	−0.9	95.0	−0.22	0.823
SA	配对前	0.10359	0.08375	27.7		7.63	0.000
	配对后	0.10002	0.09975	0.4	98.6	0.09	0.931
HHI	配对前	0.01712	0.02292	−18.5		−4.70	0.000
	配对后	0.01721	0.01798	−2.4	86.8	−0.73	0.465

续表

可观测变量		均值		标准偏差	标准偏差减少幅度（%）	t-test	
		处理组	控制组			t	p
Separation	配对前	4.72590	4.97970	−3.3		−0.85	0.394
	配对后	4.74960	4.68100	0.9	73.0	0.21	0.835
Fsize	配对前	22.16900	22.23800	−6.1		−1.58	0.115
	配对后	22.16400	22.15500	0.8	87.3	0.18	0.856
Fage	配对前	13.85300	14.78600	−18.7		−4.83	0.000
	配对后	13.83200	13.81100	0.4	97.8	0.10	0.922
SOE	配对前	0.07838	0.29207	−57.2		−14.24	0.000
	配对后	0.07909	0.08004	−0.3	99.6	−0.08	0.935

表 4-5　创新可持续性为结果变量的匹配平衡检验结果

可观测变量		均值		标准偏差	标准偏差减少幅度（%）	t-test	
		处理组	控制组			t	p
CFR	配对前	0.22309	0.19784	6.4		2.86	0.004
	配对后	0.22322	0.21537	2.0	68.9	0.71	0.479
Cap	配对前	0.06188	0.06258	−1.3		−0.59	0.558
	配对后	0.06190	0.06196	−0.1	90.2	−0.05	0.961
LEV	配对前	0.39458	0.43460	−19.7		−8.47	0.000
	配对后	0.39457	0.39189	1.3	93.3	0.49	0.623
SA	配对前	0.10667	0.08363	30.8		−2.54	0.011
	配对后	0.10646	0.09995	8.7	71.7	−0.18	0.856
HHI	配对前	0.02278	0.03140	−16.4		−6.62	0.000
	配对后	0.02278	0.02316	−0.7	95.6	−0.37	0.713
Separation	配对前	5.18640	5.65970	−6.0		−3.95	0.000
	配对后	5.18640	5.21060	−0.3	94.9	−0.17	0.864
Fsize	配对前	22.17200	22.19200	−1.6		−0.69	0.488
	配对后	22.17100	22.16400	0.6	61.3	0.23	0.821
Fage	配对前	14.09800	14.81900	−12.7		−5.61	0.000
	配对后	14.10000	14.04300	1.0	92.2	0.36	0.719
SOE	配对前	0.06583	0.20174	−40.7		−16.35	0.000
	配对后	0.06586	0.06077	1.5	96.3	0.76	0.448

在使用 PSM 对样本进行处理后，我们使用公式 4.1 对匹配后的样本进行检验，表 4-6 报告了股权激励对企业创新能力影响的回归结果，其中模型 1、3 和 5 为控制变量的回归结果，模型 2、4 和 6 为加入解释变量的回归结果，可以看出，解释变量（Incentive）的估计系数符号显著为正，表明股权激励显著提升了企业创新能力，具体表现为提高了企业创新质量（β=4.080，p<0.01），提升了企业创新效率（β=0.233，p<0.1），以及增强了企业的创新可持续性（β=0.306，p<0.01），假设 1a 得到验证。模型 2 的结果与田轩和孟清扬（2018）的研究结论相一致，该研究以 2001~2016 年的上市公司数据为样本，研究发现股权激励计划提升了企业发明专利数量，也就是本书的创新质量，而模型 4 与 6 的结论补充了现有研究的不足。这意味着在中国情境下，实施股权激励计划可以减轻代理问题，使得管理层与股东的利益相一致，同时说明目前我国股权激励在个人财富中所占比例较为适宜，并且大部分公司的股权激励方案设计合理，可以避免代理人过度保守和过度冒险，进而全面地提高企业创新能力。

表 4-6　股权激励对企业创新能力的影响

	Model 1 创新质量	Model 2 创新质量	Model 3 创新效率	Model 4 创新效率	Model 5 创新可持续性	Model 6 创新可持续性
CFR	−0.470* (0.2504)	−0.329 (0.2420)	−0.108 (0.1152)	−0.102 (0.1151)	−0.0272*** (0.0080)	−0.0226*** (0.0077)
Cap	3.144 (2.1059)	1.436 (2.0381)	4.848*** (0.9229)	4.785*** (0.9225)	0.286*** (0.0586)	0.186*** (0.0565)
LEV	0.171 (0.7067)	0.234 (0.6825)	0.195 (0.2427)	0.213 (0.2426)	−0.0201 (0.0193)	−0.00925 (0.0186)
SA	4.901*** (1.4945)	4.424*** (1.4438)	0.269 (0.6474)	0.213 (0.6474)	0.110*** (0.0420)	0.0247 (0.0405)
HHI	1.220 (3.1252)	1.212 (3.0194)	1.628 (1.0673)	1.668 (1.0662)	0.0158 (0.0540)	0.0511 (0.0519)
Separation	−0.00768 (0.0126)	−0.0105 (0.0121)	−0.00573 (0.0051)	−0.00551 (0.0050)	−0.0000704 (0.0004)	0.0000120 (0.0004)

续表

	Model 1 创新质量	Model 2 创新质量	Model 3 创新效率	Model 4 创新效率	Model 5 创新可持续性	Model 6 创新可持续性
Fsize	1.085*** (0.1195)	1.038*** (0.1154)	0.129*** (0.0154)	0.128*** (0.0154)	0.00953*** (0.0029)	0.00755*** (0.0028)
Fage	−0.0825*** (0.0213)	−0.0729*** (0.0206)	0.00596 (0.0090)	0.00600 (0.0090)	−0.00337*** (0.0006)	−0.00228*** (0.0006)
SOE	0.763** (0.3021)	1.048*** (0.2925)	−0.0425 (0.0994)	−0.0294 (0.0996)	0.0114 (0.0082)	0.0231*** (0.0079)
Incentive		4.080*** (0.3071)		0.233* (0.1367)		0.306*** (0.0116)
Constant	−20.67*** (2.4883)	−20.37*** (2.4031)	−0.428 (0.9531)	−0.462 (0.9521)	0.128 (0.1670)	0.164 (0.1606)
Year & Industry FE	YES	YES	YES	YES	YES	YES
N	2605	2605	1131	1131	8512	8512
Pseudo–R^2	0.0114	0.0225	0.0319	0.0326		
adj. R^2					0.040	0.112

注：括号中数值为标准误；*** 、** 和 * 分别表示 $p<0.01$、$p<0.05$ 和 $p<0.1$，下同。

4.4.3 稳健性检验

（1）更换匹配方法

为了克服有无实施股权激励计划企业的创新能力变动趋势的系统性差异，降低样本选择偏误问题，本书进一步更换匹配方法进行稳健性检验。这里选择 k 近邻匹配作为稳健性测试，处理变量、协变量与结果变量的选择均与主效应一致，经 PSM 后的匹配平衡性检验符合要求，匹配方法合适，k 近邻匹配估计可靠。使用公式 4.1 对更换匹配方法后的样本进行回归，其结果如表 4–7 所示，可以看出股权激励对企业创新能力各维度依然呈正向显著的关系，证明了研究结果的稳健性。

表4-7　更换匹配方法后的回归结果

	Model 1 创新质量	Model 2 创新质量	Model 3 创新效率	Model 4 创新效率	Model 5 创新可持续性	Model 6 创新可持续性
CFR	−0.0200	−0.00861	−0.728	−0.671	0.196***	0.197***
	(0.0186)	(0.0139)	(0.8099)	(0.7806)	(0.0584)	(0.0584)
Cap	0.359***	0.217**	−3.389	−3.061	6.192***	6.176***
	(0.1376)	(0.1028)	(2.8252)	(2.7244)	(0.4333)	(0.4333)
LEV	0.00886	−0.0105	−0.992	−0.719	1.835***	1.828***
	(0.0431)	(0.0323)	(1.1131)	(1.0768)	(0.1210)	(0.1210)
SA	0.0286	−0.124*	0.203	0.390	0.0120	0.00240
	(0.0954)	(0.0712)	(1.4419)	(1.3908)	(0.3087)	(0.3087)
HHI	−0.303	0.00367	4.990	2.307	−0.481	−0.464
	(0.4100)	(0.3053)	(10.6102)	(10.2659)	(0.3912)	(0.3912)
Separation	0.000236	0.000701	−0.0223	−0.0170	0.00790***	0.00787***
	(0.0008)	(0.0006)	(0.0159)	(0.0154)	(0.0028)	(0.0028)
Fsize	0.0262***	0.00968	0.0527	0.0676	0.0508***	0.0507***
	(0.0079)	(0.0059)	(0.1601)	(0.1544)	(0.0026)	(0.0026)
Fage	−0.000311	−0.000306	0.0417	0.0325	−0.000598	−0.000606
	(0.0004)	(0.0006)	(0.0308)	(0.0298)	(0.0010)	(0.0010)
SOE	−0.0298	−0.00331	4.503***	4.508***	0.0812	0.0817
	(0.0235)	(0.0175)	(0.7206)	(0.6943)	(0.0609)	(0.0609)
Incentive		1.858***		0.915***		0.568**
		(0.0494)		(0.3213)		(0.2897)
Constant	−0.578***	−0.212*	−2.250	−2.584	15.91***	15.72***
	(0.1653)	(0.1234)	(3.3099)	(3.1912)	(1.1757)	(1.1792)
Year & Industry FE	YES	YES	YES	YES	YES	YES
N	1888	1888	105	105	8561	8561
Pseudo–R^2	0.082	0.156	0.118	0.137		
adj. R^2					0.107	0.108

（2）关键变量的敏感性

关键变量的不同衡量方法可能影响结论的稳健性。参考既有文献（李仲飞和杨亭亭，2015；程新生和赵旸，2019），这里我们使用专利已授权数量替代前文的已申请数量进行检验，使用当年无形资产值替代无形资产增量作为创新可持续性的代理变量进行回归，自变量同样滞后一期，结果见表4-8，可以看出在采用不同的测度方法后，股权激励与企业创新能力的关系依然稳健。

表 4-8 关键变量敏感性的稳健性检验结果

	Model 1 创新质量	Model 2 创新质量	Model 3 创新效率	Model 4 创新效率	Model 5 创新可持续性	Model 6 创新可持续性
CFR	−0.565 (0.3788)	−0.418 (0.3659)	−0.0440 (0.1920)	−0.0315 (0.1798)	0.271*** (0.0352)	0.272*** (0.0352)
Cap	7.497** (3.1642)	5.006 (3.0604)	−0.732 (0.8004)	−0.877 (0.7509)	6.552*** (0.2750)	6.537*** (0.2750)
LEV	2.824*** (1.0918)	2.806*** (1.0537)	−0.140 (0.2744)	−0.0907 (0.2574)	2.163*** (0.0713)	2.160*** (0.0713)
SA	5.130** (2.3569)	5.001** (2.2734)	−0.199 (0.3284)	−0.0698 (0.3107)	0.0470 (0.1800)	0.0421 (0.1799)
HHI	−1.860 (4.9175)	−3.560 (4.7598)	2.412 (3.3597)	4.016 (3.1940)	0.362 (0.2251)	0.370 (0.2251)
Separation	−0.0325* (0.0190)	−0.0339* (0.0183)	−0.00719* (0.0039)	−0.00367 (0.0039)	0.00667*** (0.0017)	0.00667*** (0.0017)
Fsize	0.268 (0.1847)	0.200 (0.1783)	−0.0501 (0.0404)	−0.0378 (0.0380)	0.0679*** (0.0020)	0.0678*** (0.0020)
Fage	−0.174*** (0.0327)	−0.159*** (0.0316)	0.0144* (0.0081)	0.0114 (0.0077)	0.000877*** (0.0003)	0.000878*** (0.0003)
SOE	1.606*** (0.4608)	1.964*** (0.4458)	0.701*** (0.1514)	0.723*** (0.1420)	0.240*** (0.0366)	0.241*** (0.0366)
Incentive		5.159*** (0.4633)		0.235*** (0.0813)		0.430** (0.1999)
Constant	−3.800 (3.8431)	−3.191 (3.7068)	1.125 (0.9046)	0.755 (0.8565)	16.47*** (0.6770)	16.41*** (0.6777)
Year & Industry FE	YES	YES	YES	YES	YES	YES
N	1853	1853	59	59	15247	15247
Pseudo–R^2	0.0117	0.0221	0.0945	0.1167		
adj. R^2					0.197	0.198

（3）滞后两期

如前文所述，创新过程需要耗费一定时间，所以本研究在实证检验时将所有自变量滞后一期。但实际中有些创新所需要的时间可能多于一年，参考现有文献（孔东民等，2017），这里我们将自变量滞后两期，以观察股权激励对企业未来两年创新能力的影响。其检验结果如表 4-9 所示，所得结果与前文一致，这表明研究结论具有一定的稳健性。

表 4-9　自变量滞后两期的稳健性检验结果

	Model 1 创新质量	Model 2 创新质量	Model 3 创新效率	Model 4 创新效率	Model 5 创新可持续性	Model 6 创新可持续性
CFR	−0.339 (0.2936)	−0.193 (0.2847)	0.0369 (0.0841)	0.0388 (0.0840)	−0.0344*** (0.0092)	−0.0326*** (0.0089)
Cap	4.868** (2.4568)	2.903 (2.3885)	2.498*** (0.6522)	2.395*** (0.6523)	0.313*** (0.0687)	0.233*** (0.0670)
LEV	1.013 (0.8695)	0.915 (0.8428)	0.571*** (0.1712)	0.593*** (0.1711)	−0.0386* (0.0219)	−0.0276 (0.0214)
SA	4.169** (1.7827)	3.875** (1.7280)	0.304 (0.4296)	0.263 (0.4291)	0.100** (0.0491)	0.0201 (0.0480)
HHI	2.886 (3.7512)	2.868 (3.6376)	0.944 (0.8128)	1.002 (0.8117)	0.0315 (0.0616)	0.0741 (0.0600)
Separation	−0.00686 (0.0150)	−0.0101 (0.0146)	−0.00568 (0.0035)	−0.00555 (0.0035)	−0.0000270 (0.0004)	0.00000932 (0.0004)
Fsize	0.952*** (0.1490)	0.894*** (0.1445)	0.169*** (0.0105)	0.169*** (0.0104)	0.00506 (0.0033)	0.00337 (0.0032)
Fage	−0.122*** (0.0260)	−0.115*** (0.0252)	0.00880 (0.0060)	0.00944 (0.0060)	−0.00351*** (0.0007)	−0.00254*** (0.0007)
SOE	0.832** (0.3643)	1.088*** (0.3540)	−0.158** (0.0719)	−0.142** (0.0720)	0.0209** (0.0095)	0.0325*** (0.0093)
Incentive		3.899*** (0.3658)		0.242*** (0.0906)		0.274*** (0.0139)
Constant	−16.60*** (3.1007)	−15.86*** (3.0058)	−0.302 (0.8946)	−0.340 (0.8931)	0.403* (0.2148)	0.432** (0.2090)
Year & Industry FE	YES	YES	YES	YES	YES	YES
N	1881	1881	792	792	6861	6861

续表

	Model 1 创新质量	Model 2 创新质量	Model 3 创新效率	Model 4 创新效率	Model 5 创新可持续性	Model 6 创新可持续性
Pseudo–R^2	0.0116	0.0215	0.0505	0.0515		
adj. R^2					0.032	0.084

4.4.4 进一步研究

以上结果显示，股权激励对企业创新能力的三个维度均有显著的正向促进作用，从多方面进行稳健性检验后，结论依然成立。本小节将分别检验企业家精神与 CSR 的调节效应，从而进一步探索股权激励对企业创新能力影响的情境条件，即分别基于国家创新体系视角与可持续发展视角将主效应的线性模型拓展为链式模型，以便能更全面地评估股权激励政策。

本研究在假设 2 与假设 3 中分别提出，企业家精神和 CSR 分别正向调节股权激励对企业创新能力的影响。具体而言，我们使用公式 4.2，分别设置式中的 Z 为 IE 与 CSR，交互项系数及其显著性就是我们所要检验的调节效应，结果如表 4–10 所示。从模型 1 和 5 中可以看出，股权激励与企业家精神的交互项的影响显著为正，即企业家精神的提高会增强股权激励与创新质量（$\beta=0.335$，$p<0.01$）及创新可持续性（$\beta=0.258$，$p<0.05$）的正相关关系，部分验证了假设 2。然而，在模型 3 中，股权激励与企业家精神的交互项的影响不显著，这说明企业家精神对股权激励与创新效率之间关系的正向调节效应不明显。创新效率由专利数量与研发投入两方面决定，这可能是因为企业家精神对这两方面的调节效应过于一致，也可能是因为企业家精神对这两方面均没有调节效应，从而不能呈现整体上的显著性。可见，在股权激励促进企业创新质量和可持续性提高的过程中，企业家精神可以提高企业的吸收能力并帮助企业利用多样化的外部知识来推进创新，显示出股权激励与外部创新环境有机结合的重要性，为国家创新体系理论的完善补充了实践证据。

另外，模型 2、4 和 6 中的结果表明，股权激励与 CSR 的交互项的影响显著为正，即 CSR 的提高会增强股权激励与创新质量（$\beta=0.177$，p<0.01）、创新效率（$\beta=0.0185$，p<0.05）及创新可持续性（$\beta=0.00261$，p<0.01）的正相关关系，验证了假设 3。可见，在股权激励提高企业创新能力的过程中，CSR 可以帮助企业在一定程度上减少创新风险、提高治理水平，显示出股权激励与利益相关者有机结合的重要性，为推动可持续发展补充了实践证据。

表 4-10　企业家精神与 CSR 的调节效应

	Model 1 创新质量	Model 2 创新质量	Model 3 创新效率	Model 4 创新效率	Model 5 创新可持续性	Model 6 创新可持续性
CFR	−0.277 (0.2388)	−0.442* (0.2389)	0.0288 (0.0808)	−0.112 (0.1157)	−0.0136** (0.0069)	−0.0254*** (0.0077)
Cap	0.663 (2.0309)	2.012 (2.0027)	1.643** (0.6488)	4.830*** (0.9207)	0.143*** (0.0479)	0.190*** (0.0564)
LEV	−0.00154 (0.6700)	0.305 (0.6721)	0.151 (0.1676)	0.182 (0.2423)	0.0325** (0.0160)	−0.000704 (0.0188)
SA	3.055** (1.4219)	3.774*** (1.4285)	0.169 (0.4477)	0.139 (0.6473)	−0.0426 (0.0354)	0.00906 (0.0406)
HHI	3.701 (2.9805)	−0.197 (2.9685)	1.856** (0.7320)	1.622 (1.0638)	0.00942 (0.0453)	0.0523 (0.0518)
Separation	−0.00237 (0.0121)	−0.00915 (0.0119)	−0.00204 (0.0035)	−0.00533 (0.0050)	−0.00000975 (0.0003)	−0.0000164 (0.0004)
Fsize	0.950*** (0.1135)	0.863*** (0.1192)	0.135*** (0.0105)	0.127*** (0.0155)	0.0117*** (0.0024)	0.00334 (0.0030)
Fage	−0.0513** (0.0203)	−0.0694*** (0.0202)	0.0160** (0.0062)	0.00626 (0.0090)	−0.000981** (0.0005)	−0.00239*** (0.0006)
SOE	1.816*** (0.2945)	0.945*** (0.2876)	−0.0504 (0.0693)	−0.0265 (0.0996)	0.0393*** (0.0067)	0.0216*** (0.0079)
Incentive	1.578*** (0.3628)	3.675*** (0.3045)	0.352 (0.8430)	0.177 (0.1383)	0.339*** (0.0084)	0.293*** (0.0120)
IE	−0.0488 (0.0606)		−0.0281 (0.0177)		0.00924*** (0.0014)	
Incentive*IE	0.335*** (0.0249)		−0.00265 (0.0774)		0.258** (0.1312)	
CSR		0.0144* (0.0074)		−0.000699 (0.0024)		0.000488*** (0.0002)
Incentive*CSR		0.177*** (0.0210)		0.0185** (0.0077)		0.00261*** (0.0007)

续表

	Model 1 创新质量	Model 2 创新质量	Model 3 创新效率	Model 4 创新效率	Model 5 创新可持续性	Model 6 创新可持续性
Constant	−18.53*** (2.4780)	−16.94*** (2.4368)	−0.199 (0.6596)	−0.444 (0.9506)	−0.128 (0.1297)	0.240 (0.1619)
Year & Industry FE	YES	YES	YES	YES	YES	YES
N	2501	2605	1089	1131	9887	8512
Pseudo–R^2	0.0358	0.0285	0.0735	0.0341		
adj. R^2					0.190	0.115

上文的分析表明，CSR 正向调节股权激励对企业创新能力的影响。然而，CSR 涉及诸多利益相关者，对内包括股东、员工，对外包括供应商、客户、环境、社会等。因此，在本部分，我们将进一步探索 CSR 各维度对股权激励与企业创新能力之间的调节效应，以期为企业管理实践提供更具体的建议。参考现有文献（Lv 等，2019），本书将 CSR 活动划分为股东、员工、供应链、环境和社会这五大方面，具体如下。

股东维度 CSR 体现在稳健的财务结构、公开透明的信息披露、高水平的股票回报等方面。其中，稳健的财务结构体现了企业股东责任的基本要求，因为不合理的财务结构会给企业带来一定的财务风险，例如，较高的债务水平（Shi 和 Sun，2015）、过多的盈余管理（Wang 等，2018）等，进而会增加损害股东利益的可能性。而股权激励使得管理层与股东的利益相一致，有助于提高股东维度 CSR 水平。同时，具备较高股东维度 CSR 水平的企业通常会在避免财务困境的前提下开展创新活动，这有利于企业创新能力的提升。基于此，我们预期股东维度 CSR 可以正向调节股权激励对企业创新能力的影响。

员工维度 CSR 涉及对员工薪资和福利的高投入、员工知识技能的培训提升、给予员工情感上的关怀和承诺、提供安全舒适的工作环境等。员工维度 CSR 实践会影响员工积极的工作行为（Shen 和 Benson，2016），最终对企业创新产生促进作用（Abdelmotaleb 等，2018）。同时，股权激励有助于提高员工福利、增加员工方面长期战略的投资（Flammer 和 Bansal，

2017），有利于充分调动员工的工作积极性，从而进一步提高企业创新水平（谭洪涛等，2016）。基于此，我们预期员工维度 CSR 可以正向调节股权激励对企业创新能力的影响。

供应链维度 CSR 涉及供应商、客户与消费者权益责任，企业处于商业生态系统或相互依赖的网络结构中，因而必须联合其他相关企业才能有效应对商业环境的剧烈变化，获取必要的资源和创新活动的支持（Mccann 和 Selsky，2012），CSR 有助于提升供应链的运营效率及帮助公司开发新产品并创造新的增长机会（Asgary 和 Li，2016）。同时，股权激励可以缓解供应商过于集中时对企业创新造成的负面影响（郑登攀和章丹，2016），即股权激励与供应链有一定的互补作用。基于此，我们预期供应链维度 CSR 可以正向调节股权激励对企业创新能力的影响。

环境维度 CSR 是指组织为改善公司对自然环境的影响所采取的行为和措施。积极开展环境 CSR 活动、主动披露环境 CSR 报告，这些行为帮助企业树立了"绿色"形象（Russo 和 Harrison，2005），特别能赢得密切关注环境的利益相关者的好感。同时，股权激励有利于企业增加自然环境方面的长期战略投资（Flammer 和 Bansal，2017）。基于此，我们预期环境维度 CSR 可以正向调节股权激励对企业创新能力的影响。

社会维度 CSR 主要体现在企业的价值贡献方面，例如慈善、公益、捐款等社会或非商业活动。Zhao（2012）指出，捐赠帮助企业获得了社会合法性与政治合法性，从而有利于获得创新所需的资源与能力，促进创新成果的产出以及提升企业的创新绩效。然而，目前尚无相关研究显示股权激励对社会维度 CSR 会产生怎样的影响。因此，这里我们无法预期社会维度 CSR 对股权激励与企业创新能力之间的调节效应。

为检验上述假设，我们使用公式 4.2，分别设置式中的 Z 为各维度 CSR（社会维度 CSR 除外，因为我们无法做出假设），交互项系数及其显著性就是我们所要检验的调节效应，检验结果如表 4–11 所示。

模型 1 和 9 中的结果表明，股权激励与股东维度 CSR 的交互项的影响显

表4-11 各维度CSR对股权激励与企业创新能力的调节效应

	Model 1 创新质量	Model 2 创新质量	Model 3 创新质量	Model 4 创新质量	Model 5 创新效率	Model 6 创新效率	Model 7 创新效率	Model 8 创新效率	Model 9 创新可持续性	Model 10 创新可持续性	Model 11 创新可持续性	Model 12 创新可持续性
CFR	-0.514** (0.2491)	-0.394* (0.2349)	-0.334 (0.2383)	-0.347 (0.2368)	-0.107 (0.1194)	-0.112 (0.1149)	-0.110 (0.1148)	-0.107 (0.1147)	-0.0301*** (0.0078)	-0.0231*** (0.0076)	-0.0233*** (0.0077)	-0.0227*** (0.0076)
Cap	0.869 (2.0403)	2.307 (1.9787)	2.074 (2.0093)	1.858 (1.9955)	4.754*** (0.9248)	4.839*** (0.9200)	4.793*** (0.9194)	4.815*** (0.9190)	0.169*** (0.0564)	0.196*** (0.0565)	0.186*** (0.0564)	0.189*** (0.0564)
LEV	0.932 (0.7130)	0.0231 (0.6623)	0.0703 (0.6726)	0.142 (0.6682)	0.232 (0.2468)	0.186 (0.2420)	0.184 (0.2420)	0.173 (0.2422)	0.0331* (0.0198)	-0.00880 (0.0186)	-0.00832 (0.0186)	-0.0102 (0.0186)
SA	3.717*** (1.4569)	3.937*** (1.4021)	4.326*** (1.4276)	4.474*** (1.4131)	0.212 (0.6586)	0.144 (0.6459)	0.179 (0.6450)	0.195 (0.6457)	0.00413 (0.0406)	0.0164 (0.0404)	0.0143 (0.0405)	0.0208 (0.0404)
HHI	1.823 (3.0177)	0.950 (2.9295)	-0.762 (2.9837)	-0.210 (2.9581)	1.681 (1.0676)	1.595 (1.0631)	1.611 (1.0638)	1.564 (1.0634)	0.0703 (0.0519)	0.0538 (0.0518)	0.0502 (0.0518)	0.0510 (0.0519)
Separation	-0.0116 (0.0121)	-0.00710 (0.0118)	-0.0108 (0.0119)	-0.0103 (0.0119)	-0.00567 (0.0051)	-0.00516 (0.0050)	-0.00533 (0.0050)	-0.00516 (0.0050)	-0.000117 (0.0004)	0.0000948 (0.0004)	-0.0000861 (0.0004)	-0.0000275 (0.0004)
Fsize	0.936*** (0.1204)	0.901*** (0.1149)	0.979*** (0.1160)	0.930*** (0.1155)	0.128*** (0.0155)	0.126*** (0.0155)	0.126*** (0.0154)	0.127*** (0.0154)	0.00121 (0.0030)	0.00590** (0.0029)	0.00561* (0.0029)	0.00736*** (0.0029)
Fage	-0.0722*** (0.0206)	-0.0634*** (0.0200)	-0.0693*** (0.0203)	-0.0730*** (0.0202)	0.00593 (0.0090)	0.00618 (0.0090)	0.00609 (0.0090)	0.00650 (0.0090)	-0.00210*** (0.0006)	-0.00233*** (0.0006)	-0.00235*** (0.0006)	-0.00230*** (0.0006)
SOE	1.102*** (0.2923)	0.799*** (0.2866)	0.993*** (0.2890)	0.992*** (0.2875)	-0.0298 (0.0995)	-0.0354 (0.0998)	-0.0241 (0.0996)	-0.0243 (0.0996)	0.0257*** (0.0079)	0.0216*** (0.0079)	0.0219*** (0.0079)	0.0227*** (0.0079)
Incentive	6.050*** (1.2590)	1.216*** (0.3923)	3.199*** (0.3214)	3.063*** (0.3178)	0.505 (0.4792)	-0.0793 (0.1821)	0.0705 (0.1473)	0.0703 (0.1465)	0.468*** (0.0456)	0.253*** (0.0157)	0.284*** (0.0126)	0.285*** (0.0125)
Shareholder	0.0772*** (0.0224)				0.00303 (0.0080)				0.00384*** (0.0006)			

续表

	Model 1	Model 2	Model 3	Model 4	Model 5	Model 6	Model 7	Model 8	Model 9	Model 10	Model 11	Model 12
	创新质量	创新质量	创新质量	创新质量	创新效率	创新效率	创新效率	创新效率	创新可持续性	创新可持续性	创新可持续性	创新可持续性
Incentive*Share	-0.122^{*} (0.0721)				-0.0168 (0.0279)				-0.00983^{***} (0.0026)			
Employee		0.0507 (0.0347)				0.000578 (0.0119)				0.000615 (0.0009)		
Incentive*Employee		1.042^{***} (0.0942)				0.0973^{**} (0.0379)				0.0160^{***} (0.0032)		
Business			0.00819 (0.0238)				-0.00237 (0.0082)				0.000717 (0.0006)	
Incentive*Business			0.524^{***} (0.0656)				0.0740^{***} (0.0256)				0.00965^{***} (0.0022)	
Environment				0.00802 (0.0202)				-0.00207 (0.0065)				-0.000322 (0.0005)
Incentive*Env				0.574^{***} (0.0589)				0.0618^{***} (0.0207)				0.00919^{***} (0.0020)
Constant	-19.48^{***} (2.4364)	-17.48^{***} (2.3786)	-19.04^{***} (2.4146)	-17.92^{***} (2.4072)	-0.510 (0.9617)	-0.439 (0.9491)	-0.444 (0.9485)	-0.439 (0.9483)	0.257 (0.1610)	0.195 (0.1613)	0.203 (0.1614)	0.168 (0.1615)
Year & Industry FE	YES	YES	YES	YES	YES	YES	YES	YES	YES	YES	YES	YES
N	2605	2605	2605	2605	1131	1131	1131	1131	8512	8512	8512	8512
Pseudo-R^2									0.117	0.115	0.115	0.114
adj. R^2	0.0233	0.0321	0.0273	0.0294	0.0327	0.0344	0.0348	0.0349				

著为负，模型 5 中该系数为负但不显著，这说明在实际情况中，企业实施股权激励计划时过多地关注股东维度 CSR 会破坏股东与管理层利益的一致性，进而抑制股权激励对创新质量与创新可持续性的促进效应，这提醒我们在实施股权激励计划时不应过多地关注股东维度 CSR。其余模型中的结果表明，股权激励与各维度 CSR（股东维度 CSR 除外）的交互项的影响均显著为正，显示出股权激励计划与员工、供应链与环境有机结合的重要性，这提醒我们在实施股权激励计划时应多关注这几方面的利益以更好地提高企业创新能力。

4.5 本章小结

本章基于我国 A 股非金融行业的上市公司数据，通过实证检验研究我国股权激励对企业创新能力的影响及作用机制，本章的假设检验结果如表 4-12 所示。

表 4-12 本章研究假设检验结果

研究	假设	检验结果
主效应	H1a：股权激励能够促进企业创新能力	支持
	H1b：股权激励会抑制企业创新能力	不支持
进一步研究	H2：企业家精神正向调节股权激励对企业创新能力的影响	部分支持，其中企业家精神对股权激励与创新效率之间无正向调节效应
	H3：CSR 正向调节股权激励对企业创新能力的影响	支持
	CSR 分维度检验调节效应	部分支持，其中股东维度 CSR 对股权激励与创新效率之间无正向调节效应，并且股东维度 CSR 对股权激励与创新质量、创新可持续性之间存在负向调节效应

可以看出，股权激励计划显著提升了企业创新能力，具体表现为提高了企业创新质量、提升了企业创新效率及增强了企业的创新可持续性。该结论在更换匹配方法、进行关键变量替换及变更自变量滞后时间后依然成立。进

一步地，我们分别基于国家创新体系视角与可持续发展视角检验企业家精神与 CSR 的调节效应，发现企业家精神正向调节股权激励对企业创新质量和企业创新可持续性的影响，对股权激励与创新效率之间关系的正向调节效应不明显。创新效率由专利数量与研发投入两方面决定，这可能是因为企业家精神对这两方面的调节效应过于一致，也可能是因为企业家精神对这两方面均没有调节效应，从而不能呈现整体上的显著性。另外，CSR 正向调节股权激励对企业创新能力（包括创新质量、创新效率与创新可持续性三个方面）的影响，具体到 CSR 的各维度：股东维度 CSR 负向调节股权激励对创新质量与创新可持续性的影响，而员工、供应链与环境维度 CSR 正向调节股权激励对企业创新能力的影响。

本章的理论贡献主要有两方面。第一，从创新能力的视角出发，丰富了股权激励效应的研究。当前对于股权激励与企业创新之间的研究多集中于创新投入或创新绩效，一般以研发支出、专利数量或新产品产出为衡量指标，而对创新效率与创新可持续性的关注不足，我们认为专利数量或新产品产出只能反映企业创新的一部分，创新效率与创新可持续性也是企业创新的重要体现，对此本研究选取企业创新能力（包括创新质量、创新效率与创新可持续性三个方面）来多维度地评估政策影响，这在一定程度上使股权激励效果的评估更加准确，并且拓展了股权激励的微观效果研究。第二，本研究基于国家创新体系视角与可持续发展视角选取企业家精神与 CSR 作为调节变量，丰富了股权激励与企业创新之间的情境因素，完善了股权激励评估的理论框架与理论体系。

其实践意义主要体现在以下两个方面。第一，在政策启示方面，股权激励对企业创新能力有积极的促进作用，企业家精神对创新质量与创新可持续性有积极的正向调节效应，政府可以积极的培养各地的企业家精神，使得股权激励能发挥更大的作用。另外，CSR 对股权激励在企业创新中的有效发挥也有重要的促进作用，政府可以引导、支持和鼓励企业积极从事 CSR 活动，不仅有利于股权激励提高企业创新能力，而且有利于实现可持续发展。

第二，在企业管理实践方面，企业可积极选择实施股权激励计划，同时，实施股权激励计划的企业需要关注整体经营环境中各利益相关者的需求，积极从事 CSR 活动。具体而言，在实施股权激励计划的过程中应多关注员工、供应链与环境维度 CSR，并减少关注股东维度 CSR，以更好地提高企业创新能力。

另外，本章存在以下研究局限。首先，本研究的样本来自中国上市公司，所以结果可能适用于其他国家，也可能不适用于其他国家。对此，未来研究可以将研究内容放到其他特定的情境中，进一步验证本书研究结果的普遍性，或者发现其他有趣的或不一样的结果。其次，样本受到了中国证监会选择上市公司偏好方面的影响，这限制了研究结果的普适性。那么随着可获取数据的丰富，扩大样本企业或延长样本周期后结果是否会有所变化呢？在这方面，未来研究可以通过非上市企业数据进行进一步探索。最后，未来研究可以采用不同的研究方法丰富研究发现。例如，本书将企业创新能力分为三个维度进行测量和验证，未来研究可尝试使用其他指标的测量方式；或者选择典型企业进行定性案例研究，通过深入分析股权激励、企业家精神、CSR 与企业创新能力的作用机制，获得新的发现。

第 *5* 章
"营改增"政策与企业风险承担

正如第 2 章所描述的，本书将被动类政策界定为通过市场垄断或竞争等机制，促使企业从低成本竞争转向依靠创新竞争，那现实中这类政策能真正地发挥其引导作用吗？"营改增"、知识产权保护正是被动类政策中的两种，并且在现实中影响广泛，因此本书选取这两类政策作为被动类的典型政策，并在第 5、6 章详细分析检验其对企业风险承担与创新能力的影响及作用机制。

5.1 问题的提出

创新被广泛认为是国家经济增长的主要驱动因素，近年来，随着创新实践活动的不断推进以及自主创新战略的提出，政策的重点已逐渐从科技政策向创新政策转变，这种转变逐渐与国外趋同。有学者认为创新政策应纳入其他政策工具，如市场监管、税收和基础设施发展等。2012 年开始试点的"营改增"政策是我国税收政策的一项重要改革，旨在打通增值税抵扣链条、消除重复征税，从而降低企业负担[①]。"营改增"政策的经济后果成为近年来学术研究的热点。在微观层面，已有文献从企业税负效应、现金流效应、投资盈利等视角进行了研究；在宏观层面，已有文献从分工效应、价格效应、收

---

①   资料来源：国家税务总局网站。

入分配效应、就业效应等视角进行了探讨。对于其经济后果,学术界仍有争议。例如,实施"营改增"政策可以提高工资水平,但增值税的"转嫁效应"会导致普通居民负担加重,进而恶化收入分配;又如,实施"营改增"政策后产业互联程度高的企业税负显著降低,但也有学者指出实施"营改增"政策后企业流转税税负并没有显著变化,甚至部分企业税负还会上升。为此,本书搁置争议,尝试将其作为创新政策工具,基于国家创新体系的视角探究"营改增"政策与企业风险承担的关系,并考虑企业内外部情境对这种关系的影响,以期从微观视角提供"营改增"政策影响企业创新能力的新证据。

本书选择企业风险承担作为分析视角,原因在于从长期来看,风险承担对微观竞争优势和宏观经济增长都具有重要影响,然而目前大多数文献集中于创新政策对创新绩效的研究,鲜有文献对风险承担这一创新行为进行研究。在微观层面,风险承担往往被认为是一种创新活动,有助于开拓新市场并获得新的盈利机会,从而提高企业持续竞争优势;在宏观层面,风险承担能促进科技进步、加快社会资本的积累,进而提高社会整体生产率。尤其是当前,我国经济进入"新常态",鼓励企业积极承担风险有助于激发创新活力。

鉴于企业风险承担对微观竞争优势和宏观经济增长的重要作用,学界对这一议题进行了大量研究,主要分析视角包括代理理论视角、行为理论视角和高阶理论视角。与上述研究局限于企业内部环境不同,近年来部分学者开始关注企业外部环境,包括制度、文化、政策等因素,但是鲜有文献从税制改革视角进行细致考察。

理论上,税收政策主要通过对企业最终收益的非对称作用而影响企业的风险承担决策。本质上,税收可视为一种国家与企业之间的收益分配机制,但这一机制仅分担利润,并不分担损失。因此,面对期望收益相同,但风险不同的两个投资项目,高风险项目的实际税负可能会高于低风险项目,导致企业在税收的影响下倾向于选择低风险项目。所以,提高税率会降低企业的风险承担倾向，但降低税率可能不会增加企业风险承担。然而，"营改增"政策的减税并非简单地降低税率，而是打通增值税抵扣链条、消除重复征税，那么这种抵扣效应产生的降成本式减税，是否会提高企业的风险承担水平呢？

2012年开始推行的"营改增"试点为我们检验上述问题提供了一个理想的场景。作为一项结构性减税政策，截至2018年，该政策已累计减税近2万亿元[①]。按照政策安排，"营改增"试点是分批进行的：2012年1月1日，在上海市针对交通运输业和部分现代服务业启动"营改增"试点；2012年8月1日至年底，上述试点进一步扩大至北京等11个省（市）；2013年8月1日，"营改增"在全国范围内推开。这为我们实证检验"营改增"政策与企业风险承担的关系提供了难得的准自然实验场景。

基于此，本章采用双重差分（DID）模型实证检验了"营改增"政策对企业风险承担的影响。研究发现，受"营改增"政策影响的企业显著提高了风险承担水平。进一步地，本书基于国家创新体系视角检验了这种促进作用的影响因素，研究发现减税对风险承担的影响在不同性质的企业间具有异质性：非国有企业表现为研发投入的增加，而国有企业则表现为资本支出的增加。此外，行业、在职消费、市场化程度、产品市场竞争和政府补助均对上述关系存在调节效应。

本章的研究意义主要体现在以下三个方面。第一，本书从企业外部环境视角拓展了企业风险承担影响因素的相关研究。既有研究大都聚焦于企业内部环境，探讨代理成本、非理性行为、管理层特征等因素对企业风险承担决策的影响；少量文献注意到企业外部环境的作用，且主要集中于文化、制度和政策不确定性等因素，本书则从税收视角提供了宏观经济政策影响企业风险承担的新证据。第二，当前学术界对"营改增"政策的经济后果仍有争议，本书尝试搁置争议将"营改增"政策作为一种创新政策工具，运用DID

[①] 2018年1月17日全国税务工作会议。

模型评估其对企业风险承担的影响,从微观视角提供了"营改增"政策影响企业创新能力的新证据。第三,基于国家创新体系的视角从代理成本、市场竞争、政府部门和制度环境等维度进一步考察了"营改增"政策影响企业风险承担水平的内外部情境,深化了对于"营改增"政策经济后果的评估,为"营改增"政策的调整提供了一定的实践证据。

5.2 理论分析与研究假设

5.2.1 "营改增"政策与企业风险承担

本部分就"营改增"政策与企业风险承担之间的关系进行简要分析,并提出研究假设,从而为后续实证研究提供理论基础。

关于税收变动与风险承担的关系,最早可以追溯到个人根据个人所得税的税率或变动对工作选择的影响,以及随后对企业环境的应用,即税收政策主要通过对企业最终收益的非对称作用而影响企业的风险承担决策。税收会影响企业的风险承担,因为它会导致企业收益的不对称。如果不含税,风险中性的公司对低风险项目和高风险项目实行无差别的对待;征税后,高风险项目的利润下降幅度要大于低风险项目,这是因为政府分担利润而非损失。鉴于这种不对称,风险中性的公司更愿意选择低风险项目而非高风险项目。因此,当税率提高时,企业出于利润考量,会通过选择低风险项目来降低企业风险承担;而当税率降低时,企业同样出于利润考量,不会选择高风险项目来增加企业风险承担。也有一些相关的文献对此进行了验证,例如,对于那些没有损失抵消的公司来说,更高的税率会减少其风险承担,并且企业风险承担对税收的变动是敏感的、不对称的,因为政府在其盈利时收税,但亏损时没有补偿,公司为了应对税率提高而降低风险,但不会因税率降低而做出应对。

以上分析表明,简单降低税率的减税并不能提升企业风险承担水平,但"营改增"政策的减税并非通过简单地降低税率而实现。"营改增"政策是从根本上打通增值税抵扣链条、消除重复征税，目的是降低企业创新成本、促进设备更新[①]。"营改增"政策对企业利润会产生单向的正抵扣效应，这种抵扣效应类似于国外的税收损失抵消，税收对风险承担的影响取决于损失抵消的可能性，风险承担与税收损失结转期的长度呈显著正相关，且这种关系随税率水平的提高而增强，即损失抵消的周期越长、抵消的金额越多，风险承担水平越高。那么，"营改增"政策的抵扣效应会对风险承担产生类似的影响吗？本书认为，答案是肯定的，"营改增"政策通过抵扣效应产生的降成本式的减税可通过以下两种路径而影响企业风险承担水平。

首先是"营改增"政策与企业现金流的变化。通过将增值税抵扣机制引入投入产出价格模型以测算企业成本的变化，研究发现：在现有税收征管能力和税率不变的情况下，"营改增"政策通过抵扣效应在总体上使得所有行业的价格（成本）有所下降，进而改善企业的现金流情况。基于交易费用理论的现金持有成本与收益视角，研究认为，实施"营改增"政策后，企业现金流的敏感性显著降低。实施"营改增"政策后，通过固定资产购置、原材料外购等进项税额抵扣，企业现金流变得充裕。而影响风险承担的一个因素便是现金流状况，因为任何项目的投资都需要相应的资本支持，特别是风险性越高的项目，其对资金的前期需求也相对越大。此外，如前文所述，政府对企业投资与经营进行损失补偿有助于提高企业风险承担水平；而增值税的进项抵扣在一定程度上可看作对企业投资行为的一种补偿。

其次是"营改增"政策与企业融资约束的变化。由于信息不对称的存在，管理层被认为比潜在投资者更了解公司的价值，因此企业融资偏好顺序依次为内部融资、外部债务融资、外部股权融资（Myers和Majluf，1983）。如前文所述，"营改增"政策通过抵扣效应增加了企业现金流，同时因为固定设备等资产原值中扣减了增值税，减少了折旧基数，增加了净利润，这在一定程度上缓解了内部融资约束。此外，根据信号传递理论，"营改增"政策对企业现金流和净利润的正面影响也向外部投资者传递了正面的

---

① 资料来源：国家税务总局网站。

信号。因此，外部投资者可能会做出相机选择，改变资金投向，增加资金供给量，降低企业的融资成本，进而缓解企业的外部融资约束。而资金持有或融资约束的改善，均能显著地提高企业风险承担水平。综上，"营改增"政策在本质上可以通过降低企业成本、改善企业的现金持有与融资约束而影响其对风险投资项目的决策、提高其风险承担水平。

据此，我们提出如下假设：

H1：在其他条件不变的情况下，"营改增"政策通过抵扣效应可以提高企业风险承担水平。

5.2.2　"营改增"政策与企业风险承担：企业内外部情境的影响

进一步地，我们探讨企业内外部情境对"营改增"政策与企业风险承担关系的影响。国外学者使用"国家创新体系"一词来确定与科技知识的产生和运用有关组织的不同特征，该观点的核心是，有些特征可能比其他特征更有效，这在很大程度上解释了世界各地生产率和创新绩效极不平衡的原因，即国家创新体系内部各主体的特征、主体间的交互作用决定了企业内部开展创新活动的积极性和有效性。而企业风险承担往往被认为是一种创新活动，因此这里我们基于国家创新体系的视角将前文基本假设的线性模型拓展为链式模型。此外，在政策的治理机制方面，创新系统内部各参与者之间协调具有必要性，以避免系统失灵，即避免缺乏合作和协调的情况。同时，有作者提到，这些问题应由各国政府的管理部门或机构处理，然而这些部门往往是独立的，导致各政策之间也是孤立的（Schot 和 Steinmueller，2018）。因此，在本部分，我们将致力于探讨企业自身特征与企业外部环境或其他政策对"营改增"政策影响的调节效应，拓展政策评估框架，以期为"营改增"政策的改进提供一定的实践证据。

（1）企业自身特征的调节效应

①所有权性质

本研究从所有权性质对企业风险承担的影响，以及所有权性质与"营改增"政策的关系这两方面进行分析。

有关所有权性质对企业风险承担的影响。现有文献主要包括两种理论观点：政治观与经理人观。具体到政治观，一般认为有两个方面的因素：一是政治家为了在仕途上获得优势，常常会通过干预国有企业来达到其自身的政治目标；二是国有企业往往要承担政府的许多社会职能，所以政府对国有企业的设立、运营等方面有较多的管制，导致其具有较重的社会性负担。因此，根据政治观，为了确保政治家政治目标或国有企业社会目标的实现，国有企业会更倾向于选择那些风险较低的投资机会，即具有较低的风险承担水平。具体到经理人观，基于代理理论，一般也有两个方面的因素：一是国有企业监督机制的缺乏，其所有权性质不清晰，几乎所有公民都能被看作国有企业的所有者，故而任何单个股东都缺乏对管理层监督的积极性；二是国有企业激励机制的缺乏，因为管理层带有行政级别，其薪酬也会受到普遍的行政管制。监督与激励机制的缺乏导致严重的双重代理问题，进而导致管理层在经营决策中会发生严重的道德风险和机会主义行为。而良好的监督与激励机制可以促进管理层选择那些净现值为正但风险性较高的投资机会。因此，根据经理人观，国有企业也具有较低的风险承担水平。

有关所有权性质与"营改增"政策的关系。国有企业往往需要落实国家相关产业政策，税改之后，其需要积极履行国家政策，加之前文叙述的政治观和经理人观，管理层可能会更积极地响应"营改增"政策。此外，政府也会采取各种举措以达到降低国有企业税负的目的，例如通过行政干预增加固定资产的投资等，从而促使"营改增"政策的目标在国有企业成功实现。综上，国有产权性质一方面抑制企业风险承担，另一方面又会通过增加固定资产等资本支出来积极响应"营改增"政策。

据此，我们提出如下假设：

H1a：国有企业与非国有企业在实施"营改增"政策后会有不同的风险承担行为，即国有企业倾向增加资本支出，而非国有企业倾向增加研发强度。

②行业

"营改增"政策作为供给侧结构性改革的重要举措，其一大目标是促进我国经济转型升级，对此在税率上也有所体现：信息技术类行业的税率为6%，而其他行业，如有形动产租赁服务税率为17%、交通运输业服务税率为11%，明显高于信息技术类行业。即信息技术类行业的现金流和融资约束在实施"营改增"政策后会有较大的改善。

据此，我们提出如下假设：

H1b：实施"营改增"政策后信息技术类行业的风险承担会显著提高，其他行业的风险承担没有变化。

③在职消费

"营改增"政策的目标之一是减少重复征税，使改革企业的整体税负不增加或有所下降，进而降低企业负担。那么，因为"营改增"政策而节省的资源能否有效地运用到企业的决策与投资中呢？我们选取在职消费这一视角来探索答案，在职消费可以认为增加了代理成本，而增加的成本可能大于其带来的效益净额，导致企业业绩下降。因此，本书假设在职消费高的企业在实施"营改增"政策后有可能将节省的成本用作在职消费这一私人收益，而不会将其用作企业的发展。

据此，我们提出如下假设：

H1c：在职消费高的企业风险承担不受"营改增"政策的影响，而在职消费低的企业实施"营改增"政策后风险承担水平会提升。

（2）企业外部环境或其他政策的调节效应

①市场化程度

1994 年分税制改革后，我国开始实行中央税和地方税并行的征收方式。营业税属于地方税，增值税则属于中央与地方的共享税；地方税由地方税务局负责，共享税则由国家税务总局管理。同时，国家税务总局协同省级人民政府对省级地方税务局实行双重领导[①]，这意味着共享税不会受到地方政府

---

① 　资料来源：国家税务总局网站。

的影响，而地方税则可能因各地市场化程度的高低而不同。那么，实施"营改增"政策后，有可能会消除这种地方差异，为市场创造一个更为公平的环境。

据此，我们提出如下假设：

H1d：市场化程度负向调节"营改增"政策对企业风险承担的影响。

②产品市场竞争

有关风险承担的外部治理机制，尚未有研究考虑产品市场竞争这一机制。产品市场竞争增加了对治理结构薄弱公司的激励，能有效缓解管理层的懈怠行为以最大化股东的财富。此外，在经营竞争激烈行业的企业中，这种缓解程度更大，而较好的治理结构对企业风险承担有正向的促进作用。同时，产品市场竞争激烈的企业有较低的利润水平和现金流，"营改增"政策的减税效应能在一定程度上缓解其资金压力。

据此，我们提出如下假设：

H1e：产品市场竞争正向调节"营改增"政策对企业风险承担的影响。

③政府补助

有研究表明，适度补助可提高企业的风险承担水平，而高额度的补助会降低企业的风险承担水平；也有研究认为补助有一个临界值，当大于该值时，企业会出现"寻补贴"行为进而对其生产率的促进不再显著，甚至降低资源使用效率。"营改增"政策使得企业的固定资产、无形资产和其他长期资产等都可以作为进项抵扣，在一定程度上缓解了资金压力。从企业收入视角来看，实施"营改增"政策相当于增加了一定的政府补助，从而导致原来补助较多的企业在实施"营改增"政策后可能会降低风险承担水平；而原先补助较少的企业在实施"营改增"政策后会提高风险承担水平。

据此，我们提出如下假设：

H1f：政府补助负向调节"营改增"政策对企业风险承担的影响。

综合上述理论分析和研究假设，本研究的研究框架与假设如图5-1所示。

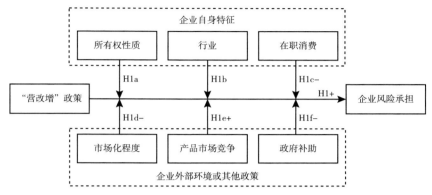

图 5-1 研究框架与假设

资料来源：除另有注明的，本章其余图表均为笔者自制。

5.3 实证研究设计

5.3.1 样本选择与数据来源

本研究使用 2009~2014 年（即 2012 年实施"营改增"政策的前后三年）中国 A 股上市公司的面板数据评估"营改增"政策对企业风险承担的影响。除市场化程度数据来源于《中国分省份市场化指数报告（2016）》外，其他数据均来自国泰安数据库。本研究选取两个试点行业，结合证监会发布的《上市公司行业分类指引（2012 年修订）》进行筛选，具体包括：交通运输业（G54、G55、G56、G57）、科学研究和技术服务业（M73、M74、M75）、软件和信息技术服务业（I65）、文化艺术业（R87）。经过筛选，符合试点行业的上市公司有 273 家。进一步剔除财务数据异常或缺失样本后，最终得到 963 个年度观测值，我们对主要连续变量进行双向 0.5% 水平的缩尾处理。

5.3.2 模型构建与变量说明

2012 年实施"营改增"政策的试点行业为交通运输业和部分现代服务业。截至 2012 年底，试点地区包括上海、北京、天津、江苏、浙江、安徽、福建、湖北、广东这九个省（市），本书将"营改增"政策看作一次准自然实验，利用 DID 方法评估"营改增"政策对企业风险承担的影响。本研究对"营改增"政策效果的评估基于 2012 年开始的两个试点行业，将 2012 年作为政策实施节点，并通过设置 du 和 dt 两个虚拟变量来区分上述样本。据此，本研究的 DID 基准回归模型如公式 5.1 所示：

$$Risk_{i,t} = \beta_0 + \beta_1 du_i + \beta_2 dt_t + \beta_3 du_i \times dt_t + \beta_{i,t} Z_{i,t} + \varepsilon_{i,t} \qquad （5.1）$$

式中下标 i 和 t 分别表示企业和年份，ε 为随机扰动项。各变量的解释如下。

被解释变量。Risk 度量企业风险承担水平，参考现有文献，本研究选择资本支出和研发强度作为代理变量，因为两者都意味着风险与收益的不确定性，都将增加企业的战略风险。

解释变量。du 为"营改增"政策试点地区的虚拟变量，该变量反映了处理组与控制组本身的差异，也就是说即使不实行该项政策，也存在此差异。dt 为"营改增"政策实施前后的虚拟变量，该变量反映了政策实施前后两期本身的差异，也就是说即使不实行该项政策，也存在此时间趋势。交乘项 du×dt 度量"营改增"的政策效应，即 β_3 为本书的主效应——"营改增"政策对试点地区企业风险承担水平的净影响，如果"营改增"政策提高了试点地区企业的风险承担水平，那么，β_3 的系数应该显著为正，因此，下面将围绕交乘项系数 β_3 进行检验及分析。

控制变量。Z 表征一系列控制变量，本书参考已有文献，控制了其他可能影响企业风险承担水平的因素。

调节变量。所有权性质与行业通过定义虚拟变量进行分组，其余调节变量以均值为标准划分为高、低两组，分组后分别使用公式 5.1 进行检验。调节变量的解释如下。

所有权性质：本研究创建了一个虚拟变量来表明一个公司是不是国有企业。

行业：本研究将试点行业中的科学研究和技术服务业、软件和信息技术服务业作为信息技术类行业，其余为其他行业。

在职消费：从管理费用中扣除董事、高管及监事会成员薪酬，以及当年的无形资产摊销等明显不属于在职消费的项目后的金额来衡量。

市场化程度：数据来自《中国分省份市场化指数报告（2016）》。

产品市场竞争：采用国内外研究中常用的赫芬达尔—赫希曼指数（HHI）来衡量。

政府补助：指企业当年获得的所有政府补助之和。

本研究所涉及的变量及测量方法如表 5-1 所示。

表 5-1　变量及测量方法

变量类型	变量名称	变量符号	变量说明
被解释变量	资本支出	capex	资本性支出（取对数）
	研发强度	R&D	研发支出/营业收入（取对数）
解释变量	"营改增"政策实施前后	dt	政策实施前为 0，政策实施后为 1
	"营改增"政策试点地区	du	属于试点地区为 1，不属于试点地区为 0
	"营改增"政策效应	du×dt	dt 与 du 的乘积
调节变量	所有权性质	SOE	国企，SOE=1；非国企，SOE=0
	行业	ind	信息技术类行业，ind=1；其余行业，ind=0
	在职消费	career_consum	从管理费用中扣除董事、高管及监事会成员薪酬，以及当年的无形资产摊销等明显不属于在职消费的项目（单位为百万元）
	市场化程度	industry	当年的市场化总指数评分
	产品市场竞争	HHI	主营业务收入占同行业所有公司的比例
	政府补助	gov	当年企业获得的所有政府补助之和（单位为百万元）
控制变量	企业年龄	firm_age	财务年度与成立年度之差
	企业规模	firm_size	期末总资产（取对数）
	成长性	growth	营业收入增长率
	资产负债率	finan_lev	负债/期末总资产
	CEO 年龄	age	截至报告期末 CEO 实际年龄
	CEO 性别	gender	男性为 1，女性为 0
	CEO 任期	tenure	截至报告期末的任期月数

5.4 实证结果分析

5.4.1 描述性统计

表 5-2 报告了主要变量的描述性统计结果，资本支出和研发强度的均值和中位数均基本相等，说明样本企业风险承担数据并没有受到极端值的影响。

表 5-2 描述性统计

变量	样本数量	均值	中位数	标准差	最小值	最大值
capex	963	18.34	18.29	2.13	8.34	23.98
R&D	475	1.71	1.97	1.57	−4.61	4.59
dt	963	0.54	1.00	0.50	0.00	1.00
du	963	0.68	1.00	0.47	0.00	1.00
dt×du	963	0.42	0.00	0.49	0.00	1.00
SOE	963	0.22	0.00	0.41	0.00	1.00
ind	963	0.56	1.00	0.50	0.00	1.00
career_consum	963	199.20	74.97	453.30	−371.80	3035.00
HHI	963	0.16	0.16	0.35	−6.55	0.87
gov	963	54.32	11.22	184.80	0.00	1463.00
firm_size	963	21.79	21.52	1.38	18.22	26.07
firm_age	963	13.05	13.00	5.20	0.00	30.00
growth	963	0.20	0.14	0.32	−0.32	1.47
finan_lev	963	0.36	0.34	0.23	0.04	0.90
age	963	48.28	48.00	6.03	32.00	74.00
gender	963	0.97	1.00	0.17	0.00	1.00
tenure	963	35.61	29.00	28.60	0.00	153.00

5.4.2 "营改增"政策对企业风险承担的影响分析

作为中国分税制改革以来最重要的一项税制改革，"营改增"政策为我们的研究提供了一个准自然实验。因此，本书运用 DID 方法评估"营改增"政策对企业风险承担的净效应，回归结果见表 5–3[①]。其中（1）、（2）列分别以资本支出与研发强度作为因变量，"营改增"政策对因变量的回归系数显著为正，表明企业在实施"营改增"政策后增加了资本支出与研发强度。总体而言，"营改增"政策有助于提升企业风险承担水平，假设 1 成立。

表 5–3 "营改增"政策与企业风险承担的估计结果

变量	(1) 资本支出	(2) 研发强度
dt × du	0.469*** [0.005]	0.457** [0.014]
控制变量	Yes	Yes
常数项	−5.034*** [0.000]	1.390 [0.255]
N	963	475
adj. R^2	0.678	0.769

注：[ ] 内数值为纠正了异方差之后的 p 值；*** 、** 和 * 分别表示 p<0.01、p<0.05 和 p<0.1，下同。

5.4.3 调节效应检验

将所有样本企业分别按所有权性质和行业的不同分组后，使用公式 5.1 进行检验，其结果如表 5–4 所示。所有权性质的调节效应方面，国有企业在实施"营改增"政策后增加了资本支出，而非国有企业增加了研发强度，验证了假设 1a；行业的调节效应方面，信息技术类行业在实施"营改增"政策后，资本支出和研发强度均有所增加，而其余行业并未受"营改增"政策的影响，验证了假设 1b。可见"营改增"政策有利于扩大信息技术类行业的科技投资需求，促进企业转型升级。

---

① 限于篇幅，本书所有实证结果均只显示政策效应（dt × du）的结果，且未显示控制变量的结果，如有需要请向笔者索取。

表 5-4　所有权性质与行业的调节效应

变量	国有企业		非国有企业		信息技术类行业		其他行业	
	资本支出	研发强度	资本支出	研发强度	资本支出	研发强度	资本支出	研发强度
dt × du	0.802**	−0.295	0.295	0.651***	0.362*	0.419**	0.278	1.257
	[0.012]	[0.468]	[0.118]	[0.001]	[0.084]	[0.014]	[0.278]	[0.333]
控制变量	Yes	Yes	Yes	Yes	Yes	Yes	Yes	Yes
常数项	−8.324***	1.901	−4.501***	0.443	−5.821***	0.659	−4.680***	14.951***
	[0.000]	[0.476]	[0.000]	[0.755]	[0.000]	[0.568]	[0.000]	[0.000]
N	227	79	736	396	510	417	453	58
adj. R^2	0.793	0.900	0.647	0.737	0.560	0.293	0.633	0.585

　　对于其余变量的调节效应检验，本研究以均值为标准将样本划分为高、低两组后，使用公式 5.1 进行检验，其结果如表 5-5 和表 5-6 所示。表 5-5 中高在职消费组的资本支出和研发强度均不显著，低在职消费组的资本支出和研发强度均显著增加，假设 1c 成立。低市场化程度组在实施"营改增"政策后资本支出显著增加，但研发强度增加不显著，说明市场化程度对"营改增"政策引起的研发强度增加没有调节作用，但可以负向调节资本支出，假设 1d 部分成立。

表 5-5　在职消费与市场化程度的调节效应

变量	高在职消费		低在职消费		高市场化程度		低市场化程度	
	资本支出	研发强度	资本支出	研发强度	资本支出	研发强度	资本支出	研发强度
dt × du	−0.141	−0.059	0.381***	0.408***	0.223	0.689	0.825***	0.516
	[0.368]	[0.885]	[0.000]	[0.000]	[0.491]	[0.128]	[0.003]	[0.270]
控制变量	Yes	Yes	Yes	Yes	Yes	Yes	Yes	Yes
常数项	−5.144***	11.828***	−5.336***	2.542***	−5.764***	18.636***	−6.605***	24.382***
	[0.000]	[0.000]	[0.000]	[0.000]	[0.000]	[0.000]	[0.000]	[0.000]
N	124	55	839	420	568	355	395	120
adj. R^2	0.902	0.920	0.601	0.724	0.670	0.486	0.735	0.550

　　表 5-6 中低产品市场竞争组、高政府补助组的资本支出和研发强度均不显著，而高产品市场竞争组、低政府补助组的资本支出和研发强度均显著增加，假设 1e 和 1f 均成立。

表5-6 产品市场竞争与政府补助的调节效应

变量	高产品市场竞争		低产品市场竞争		高政府补助		低政府补助	
	资本支出	研发强度	资本支出	研发强度	资本支出	研发强度	资本支出	研发强度
$dt \times du$	0.544*** [0.006]	0.632** [0.033]	0.107 [0.673]	0.252 [0.265]	−0.321 [0.515]	0.367 [0.431]	0.513*** [0.006]	0.474** [0.020]
控制变量	Yes	Yes	Yes	Yes	Yes	Yes	Yes	Yes
常数项	−5.611*** [0.000]	4.666*** [0.003]	−5.951*** [0.000]	−2.759 [0.157]	−12.513*** [0.000]	5.747 [0.151]	−2.542** [0.028]	3.264** [0.025]
N	553	293	410	182	165	65	798	410
adj. R^2	0.777	0.730	0.549	0.805	0.814	0.850	0.553	0.700

5.4.4 稳健性检验

为了保证回归结果的可信度及稳健性,本研究进行了如下稳健性检验。第一,安慰剂检验。前面的实证结果显示假设1成立,但也有一点疑问,即这种变化是由"营改增"政策导致的吗?因此,我们需要做一个安慰剂检验以验证上述假设的稳健性。通过将政策时间分别提前与延后两年作为虚拟的政策时点进行回归,结果显示解释变量的系数均不显著,这一证据有力地表明了企业风险承担的变化确实是由"营改增"政策导致的。第二,倾向得分匹配—双重差分(PSM-DID)方法。尽管现有文献多将"营改增"政策近似为"自然实验",但它并非完全意义上的"自然实验",因为国家选取的试点地区未必完全随机,这就有可能导致选择偏差。参考既有文献,我们通过 PSM 控制选择偏差,运用 PSM-DID 方法时,通过是不是"营改增"试点的虚拟变量对控制变量进行 Logit 回归,得到倾向得分值。在估计中我们使用核匹配法,以检验"营改增"政策对企业风险承担影响的稳健性。结果表明,在使用 PSM-DID 方法之后,"营改增"政策仍然显著提高了企业资本支出与研发强度,与前文结论无显著差异,从而进一步支撑了本书的实证结论。第三,关键变量的敏感性。关键变量的不同衡量方法可能影响结论的稳健性。参考既有文献，这里我们使用企业的风险评价系数 beta 作为企业风险承担的代理变量（选择风险较高的投资项目会导致 beta 增大）。与上述文献一致，本书的 beta 同样采用 CAPM 模型进行计算，使用每只股票的日收益对股票所在分市场的日收益进行回归，计算出股票在一个完整年度的 beta 值，结果显示主要结论并未发生变化[①]。

5.5 本章小结

一个国家或地区的创新政策可以促进或阻碍创新和经济发展。制定始终如一的创新政策，对国家或地区的发展至关重要。那么，税制改革会对企业风险承担水平产生怎样的影响？针对这一问题，国外学者尝试从税率变动、损失补偿等角度进行探讨，而国内学者对这一问题的关注明显不足。因此，我们试图从企业风险承担视角对"营改增"的政策效果提供初步评估，同时基于国家创新体系视角将这种线性模型拓展为链式模型，以便能更全面地评估"营改增"政策。

2012 年实施的"营改增"政策相当于"自然实验"，本书基于这一典型事实，选取 2009~2014 年中国 A 股上市公司数据作为研究样本。为了克服内生性问题，采用 DID 模型以考察"营改增"政策对企业风险承担的影响。通过实证检验，主要发现以下两点。第一，"营改增"政策在总体上显著提高了企业风险承担水平，这一结论在进行安慰剂检验及控制样本选择偏误后依然成立。第二，这一影响在信息技术类行业、低在职消费、低市场化程度、高产品市场竞争、低政府补助的样本组成立；同时，"营改增"政策在非国有企业中具体表现为研发强度的增加，而在国有企业中具体表现为资本支出的增加。

本章的研究具有一定的理论与政策意义。理论上，本书首次分析"营

---

① 限于篇幅，本书没有列出相关检验结果，如有需要请向笔者索取。

改增"政策对企业风险承担的影响，并且探讨了所有权性质、行业、在职消费、市场化程度、产品市场竞争、政府补助的调节效应，拓展了"营改增"政策在微观企业所呈现的经济效果。政策上，研究结论表明，政府应当进一步规范和引导国有企业制定合理的投资政策，增加研发强度，促进我国经济升级；同时，为了政策更好地发挥作用，可根据税收政策及时调整政府补助等其余政策，或因地制宜地制定、调整与实施相关政策以适应企业所在国家或地区的环境，从而促进企业创新、加速产业升级。本书结论为深入分析我国"营改增"政策的微观经济效果提供了重要的理论依据，以及为国家创新体系的构建提供了一定的实践证据。

本章的研究主要有以下不足之处。首先，我们主要讨论了国家经济金融政策的影响及其作用情境，而经济金融政策属于创新政策工具中的"胡萝卜"政策。此外，政策工具还包括"大棒"政策（即监管工具）和"劝导"政策（即软工具），并且各政策工具间相互作用、相互依赖（Flanagan 等，2011）。而本章囿于研究行业和样本，并未考量监管工具（如环保法规、知识产权等）以及软工具（如技术标准、自愿协议等）的影响。后续可选择其他经济金融政策扩大样本以对此进行进一步的研究。其次，在实证检验中，我们主要将"营改增"视为政策冲击，检验了政策的执行效应，但并没有验证增值税税率的影响。

第 *6* 章
知识产权保护对企业创新能力的
影响机制研究

6.1   问题的提出

对企业而言，持续的创新能力使其能够有效地应对商业环境中的不确定性，提升其竞争力。在中共中央、国务院出台的多项政策中[①]，如《关于强化知识产权保护的意见》《国务院办公厅关于推广第二批支持创新相关改革举措的通知》等政策，均多次提到了知识产权的重要性，要求完善知识产权保护体系，使其激励创新的基本保障作用得以更加有效的发挥。

然而现实中，其实际效果仍然存在巨大的争议，一些企业受益于知识产权保护水平的提高，如苹果公司，其作为传统手机的颠覆者，在设计、生产、经营过程中积累了大量的专利，借此获取了超额利润。然而也有一些企业受限于知识产权保护水平的提高，如三星等安卓智能手机公司，这些公司在设计的过程中往往需要考虑规避苹果的专利或获取其授权，否则将面临巨额侵权赔偿，知识产权保护所形成的垄断不利于后发企业的追赶。此外，还有大量研究运用实证分析检验其微观效果。

具体而言，专利通过创造事后垄断租金来鼓励事前创新，解决了市场失灵导致的投资不足问题，因此一些学者认为加大知识产权保护力度有利于

---

①　资料来源：中国政府网，http://www.gov.cn/zhengce/index.htm。

企业创新，具体有以下几方面路径。其一，加大知识产权保护力度可以促进投资（Ushijima，2013），因为专利权保护的加强减轻了投资者对专有技术溢出的担忧；其二，专利通过向公众披露知识促进创新，研发对于公司的盈利能力和增长通常是必不可少的，同时研发也是长期且有风险的，创新活动会导致企业资产未来价值的信息不确定性，而高质量的专利在一定程度上可以减少企业内外部的信息不对称，从而促进企业创新（Hussinger 和 Pacher，2019）；其三，专利通过保护发明的专有权促进创新，知识产权保护机制包括多种适合保护企业有价值无形资产的方法，在创新日益开放的背景下，知识产权保护对促进企业创新有重要的作用（Aloini 等，2017）。然而，也有一些学者认为加大知识产权保护力度对企业创新存在负面影响，主要因为较强的知识产权保护造成了垄断、减少了技术溢出与知识溢出，即导致了政府失灵，而较弱的知识产权保护伴随的技术溢出与知识溢出可能会促进创新，同时，在较弱的知识产权保护环境中，市场竞争力更强，当企业聚集在知识产权保护薄弱的环境中时，"搭便车"行为让本地企业获得更多的好处（Engel 和 Kleine，2015；Lamin 和 Ramos，2016）。另外，知识产权保护水平与企业创新之间存在非线性关系。例如，Im 和 Shon（2019）的研究发现产业技术模仿程度与产业创新活动之间、产业技术模仿程度与企业创新价值之间存在倒 U 形关系；李勃昕等（2019）认为知识产权保护对 OFDI 逆向创新溢出的调节作用呈 U 形非线性影响。除了上述直接的影响关系，企业内外部情境对这种影响的调节作用也是研究的重点，具体包括企业规模（Holgersson，2013；Nikzad，2015）、金融发展水平（吴先明等，2016；Maskus 等，2019）、外部利益相关者（Revilla 和 Fernandez，2012；Henttonen 等，2016）及所有权性质（Fang 等，2017）等。

通过上述对相关文献的回顾，我们可以看出现有关于知识产权保护对企业创新的研究多集中于企业创新投入或创新绩效，一般以研发支出、专利数量或新产品产出为衡量指标，而对创新效率与创新可持续性的研究不足，我们认为上述代理变量只能反映企业创新的一部分，创新效率与创新可持续性也是企业创新的重要体现，对此我们选取企业创新能力（包括创新质量、创新效率与创新可持续性三个方面）来多维度地评估政策影响，这在一定程度上使政策效果的评估更加准确，并且拓展了相关政策的微观效果研究，为政策的选择与制定提供了经验证据。此外，知识产权保护对企业创新的直接影响只是理论框架的一个重要方面，深入探索其情境因素对于完善该理论体系具有重要的作用，而现有文献对于调节机制的检验仍多集中于企业规模、行业等基本方面，对于企业与社会的相互作用探究较少，国外近年来也逐渐关注外部利益相关者的影响，但鲜有文献基于中国情境展开研究。

鉴于此，本书采用我国 2010~2018 年的非金融沪深 A 股上市公司数据实证检验了知识产权保护对企业创新能力的影响，并分别基于国家创新体系与可持续发展视角将企业家精神与 CSR 纳入分析框架，分析这两个因素的调节效应。理论上丰富了新兴市场下知识产权保护领域的相关研究，实践上为我国知识产权保护政策的制定与改进以及为企业提升其创新能力提供了借鉴。

6.2 理论分析与研究假设

6.2.1 知识产权保护与企业创新能力

本部分就知识产权保护与企业创新能力之间的关系进行简要分析，并提出研究假设，从而为后续实证研究提供理论基础。

知识产权保护会通过以下机制抑制创新。首先，知识产权保护会减少技术模仿。知识外部性有助于降低知识成本，模仿外部性会降低模仿者的创新成本，技术模仿在激励企业创新方面具有重要的作用。一般情况下，在创新过程中企业之间正外部性的相互作用大于"搭便车"问题的负面影响（Im 和 Shon，2019），当企业聚集在知识产权保护薄弱的环境中时，当地企业会"搭上"附近国外与国内企业的"顺风车"，并且可以从其他企业那里免费获得资金（Lamin 和 Ramos，2016）。其次，知识产权保护会引发垄断，降低市场竞争程度。专利保护发明的专有权，较强的知识产权保护造成了垄断、减少了技术溢出与知识溢出，同时降低了市场竞争程度，当创新者的利润被模仿者削弱后，创新者出于不想被同伴超越的意愿，可能会增加对创新的投资（Engel 和 Kleine，2015），即在较弱的知识产权保护环境中，市场竞争力更强。综上，加强知识产权保护会降低知识的外部溢出、产生可能阻碍进一步创新的过度垄断权力以及降低市场竞争程度，进而抑制企业创新。

然而，据 Heredia Perez 等（2018）的研究，在新兴经济体中，知识产权保护水平会影响企业的研发投资，当知识产权保护水平较低时，企业会减少在研发方面的投资。而我国目前尚属于新兴经济体，当加强知识产权保护时，会通过确保企业研发投资的回报来刺激创新（Maskus 等，2019），即通过创造事后垄断租金来鼓励事前创新，因为知识产权是保护企业有价值无形资产的重要机制（Aloini 等，2017），创新者为创新提供资金，然后利用知识产权保护机制从这些投资中获得适当的回报（Gaechter 等，2010）。同时，加强知识产权保护也可以促进外商直接投资（Ushijima，2013），总之，加强知识产权保护可以促进企业进行创新投资，进而促进创新。除促进企业进行创新投资外，知识产权保护还可以通过以下机制来促进创新。其一，知识产权保护有助于市场的完善。薄弱的知识产权保护会使得仿冒品大量进入市场，仿冒品对正品有替代效应，可能通过取代正品的合法销售而阻碍创新（Qian，2014），而专利通过保护发明的专有权、保护发明者的垄断利润来促进创新。其二，知识产权保护为研究和信息披露提供激励。研发对于公司的盈利能力和增长通常是必不可少的，同时研发也是长期且有风险的，创新活动会导致企业资产未来价值的信息不确定性，这种效应在那些名气较小的公司中更为明显，而信息不确定性进一步降低了企业的市场价值，特别是创新资产的市场价值，而高质量的专利在一定程度上可以减少企业内外部的信息不对称，从而促进企业创新（Hussinger 和 Pacher，2019）。其三，在某些情况下，知识产权保护可以通过为发明人提供市场独占期，从而促进初创企业的发展（Barbosa 和 Faria，2011）。综上，知识产权保护作为一种制度，为市场经济中市场机制的有效运行提供了必要的支持（Meyer，2006），从而允许企业和个人在不产生过多成本或风险的情况下进行创新，尤其是在当前创新日益开放的背景下，知识产权保护对促进企业创新有重要的作用（Aloini 等，2017）。

因此，在后发国家，当知识产权保护薄弱时，企业可以从知识溢出与技术溢出中获益；此外，市场竞争力较强，与担心创新被盗用相比，创新者更担心被模仿者超越，因而会加大创新投入（Engel 和 Kleine，2015）。在这种情况下，当加强知识产权保护时，企业的创新可能会下降。然而，随着知识产权保护程度的进一步提高，企业的自主创新动力会被激发，因为加强知识产权保护可以促进创新投资、为研究和信息披露提供激励等，所以企业创新能力开始提高。

综上，关于知识产权保护对企业创新能力的影响，本书提出以下假设：

H1：知识产权保护与企业创新能力呈 U 形关系，随着知识产权保护程度的提高，企业创新能力先下降后上升。

6.2.2 企业家精神与 CSR 的调节效应

本小节将分别探讨企业家精神和 CSR 对知识产权保护与企业创新能力关系的影响。国外学者使用"国家创新体系"一词来确定与科技知识的产生和运用有关组织的不同特征，该观点的核心是，有些特征可能比其他特征更有效，这在很大程度上解释了世界各地生产率和创新绩效极不平衡的原因，即国家创新体系内部各主体的特征、主体间的交互作用决定了企业内部创新活动的积极性和有效性（Lundvall，2010）。另外，创新可能导致破坏性的创新，使少数人受益，但牺牲了多数人的利益，导致了低质量的工作出现，并引发了比它所能解决的问题更多的新问题（Soete，2013），在创新的过程中要认识到各行动者所做出的贡献，以可持续发展解决创新的负面问题（Schot 和 Steinmueller，2018）。因此，这里我们分别基于国家创新体系与可持续发展的视角，将上文基本假设的线性模型拓展为链式模型，探讨企业家精神与 CSR 的调节效应，拓展政策评估框架，以期为知识产权保护政策的改进提供一定的实践证据。

（1）企业家精神

本研究从企业家精神对企业创新的影响，以及知识产权保护与企业家精神的交互关系这两个方面进行分析。如前文所指出的，宏观层面的企业家精神是创新和积极进取的创业行为的总体表现，是在不确定的结果下追求机会的管理意愿（Anderson 等，2015），可以反映企业所处地区的创新强度或创业活力（孙早和刘李华，2019），符合研究要求。所以，本书关于企业家精神的讨论专指宏观层面的企业家精神。

有关企业家精神对企业创新的影响，Schumpeter（1934）最早指出企业家精神在"创造性破坏"创新活动中的重要作用，对企业家精神的重视可追溯到 20 世纪 80 年代，当时技术转移引领的全球技术追赶并没有发生，技术先进的国家保护所拥有的技术并因此阻碍了科技知识的传播，从而阻挡了其他国家利用这种知识进行追赶的进程。于是，Soete（1985）指出，造成这一差异的原因之一是吸收能力，吸收能力不仅源于教育水平，还源于其素质和创业的社会能力，即需要培养企业家精神，构建国家创新体系。在微观层面，企业家精神包括公司的风险承担战略（如公司进行风险投资、并购或结盟等）、对创造新产品或新服务的承诺等（Simsek 等，2010），是进入竞争市场的新途径，如创业、新产品的推出和全球化的展开（Miller 和 Acs，2017）；在宏观层面，企业家精神可以帮助企业利用多样化的外部知识资源战略推进创新，因为内部的知识资源是有限的，探索活动往往很难在内部进行协调。

有关知识产权保护与企业家精神的交互关系，主要体现在知识产权保护对企业家精神的削弱方面。首先，加强知识产权保护减少了知识溢出与技术溢出，而培养企业家精神的重点之一便是建立集群和网络以鼓励系统中各要素之间的学习（Schot 和 Steinmueller，2018），即社会网络在培养企业家精神方面具有重要的促进作用（Leyden 等，2014）。具体而言：在区域层

级，中国省域的企业家精神存在较强的空间溢出效应（杨勇等，2014），即
相邻省份的创业活动会影响该省的创业活动；在产业层级，产业集聚尤其
是中小型企业集聚对企业家创新与创业精神均有显著的促进效应（余文涛，
2018）。因此，加强知识产权保护在总体上削弱了企业家精神。其次，加
强知识产权保护虽然保护了创新者的垄断利润，但产生的知识垄断减少了
市场竞争，对于集体福利而言这种垄断效应弊大于利（Boldrin 和 Levine，
2008），市场化的竞争对企业家精神有显著的促进作用（程俊杰，2016），
因为从事战略性创新创业的公司能够更好地认识到其竞争领域之外的机
会，这将使他们能够采取激进的竞争策略，而激进的竞争行动将使得这些
公司与其竞争对手之间的市场共同性降低（Withers 等，2018），这些创
新和积极进取行为的总体表现即为企业家精神（Anderson 等，2015）。因
此，加强知识产权保护所伴随的市场竞争的减少也会在总体上削弱企业家
精神。

综上，我们提出以下竞争性假设：

H2a：当企业家精神对企业创新的促进效应更强时，企业家精神对知识
产权保护与企业创新能力之间的 U 形关系具有正向调节作用。

H2b：当知识产权保护对企业家精神的削弱效应更强时，企业家精神对
知识产权保护与企业创新能力之间的 U 形关系具有负向调节作用。

（2）CSR

本书从 CSR 对企业创新的影响，及知识产权保护与 CSR 的交互关系这
两个方面进行分析。CSR 是指一种不被法律强制要求，致力于增进社会利
益并超越企业明确的交易利益的企业行为（Mcwilliams 和 Siegel，2000）。
类似地，Mackey 等（2007）指出，CSR 是一种旨在提升社会条件的自愿行为，
有利于实现可持续发展。

CSR 对企业创新的影响主要体现在以下两个方面。一是创新促进机制，
企业与利益相关者的积极关系有助于建立广泛的知识和资源网络，以支持其
创新和适应新的业务计划（Pal 等，2014）。在企业内部层面，积极的 CSR

可以提高员工的创新生产力以激发创新（Flammer 和 Kacperczyk，2016），也可以提升员工的满意度，进而促进其创新行为（Wisse 等，2018），还可以降低企业的投资—现金流敏感性，从而解决投资不足与过度投资等问题，提升投资效率（Benlemlih 和 Bitar，2018），有利于促进创新。在企业外部层面，积极的 CSR 将为企业赢得良好的声誉，因为 CSR 有利于减少企业的信息不对称（Cui 等，2018），改善信息环境且增强资本市场的信心，企业可以享受较低的融资成本（Cheung 等，2018），或拥有更好的融资渠道（Cheng 等，2014），降低企业的资金成本，从而促进企业创新。二是企业风险控制机制，参与 CSR 相关活动可以提高企业声誉与社会地位，使得其有更好的公司治理评级，提升企业的知名度（Chan 等，2014），从而让企业为新的业务计划创造机会（Ortiz-De-Mandojana 和 Bansal，2016），降低包括创新市场风险在内的一系列创新风险。

有关知识产权保护与 CSR 的交互关系，主要体现在知识产权保护对 CSR 的削弱方面。首先，专利通过保护发明的专有权会产生可能阻碍进一步创新的过度垄断权力，这种垄断效应给社会福利带来的弊大于利（Boldrin 和 Levine，2008），而这无形中削弱了 CSR，因为 CSR 是一种旨在提升社会条件的、致力于促进社会利益的行为。其次，在创新日益开放的背景下，企业与外部合作伙伴共享知识的目标和保护有价值专门知识的需求之间很难平衡，合作过程中难免会遇到知识泄露与被盗用的风险（Henttonen 等，2016），加强知识产权保护可以降低这种风险，然而也会影响合作者之间的关系，因为知识共享是一个多重均衡的博弈过程，利益相关者之间知识共享的脆弱性比理论预测的要高，知识共享过程中会受到公平等社会偏好的影响（Gaechter 等，2010），而加强知识产权保护带来的知识垄断会加剧不平等，进而削弱 CSR。

综上，我们提出以下假设：

H3a：当 CSR 对企业创新的促进效应更强时，CSR 对知识产权保护与企业创新能力之间的 U 形关系具有正向调节作用。

H3b：当知识产权保护对 CSR 的削弱效应更强时，CSR 对知识产权保护与企业创新能力之间的 U 形关系具有负向调节作用。

6.3　实证研究设计

6.3.1　研究样本与数据来源

由于现行有效的《中华人民共和国专利法实施细则（2010 修订）》于 2010 年生效，本研究的自变量知识产权保护与之密切相关。另外，作为因变量之一的创新可持续性代理变量——无形资产，在 2010 年新会计准则实施后有较大的变化。最后，考虑到 CSR 数据的可得性，本书统一选择 2010~2018 年的非金融沪深 A 股上市公司来检验研究假设。除 CSR 数据来自和讯网之外，其余变量数据均来自国泰安数据库。为了保证数据的真实性，本研究剔除了处于异常状态（ST、停牌、退市）的交易样本及有缺失值的样本，之后对连续变量进行双向 1% 水平的缩尾处理，最终得到的样本集为非平衡面板数据。由于专利数据符合左删失数据分布的特点，因此本书对于创新质量与创新效率的检验采用 Tobit 模型估计；对于创新可持续性则采用 OLS 模型估计。

6.3.2　变量定义

（1）被解释变量

企业创新能力。根据第 2 章对企业创新能力的测度方法，本书从创新质量、创新效率与创新可持续性三个维度对企业创新能力进行测量。其中，创新质量选择发明专利申请数量来衡量（Dang 和 Motohashi，2015；黎文靖和郑曼妮，2016；孔东民等，2017；Wang 和 Zou，2018），因为数据库中原始专利数据并未提供专利引用信息，所以依照原创性标准以数量测度，同时该测量方法也是现有文献中衡量创新质量时最为常用的。创新效率使用专利申请数量除以当年及前两年研发支出之和与企业资产的比值来衡量（Huang

等，2016；姚立杰和周颖，2018），创新效率是指创新产出与总投入之比，在反映创新现实方面更加全面。创新效率的提高可以是创新产出下降幅度较小，但总投入下降幅度较大；也可以是产出增加幅度较大，但总投入增加幅度较小。创新可持续性采用企业无形资产增量作为代理变量，因为新会计准则中的无形资产包括了专利权、非专利技术、商标权等，涵盖了更多企业创新投入的活动信息，可以将其作为企业综合创新活动的结果（鞠晓生等，2013；李健等，2018）。

（2）解释变量

知识产权保护。本研究参考史宇鹏和顾全林（2013）等的研究，使用该地区专利侵权纠纷累计结案数与专利侵权纠纷累计立案数之比来度量该地区的知识产权保护力度。

（3）调节变量

本研究的调节变量包括企业家精神与 CSR。根据 Wennekers 和 Thurik（1999）的研究，企业家精神可分为企业家创业精神与企业家创新精神。因为本书主要研究企业创新，所以这里选用企业家创新精神衡量企业家精神，现有文献通常采用当年该地区的专利申请数来衡量（余文涛，2018；孙早和刘李华，2019），本研究沿用这一测量方式。另一调节变量 CSR 的数据来源于和讯网。和讯网 CSR 分别从股东责任，员工责任，供应商、客户和消费者权益责任，环境责任以及社会责任五个方面进行考察，基本囊括了利益相关者的各个方面，因此其总得分通常被作为 CSR 整体表现的代理变量，该数据也比较普遍地在相关研究中得到应用（Hu 等，2018；Song 等，2018）。

（4）控制变量

本研究包含了以下几个控制变量。第一，由于企业资本支出对企业的创新绩效具有较大的解释力（Audretsch 和 Link，2018），因而可能会影响本研究对企业创新能力的研究结果，所以将其纳入控制变量。第二，产品市场竞争增加了对治理结构薄弱公司的激励，能有效缓解管理层的懈怠行为，减轻代理问题；并且，在经营竞争激烈行业的企业中，这种缓解程度更大（Chen 和 Chang，2010），而较好的治理结构对企业创新有正向的促进作用，因此产品市场竞争被纳入本研究的控制变量，并通过国内外研究中常用的赫芬达尔—赫希曼指数（HHI）进行测量，该指数反向衡量产品市场竞争，即 HHI 越大，表示市场集中程度越高，行业竞争水平越低。第三，资源冗余是影响企业创新的一项重要因素，因此，本研究选取表征资源冗余的销售管理费用率、企业负债率与现金流水平作为控制变量（Andersen，2012；Van Essen 等，2015；Hawn 和 Ioannou，2016）。第四，所有权和控制权分离会导致公司行为偏离利润最大化的目标，进而影响公司创新和长期生存（Flammer 和 Bansal，2017），因此这里将两权分离度作为控制变量。第五，企业规模（Revilla 和 Fernandez，2012）与企业年龄（Zhou 等，2017）对企业创新有一定的影响，所以本研究也将其列为控制变量。第六，考虑到中国特有的经济体制，国有企业相对于民营企业具有更容易获取资源和支持、兼顾政治任务与经济效益等属性，这些属性可能会导致其在企业创新方面存在较大差异，因此本研究将其纳入控制变量。

本研究所涉及的变量及测量方法如表 6-1 所示。

表 6-1　变量及测量方法

变量类型	变量名称	二级变量	变量符号	变量说明
被解释变量	企业创新能力	创新质量	Quality	发明专利申请数量（取对数）
		创新效率	Efficiency	专利申请数量 /（当年及前两年研发支出之和 / 企业资产）（取对数）
		创新可持续性	Sustain	无形资产增量（取对数）
解释变量	知识产权保护	侵权纠纷结案比率	IPR	该地区专利侵权纠纷累计结案数与专利侵权纠纷累计立案数之比
调节变量	企业家精神	企业家创新精神	IE	当年该地区的专利产出（单位：万件）
	企业社会责任	—	CSR	企业各项社会责任的总得分

变量类型	变量名称	二级变量	变量符号	变量说明
控制变量	现金流水平	—	CFR	本年度经营活动产生的现金流量净额 / 期末总资产
	资本支出	—	Cap	期末资本支出 / 期末总资产
	企业负债率	—	LEV	期末总负债 / 期末总资产
	销售管理费用率	—	SA	销售与管理费用之和 / 期末总资产
	赫芬达尔—赫希曼指数	—	HHI	产品市场竞争程度
	两权分离度	—	Separation	控制权与所有权之间的差值
	企业规模	—	Fsize	期末总资产（取对数）
	企业年龄	—	Fage	企业年龄
	所有权性质	—	SOE	国有企业：SOE=1；非国有企业：SOE=0

资料来源：除另有注明的，本章其余图表均为笔者自制。

6.3.3　研究设计

本研究构建如下实证模型对主效应进行检验，公式 6.1 中 Y 分别代表创新质量、创新效率与创新可持续性，i 和 t 分别表示企业和年份，考虑到创新的延迟效应，本研究将所有自变量做滞后一期处理，该处理也与现有文献常用的做法相一致（Huang 等，2016；孔东民等，2017），μ_i 和 λ_t 分别表示行业效应和年份效应，ε 为随机扰动项。

$$Y_{i,t+1}=\beta_1 IPR_{i,t}+\beta_{12} IPR_{i,t}^2+\beta_2 CFR_{i,t}+\beta_3 Cap_{i,t}+\beta_4 LEV_{i,t}$$
$$+\beta_5 SA_{i,t}+\beta_6 HHI_{i,t}+\beta_7 Separation+\beta_8 Fsize_{i,t} \qquad (6.1)$$
$$+\beta_9 Fage_{i,t}+\beta_{10} SOE_{i,t}+\mu_i+\lambda_t+\varepsilon_{i,t+1}$$

参考现有文献（Fernhaber 和 Patel，2012），对于调节效应的检验模型如公式 6.2 所示，式中 Z 为待检验的调节变量。

$$Y_{i,t+1} = \beta_1 IPR_{i,t} + \beta_{12} IPR_{i,t}^2 + \gamma_1 Z_{i,t} + \gamma_2 IPR_{i,t} \times Z_{i,t} + \gamma_3 IPR_{i,t}^2 \times Z_{i,t}$$
$$+ \beta_2 CFR_{i,t} + \beta_3 Cap_{i,t} + \beta_4 LEV_{i,t} + \beta_5 SA_{i,t} + \beta_6 HHI_{i,t} \qquad (6.2)$$
$$+ \beta_7 Separation + \beta_8 Fsize_{i,t} + \beta_9 Fage_{i,t} + \beta_{10} SOE_{i,t}$$
$$+ \mu_i + \lambda_t + \varepsilon_{i,t+1}$$

6.4 实证结果分析

6.4.1 描述性统计与相关系数检验

变量描述性统计与相关性矩阵结果如表 6–2 所示。可以看出，在因变量方面，创新效率的均值与中位数相差很大，说明我国非金融上市公司在 2010~2018 年，创新效率分布极不平衡。并且中位数远小于均值，说明大部分公司的创新效率都比较低。在自变量方面，知识产权保护的均值与中位数也相差较大，说明我国各地区在该方面的水平也不平衡，并且知识产权保护水平低的地区占大多数，因为中位数远小于均值。

在相关系数方面，除创新可持续性与企业规模的相关系数为 0.504、企业杠杆与企业规模的相关系数为 0.509 外，其余各变量之间的相关系数均小于 0.5，而 0.504、0.509 几乎与 0.5 相等，表明变量之间存在多重共线性的可能性较低。自变量与因变量三个维度的关系较为复杂，这是因为两者之间可能呈 U 形关系；其余控制变量与因变量都有一定关系，说明控制变量的选取较为合理。

6.4.2 回归结果分析

表 6–3 报告了知识产权保护对企业创新能力影响的回归结果，模型 1、3 和 5 为控制变量的回归结果，模型 2、4 和 6 为加入解释变量的回归结果。本研究的假设 1 认为，知识产权保护与企业创新能力呈 U 形关系。模型 2 和 6 的结果表明，知识产权保护的水平项（IPR）对创新质量（β=-0.374，

表6-2 变量描述性统计与相关性矩阵

	1	2	3	4	5	6	7	8	9	10	11	12	13	14	15
1.Quality	1														
2.Efficiency	0.235***	1													
3.Sustain	0.328***	0.249***	1												
4.IPR	-0.086***	0.078***	-0.006	1											
5.IE	-0.042*	-0.097***	-0.050***	0.049***	1										
6.CSR	0.165***	0.003	0.141***	-0.011	-0.034***	1									
7.CFR	-0.079***	-0.033	-0.017	0.009	0.025***	0.162***	1								
8.Cap	-0.024	0.007	0.161***	0.028***	0.051***	0.073***	0.126***	1							
9.LEV	0.270***	0.201***	0.227***	0.013	-0.106***	-0.017*	-0.418***	-0.071***	1						
10.SA	0.087***	-0.092***	-0.099***	-0.029***	0.006	0.005	0.143***	0.001	-0.197***	1					
11.HHI	-0.079***	0.054**	-0.008	-0.009	-0.055***	-0.039***	-0.014	0.044***	0.047***	0.041***	1				
12.Separation	-0.043*	-0.050*	0.014	0.038***	0.077***	0.056***	0.021**	0.016**	0.019***	0.011	-0.008	1			
13.Fsize	0.496***	0.343***	0.504***	-0.023**	-0.097***	0.267***	-0.112***	-0.033***	0.509***	-0.273***	-0.047***	0.039***	1		
14.Fage	0.033	-0.010	0.017	-0.017*	-0.032***	-0.087***	-0.090***	-0.189***	0.231***	-0.034***	0.081***	0.022**	0.180***	1	
15.SOE	0.282***	0.127***	0.091***	-0.053***	-0.171***	0.070***	-0.048***	-0.032***	0.186***	-0.072***	0.058***	-0.021**	0.185***	0.040***	1
Mean	2.34	0.53	16.80	0.04	0.05	26.35	0.22	0.05	0.42	0.09	0.03	5.75	22.07	15.31	0.18
Median	2.30	0.07	16.99	0.01	0.02	22.77	0.13	0.04	0.41	0.07	0.01	0.00	21.88	15.00	0.00
S.D.	1.41	2.57	2.22	0.09	0.05	16.73	0.42	0.05	0.22	0.08	0.07	8.15	1.31	5.35	0.38
Min	0.00	0.00	7.66	0.00	0.00	-15.18	-0.65	0.00	0.05	0.00	0.00	0.00	19.27	0.00	0.00
Max	7.42	70.27	24.59	4.97	0.63	90.87	2.11	0.25	1.02	1.21	1.00	51.7	25.80	36.00	1.00
N	1984	1503	6741	12410	12410	12410	12410	12410	12410	12410	12410	12410	12410	12410	12410

注：***、**和*分别表示 $p<0.01$，$p<0.05$ 和 $p<0.1$。

p<0.01）与创新可持续性（β=-0.192，p<0.01）有显著的负向影响，知识产权保护的平方项（IPR^2）对创新质量（β=0.0567，p<0.05）与创新可持续性（β=0.0165，p<0.1）有显著的正向影响。但是，知识产权保护的水平项与平方项对创新效率均无显著影响，说明知识产权保护对创新效率的影响并不明确。创新效率由专利数量与研发投入两方面决定，这可能是因为企业家精神对这两方面的调节效应过于一致，也可能是因为企业家精神对这两方面均没有调节效应，从而不能呈现整体上的显著性，部分验证了假设1。该结论与 Im 和 Shon（2019）的研究相反，Im 和 Shon（2019）认为产业技术模仿程度与产业创新活动之间、产业技术模仿程度与企业创新价值之间存在倒 U 形关系，而本书结论显示知识产权保护水平与企业创新之间存在正 U 形关系，这可能是因为研究样本所处的情境不同，Im 和 Shon（2019）选取的是美国样本，美国是技术领先国家，而本书的研究基于中国，中国尚处于技术追赶阶段，这意味着，在当前中国情境下，处于中间水平的知识产权保护力度不利于企业创新质量和创新可持续性的提高。因为，在这种情况下，既减少了竞争、限制了企业从外部获取知识和技术，又不能充分地保护企业的自主创新能力，所以不利于创新质量和创新可持续性的提高。

表 6-3　知识产权保护对企业创新能力的影响

	Model 1 创新质量	Model 2 创新质量	Model 3 创新效率	Model 4 创新效率	Model 5 创新可持续性	Model 6 创新可持续性
CFR	−0.281***	−0.241***	0.00338	0.120	−0.126***	0.0211
	(0.0527)	(0.0748)	(0.0876)	(0.1633)	(0.0441)	(0.0688)
Cap	2.746***	1.713***	2.857***	0.327	6.822***	6.547***
	(0.4464)	(0.6634)	(0.7055)	(1.2369)	(0.3214)	(0.5112)
LEV	−0.322**	−0.389*	0.126	−0.282	−0.554***	−0.375**
	(0.1401)	(0.2017)	(0.2087)	(0.3649)	(0.1058)	(0.1632)
SA	3.585***	4.409***	0.990**	0.134	1.247***	1.388***
	(0.3016)	(0.4652)	(0.4639)	(0.8185)	(0.2226)	(0.3651)
HHI	−0.877*	−1.099*	1.119	1.197	0.616**	0.520
	(0.5122)	(0.6210)	(0.9349)	(1.7152)	(0.2948)	(0.3885)

续表

	Model 1 创新质量	Model 2 创新质量	Model 3 创新效率	Model 4 创新效率	Model 5 创新可持续性	Model 6 创新可持续性
Separation	−0.00804***	−0.0102***	−0.0137***	−0.0123*	−0.000511	−0.000330
	(0.0026)	(0.0037)	(0.0040)	(0.0070)	(0.0020)	(0.0031)
Fage	0.650***	0.636***	0.570***	0.600***	0.862***	0.881***
	(0.0237)	(0.0334)	(0.0348)	(0.0574)	(0.0162)	(0.0240)
Fsize	−0.0312***	−0.0297***	−0.0126*	−0.0244*	−0.000983	−0.0287***
	(0.0044)	(0.0068)	(0.0070)	(0.0128)	(0.0009)	(0.0053)
SOE	0.906***	0.626***	−0.0194	0.0758	−0.118***	−0.146**
	(0.0577)	(0.0861)	(0.0803)	(0.1389)	(0.0453)	(0.0677)
IPR		−0.374***		−0.247		−0.192***
		(0.1056)		(0.1615)		(0.0706)
IPR^2		0.0567**		0.0143		0.0165*
		(0.0243)		(0.0182)		(0.0090)
Constant	−12.34***	−11.56***	−11.99***	−12.39***	−1.717*	−1.804*
	(0.4976)	(0.7066)	(0.7748)	(1.3943)	(0.9711)	(1.0562)
Year & Industry FE	YES	YES	YES	YES	YES	YES
N	1725	1725	1463	1463	5673	5673
Pseudo–R^2	0.108	0.109	0.0365	0.0787		
adj. R^2					0.245	0.262

注：括号中数值为标准误；***、** 和 * 分别表示 $p<0.01$、$p<0.05$ 和 $p<0.1$，下同。

6.4.3 稳健性检验

关键变量的不同衡量方法可能影响结论的稳健性。参考既有文献（李仲飞和杨亭亭，2015；程新生和赵旸，2019），这里我们使用专利已授权数量替代前文的已申请数量进行检验，使用当年无形资产值替代无形资产增量作为创新可持续性的代理变量进行回归，自变量同样滞后一期，结果见表6–4，可以看出在进行因变量替换后，知识产权保护与企业创新能力的关系依然稳健。

表6-4　关键变量敏感性的稳健性检验结果：因变量替换

	Model 1 创新质量	Model 2 创新质量	Model 3 创新效率	Model 4 创新效率	Model 5 创新可持续性	Model 6 创新可持续性
CFR	−0.111** (0.0468)	−0.291*** (0.0711)	−0.0551 (0.1562)	−0.174 (0.3725)	−0.0418* (0.0223)	0.0202 (0.0365)
Cap	1.322*** (0.3998)	0.763 (0.6382)	1.785 (1.2454)	3.382 (3.1131)	5.695*** (0.1758)	6.586*** (0.2880)
LEV	−0.447*** (0.1309)	−0.898*** (0.2019)	−0.597 (0.3783)	−2.121** (0.9174)	−0.264*** (0.0515)	−0.122 (0.0830)
SA	2.559*** (0.2714)	3.537*** (0.4451)	0.710 (0.7660)	1.695 (1.9828)	2.092*** (0.1156)	2.430*** (0.1976)
HHI	−1.769*** (0.5026)	−1.132* (0.6208)	15.17*** (1.8337)	32.72*** (4.0939)	1.457*** (0.1426)	1.200*** (0.1946)
Separation	−0.00483** (0.0024)	−0.00543 (0.0035)	−0.00376 (0.0067)	−0.0145 (0.0159)	−0.00135 (0.0011)	−0.00316* (0.0017)
Fsize	0.560*** (0.0216)	0.594*** (0.0321)	0.172*** (0.0578)	0.466*** (0.1358)	0.981*** (0.0083)	0.993*** (0.0129)
Fage	−0.00106 (0.0007)	−0.0269*** (0.0062)	0.000583 (0.0113)	−0.0190 (0.0280)	0.000701*** (0.0002)	0.000523 (0.0004)
SOE	0.623*** (0.0578)	0.444*** (0.0859)	0.326** (0.1471)	0.733** (0.3345)	0.0745*** (0.0236)	0.0534 (0.0363)
IPR		−1.897** (0.8051)		−0.422 (2.1281)		−0.107*** (0.0375)
IPR^2		5.585** (2.2386)		0.108 (0.5143)		0.0141*** (0.0047)
Constant	−8.865*** (0.8650)	−8.820*** (0.9865)	−4.081*** (1.3561)	−10.15** (4.5265)	−2.932*** (0.4576)	−3.220*** (0.5201)
Year & Industry FE	YES	YES	YES	YES	YES	YES
N	2910	2910	2508	2508	10094	10094
Pseudo–R^2	0.0467	0.0484	0.00273	0.00532		
adj. R^2					0.471	0.472

　　另外，参考 Shen 和 Sci Res（2010）的研究，我们使用专利侵权纠纷案件的立案比率，即该地区专利侵权纠纷立案数与专利拥有数之比来替代前文

的代理变量进行检验，结果见表 6–5，可以看出在进行自变量替换后，知识产权保护与企业创新能力的关系依然稳健。

表 6–5 关键变量敏感性的稳健性检验结果：自变量替换

	Model 1 创新质量	Model 2 创新质量	Model 3 创新效率	Model 4 创新效率	Model 5 创新可持续性	Model 6 创新可持续性
CFR	−0.147** (0.0601)	−0.0319 (0.0838)	0.00338 (0.0876)	0.121 (0.1610)	−0.0418* (0.0223)	0.0113 (0.0348)
Cap	1.899*** (0.5110)	2.154*** (0.7463)	2.857*** (0.7055)	0.404 (1.2163)	5.695*** (0.1758)	6.380*** (0.2801)
LEV	2.005*** (0.1390)	2.054*** (0.1899)	0.126 (0.2087)	−0.223 (0.3579)	−0.264*** (0.0515)	−0.124 (0.0800)
SA	2.113*** (0.3429)	2.831*** (0.5046)	0.990** (0.4639)	0.122 (0.7895)	2.092*** (0.1156)	2.338*** (0.1875)
HHI	−1.337** (0.5872)	−1.670** (0.7108)	1.119 (0.9349)	0.950 (1.6948)	1.457*** (0.1426)	1.232*** (0.1861)
Separation	−0.00771*** (0.0030)	−0.00106 (0.0041)	−0.0137*** (0.0040)	−0.0125* (0.0068)	−0.00135 (0.0011)	−0.00367** (0.0016)
Fage	−0.0228*** (0.0051)	−0.0307*** (0.0075)	−0.0126* (0.0070)	−0.0257** (0.0124)	0.981*** (0.0083)	0.995*** (0.0125)
Fsize	0.650*** (0.0237)	0.632*** (0.0330)	0.570*** (0.0348)	0.598*** (0.0563)	0.000701*** (0.0002)	0.000450 (0.0004)
SOE	−0.0312*** (0.0044)	−0.0362*** (0.0066)	−0.0194 (0.0803)	0.0639 (0.1359)	0.0745*** (0.0236)	0.0544 (0.0351)
Reg_ratio		−2.898*** (0.7607)		−1.586 (1.1155)		−0.191*** (0.0731)
Reg_ratio^2		1.873** (0.9442)		0.611 (0.7283)		0.570*** (0.2076)
Constant	1.032*** (0.1327)	1.599*** (0.1879)	−11.99*** (0.7748)	−12.42*** (1.3733)	−2.932*** (0.4576)	−3.389*** (0.5126)
Year & Industry FE	YES	YES	YES	YES	YES	YES

续表

	Model 1 创新质量	Model 2 创新质量	Model 3 创新效率	Model 4 创新效率	Model 5 创新可持续性	Model 6 创新可持续性
N	1787	1787	1502	1502	10640	10640
Pseudo–R^2	0.0377	0.0380	0.0365	0.0787		
adj. R^2					0.271	0.274

如前文所述，创新过程需要耗费一定时间，所以本研究在实证检验时将所有自变量滞后一期。但实际中有些创新所需要的时间可能多于一年，参考现有文献（孔东民等，2017），这里我们将自变量滞后两期，以观察知识产权保护对企业未来两年创新能力的影响。其检验结果如表 6-6 所示，所得结果与前文一致，这表明研究结论具有一定的稳健性。

表 6-6　稳健性检验结果：自变量滞后两期

	Model 1 创新质量	Model 2 创新质量	Model 3 创新效率	Model 4 创新效率	Model 5 创新可持续性	Model 6 创新可持续性
CFR	−0.259*** (0.0562)	−0.279*** (0.0801)	−0.0657 (0.0837)	0.00502 (0.1469)	−0.127*** (0.0462)	−0.0264 (0.0735)
Cap	2.888*** (0.4713)	1.691** (0.6999)	2.581*** (0.6613)	1.504 (1.1277)	6.092*** (0.3438)	6.141*** (0.5539)
LEV	−0.183 (0.1475)	−0.446** (0.2105)	−0.0211 (0.2055)	−0.364 (0.3478)	−0.471*** (0.1113)	−0.550*** (0.1725)
SA	3.530*** (0.3133)	4.205*** (0.4872)	1.231*** (0.4528)	0.348 (0.7708)	1.172*** (0.2379)	1.185*** (0.3962)
HHI	−0.743 (0.5333)	−0.835 (0.6784)	0.751 (0.9134)	0.979 (1.5697)	0.533* (0.3159)	0.459 (0.4029)
Separation	−0.00801*** (0.0028)	−0.0136*** (0.0040)	−0.0137*** (0.0040)	−0.0102 (0.0068)	−0.00173 (0.0022)	−0.00579* (0.0035)
Fsize	0.634*** (0.0255)	0.631*** (0.0364)	0.579*** (0.0347)	0.606*** (0.0562)	0.797*** (0.0173)	0.838*** (0.0261)
Fage	−0.0340*** (0.0048)	−0.0341*** (0.0075)	−0.0139** (0.0070)	−0.0208* (0.0125)	−0.000709 (0.0009)	−0.000865 (0.0009)

续表

	Model 1 创新质量	Model 2 创新质量	Model 3 创新效率	Model 4 创新效率	Model 5 创新可持续性	Model 6 创新可持续性
SOE	0.889***	0.565***	0.00696	0.177	−0.159***	−0.172**
	(0.0621)	(0.0921)	(0.0807)	(0.1360)	(0.0482)	(0.0725)
IPR		−0.358***		−0.529**		−0.191**
		(0.1138)		(0.2503)		(0.0789)
IPR^2		0.0482*		0.147		0.0291***
		(0.0262)		(0.1103)		(0.0107)
Constant	−11.84***	−11.07***	−11.80***	−11.64***	−0.160	−0.958
	(0.5355)	(0.7700)	(0.7274)	(1.1930)	(1.1146)	(1.2165)
Year & Industry FE	YES	YES	YES	YES	YES	YES
N	1498	1498	1457	1457	4812	4812
Pseudo–R^2	0.101	0.109	0.0359	0.0839		
adj. R^2					0.218	0.239

6.4.4　进一步研究

以上结果显示，知识产权保护对企业创新质量、创新可持续性呈现 U 形影响，而对创新效率的影响不确定，在进行多种稳健性检验后，结论依然成立。本小节将分别检验企业家精神与 CSR 的调节效应，从而进一步探索知识产权保护对企业创新能力影响的情境条件，即分别基于国家创新体系视角与可持续发展视角将主效应的线性模型拓展为链式模型，以便能更全面地评估知识产权保护政策。因为知识产权保护对创新效率的影响不确定，所以这里我们只检验对创新质量与创新可持续性的调节作用。

对于企业家精神与 CSR 的调节效应，本研究在假设 2 与假设 3 中分别提出了竞争性假设，使用公式 6.2，分别设置式中的 Z 为 IE 与 CSR，当二次交互项系数显著为正时，可以判定变量具有正向调节效应。回归结果如表 6-7 所示，可以看出企业家精神（β=0.0989，p<0.05）与 CSR（β=0.00256，p<0.1）均正向调节知识产权保护与企业创新质量之间的 U 形关系，但是对

知识产权保护与企业创新可持续性之间均没有调节作用。这意味着，企业家精神与 CSR 对企业创新质量的促进效应强于知识产权保护对两者的削弱作用，因此在总体上呈现正向调节效应。但是两者对企业创新可持续性的促进效应与知识产权保护对两者的削弱作用大致相同，所以在总体上没有呈现显著的调节作用，H2a 和 H3a 部分成立。可见，在知识产权保护水平对创新质量影响的过程中，企业家精神可以提高企业的吸收能力并帮助企业利用多样化的外部知识来提高创新质量，为国家创新体系理论的完善补充了实践证据。而 CSR 可以帮助企业在一定程度上减少创新风险、提高治理水平，显示出知识产权保护政策与企业利益相关者有机结合的重要性，为推动可持续发展补充了实践证据。

表 6-7　企业家精神与 CSR 的调节效应

	Model 1 创新质量	Model 2 创新质量	Model 3 创新可持续性	Model 4 创新可持续性
CFR	−0.246*** (0.0748)	−0.269*** (0.0751)	0.0214 (0.0689)	0.0330 (0.0693)
Cap	1.677** (0.6654)	1.754*** (0.6608)	6.553*** (0.5117)	6.521*** (0.5112)
LEV	−0.400** (0.2016)	−0.321 (0.2022)	−0.395** (0.1634)	−0.410** (0.1649)
SA	4.387*** (0.4643)	4.210*** (0.4681)	1.420*** (0.3653)	1.426*** (0.3659)
HHI	−1.098* (0.6204)	−1.131* (0.6191)	0.515 (0.3885)	0.481 (0.3888)
Separation	−0.0113*** (0.0037)	−0.0102*** (0.0037)	−0.000384 (0.0032)	0.0000490 (0.0031)
Fsize	0.637*** (0.0333)	0.601*** (0.0348)	0.882*** (0.0240)	0.897*** (0.0262)
Fage	−0.0288*** (0.0068)	−0.0294*** (0.0068)	−0.0286*** (0.0053)	−0.0284*** (0.0053)
SOE	0.643*** (0.0872)	0.626*** (0.0859)	−0.153** (0.0683)	−0.150** (0.0679)

续表

	Model 1 创新质量	Model 2 创新质量	Model 3 创新可持续性	Model 4 创新可持续性
IPR	0.620 (0.5331)	−0.0293 (0.2277)	0.411 (0.2696)	−0.0132 (0.1261)
IPR^2	−0.713** (0.3372)	−0.0764 (0.0796)	−0.135 (0.0906)	0.00447 (0.0143)
IE	1.737** (0.8279)		0.674 (0.7184)	
IPR*IE	−0.129** (0.0610)		−0.0731** (0.0317)	
IPR^{2}*IE	0.0989** (0.0428)		0.0202 (0.0127)	
CSR		0.0102*** (0.0037)		0.000573 (0.0025)
IPR*CSR		−0.00861 (0.0070)		−0.00643* (0.0038)
IPR^{2}*CSR		0.00256* (0.0015)		0.000437 (0.0004)
Constant	−11.58*** (0.7054)	−11.10*** (0.7246)	−1.733 (1.0578)	−2.183** (1.0721)
Year & Industry FE	YES	YES	YES	YES
N	1725	1725	5673	5673
Pseudo–R^2	0.109	0.110		
adj. R^2			0.262	0.262

6.5 本章小结

　　本章基于我国 A 股非金融行业的上市公司数据，通过实证检验研究我国知识产权保护对企业创新能力的影响及作用机制，本章的假设检验结果如表 6–8 所示。

　　可以看出，知识产权保护对企业创新质量、创新可持续性呈现 U 形影响，而对创新效率的影响不确定。创新效率由专利数量与研发投入两方面决定，这可能是因为知识产权保护对这两方面的影响不一致。该结论在进行多种稳健性检验后依然成立。进一步地，我们分别基于国家创新体系视角与可持续发展视角检验企业家精神与 CSR 的调节效应，发现企业家精神与 CSR 均正向调节知识产权保护与企业创新质量之间的 U 形关系，但是对知识产权保护与企业创新可持续性之间均没有调节作用，说明企业家精神与 CSR 对企业创新质量的促进效应强于知识产权保护对两者的削弱作用，因此在总体上呈现正向调节效应。但是两者对企业创新可持续性的促进效应与知识产权保护对两者的削弱作用大致相同，所以在总体上没有呈现显著的调节作用。

表 6-8   本章研究假设检验结果

研究	假设	检验结果
主效应	H1：知识产权保护与企业创新能力呈 U 形关系，随着知识产权保护程度的提高，企业创新能力先下降后上升	部分支持，其中知识产权保护对企业创新效率的影响并不明确
进一步研究	H2a：当企业家精神对企业创新的促进效应更强时，企业家精神对知识产权保护与企业创新能力之间的 U 形关系具有正向调节作用	部分支持，其中企业家精神对知识产权保护与企业创新可持续性之间无正向调节效应
	H2b：当知识产权保护对企业家精神的削弱效应更强时，企业家精神对知识产权保护与企业创新能力之间的 U 形关系具有负向调节作用	不支持
	H3a：当 CSR 对企业创新的促进效应更强时，CSR 对知识产权保护与企业创新能力之间的 U 形关系具有正向调节作用	部分支持，其中 CSR 对知识产权保护与企业创新可持续性之间无正向调节效应
	H3b：当知识产权保护对 CSR 的削弱效应更强时，CSR 对知识产权保护与企业创新能力之间的 U 形关系具有负向调节作用	不支持

本章的理论贡献主要有两个方面。第一，从创新能力的视角出发，丰富了评估知识产权保护效应的研究。当前对于知识产权保护与企业创新之间的研究多集中于企业创新投入或创新绩效，一般以研发支出、专利数量或新产品产出为衡量指标，而对创新效率与创新可持续性的关注不足，我们认为专

利数量或新产品产出只能反映企业创新的一部分，创新效率与创新可持续性也是企业创新的重要体现，对此本研究选取企业创新能力（包括创新质量、创新效率与创新可持续性三个方面）来多维度地评估政策影响，这在一定程度上使知识产权保护效果的评估更加准确，并且拓展了知识产权保护的微观效果研究。第二，本研究基于国家创新体系视角与可持续发展视角选取企业家精神与 CSR 作为调节变量，丰富了知识产权保护与企业创新之间的情境因素，完善了知识产权保护评估的理论框架与理论体系。

其实践意义主要体现在以下两个方面。第一，在政策启示方面，知识产权保护对企业创新质量、创新可持续性呈 U 形影响，当前的全球化环境要求我们不能一直处于低位的知识产权保护水平，而只有当知识产权保护力度达到一定值时，加强知识产权保护才能促进创新质量与创新可持续性的提升，因此在当前的中国情境下，还应继续加强知识产权保护以提高企业创新质量与创新可持续性。后续随着进一步的发展，可结合反垄断法对加强知识产权保护所造成的垄断加以限制，进而减轻知识产权保护对创新的抑制作用。另外，企业家精神与 CSR 对创新质量有积极的正向调节效应，政府可以积极地培养各地的企业家精神，使得知识产权保护能发挥更大的作用，同时可以引导、支持和鼓励企业积极从事 CSR 活动，不仅有利于知识产权保护对创新质量的促进，而且有利于实现可持续发展。第二，在企业管理实践方面，根据本书研究，我国大部分地区的知识产权保护都比较薄弱，因此企业可选择知识产权保护力度较强的区域开展创新，以促进企业创新质量与创新可持续性的提升；同时，企业需要关注整体经营环境中各利益相关者的需求，积极从事 CSR 活动，以更好地提高企业创新质量。

另外，本章存在如下研究局限。首先，知识产权保护对企业创新的影响机制较为复杂，本研究的样本来自 2010~2018 年的中国上市公司，所以结果可能适用于其他国家，也可能不适用于其他国家；并且随着时间的推移与知识产权保护力度的变化，即使是中国也可能会有不一样的结果。对此，未来的研究可以将研究内容放到其他特定的情境中，进一步验证本书研究结果的普遍性，或者发现其他有趣的或不一样的结果。其次，样本受到了中国证监会选择上市公司偏好方面的影响，这限制了研究结果的普适性。那么随着可获取数据的丰富，扩大样本企业或延长样本周期后结果是否会有所变化呢？在这方面，未来的研究可以通过非上市企业数据进行进一步探索。最后，未来的研究可以采用不同的研究方法丰富研究发现。例如，本书将企业创新能力分为三个维度进行测量和验证，未来的研究可尝试使用其他指标的测量方式；或者选择典型企业进行定性案例研究，通过深入分析知识产权保护、企业家精神、CSR 与企业创新能力的作用机制，获得新的发现。

第 *7* 章
政府补助对企业创新能力的
影响机制研究

正如第 2 章所描述的，本书将推动类政策界定为通过政府供给以助力企业创新发展，那现实中这类政策能真正地发挥其引导作用吗？政府补助正是推动类政策中的一种，并且在现实中的运用也较多，因此本书选取政府补助作为推动类的典型政策，并在本章详细分析检验其对企业创新能力的影响及作用机制。

7.1 问题的提出

当今，科技发展的速度越来越快，持续不断的创新已然成为企业的立足之本。同时，基于国家科技发展的视角，企业是科技创新的主体，企业创新水平的提升对建设创新型国家具有重要的意义。自党的十九大召开至今，创新驱动发展战略的高度得以大幅提升。中共中央、国务院相继出台的各种政策文件，均强调了政府在加快企业技术创新中所起到的重要作用。为此，政府必须做好财政资金的引导工作，合理发挥其杠杆作用，帮助企业灵活应对市场风险，切实增强其核心竞争力。就其本质而言，政府发放的财政补助的确在很大程度上推动了不少企业、产业以及地区的整体发展，如周燕和潘遥（2019）研究发现，政府补助可显著增加新能源汽车产业中的企业总收入与净利润，进而使得国内企业不断朝着高端的新能源价值链方向发展。但不可否认的是，政府补助并非万金油，仍有相当数量的企业在获得政府补助后并未实现长期稳健的发展，甚至还出现了创新失败的结果，非但没有提高业绩，反倒降低了其对业绩经营的信心，更多地依赖盲目投资来寻租扭亏（步丹璐和黄杰，2013）。此外，还有很多学者在分析财政补助的微观效果时获得了不同的结果。

　　具体而言，一些学者认为政府补助可以促进企业创新，其理论基础主要是凯恩斯的经济学理论与熊彼特的技术创新理论，研究主要集中于政府补助可以促进企业创新。例如，姚东旻和朱泳奕（2019）认为政府补助有助于增加企业创新投入、加快企业创新过程；章元等（2018）的研究认为，通过购买引进新技术可在很大程度上对企业产生短期的激励效果，提高其创新绩效；Bayona Velasquez等（2018）分析发现，在加大创新力度期间，无论是企业的产品，还是其提供的服务，都在海内外市场大获成功。但也有部分学者根据信息不对称、寻租以及委托代理等诸多理论，分析指出，政府补助并不一定能够带动企业创新。例如，Boeing（2016）认为政府补助会在短时间内挤占企业的研发投资；Bronzini和Iachini（2014）的研究结论显示，因受制于政府灌输，获得支持的企业大多只是以增加创新支出的方式来发挥其优势，而未形成长期有效的发展动力，因此，其创新产出的增幅并不明显，甚至还会反过来阻碍企业的创新、削弱企业的自主创新能力（Catozzella和Vivarelli，2016）。另外，Liu等（2019）在其研究中指出政府补助与企业创新之间存在非线性关系，政府补助虽可在一定程度上促进企业的技术创新，但若补助过多，则会带来反作用，即二者之间呈先升后降的倒U形关系；然而，Huang等（2016）的研究表明政府补助规模与企业创新效率之间存在先降后升的正U形关系。此外，企业内外部情境的调节作用也是研究的焦点，例如企业规模（Bronzini和Piselli，2016）、所属行业（Choi和Lee，2017）、发展阶段（Zhou等，2017）、创新水平（Du和Li，2019）、所在地的区域差异（姚东旻和朱泳奕，2019）等，特征各异的企业在获得补助之后，往往会结合自身的实际情况制定不一样的创新政策，进而显现出异质性。总体而言，政府补助可为企业的创新发展指明方向，使其创新进程有所加快，但在部分情况下，也有可能引发政策失灵。因此，政府补助究竟是如何影响企业创新的呢？这种影响生效的触动条件是什么呢？本章将围绕这两个问题展开理论分析与实证探究，为之找出实际可行的应对之策。

综上所述，不难发现学术界至今尚未形成统一的观点。但在大部分学者看来，政府补助与企业创新之间存在线性或倒 U 形关系，仅有 Huang 等（2016）从《工业企业科技活动统计年鉴》获取样本数据，分析指出二者存在正 U 形关系。而在本书看来，创新特别是高质量的创新必然具备以下两个特点：一是高投入，二是高风险。故而，仅在政府补助规模较大时，企业认为创新回报高于风险，才会做出真正的创新决策，这一点与现有的大部分研究结论存在差异。为此，本书界定了企业创新能力的概念与测量维度，并将其作为全面评估政策影响与边界条件的重要指标，以提高评估结果的准确性，这也能进一步丰富相关政策的微观效果研究，为今后制定政策提供一定的参考依据。

基于此，为更好地填补该课题的研究空白，本书选取 2010~2018 年的中国沪深 A 股上市公司数据，全面分析政府补助对企业创新能力的影响。结果表明，二者呈浅 U 形关系，通俗来说，只有在补助规模超过一定的数值后，企业的创新质量与创新效率才会得到提升，创新活动也会更加持久。本书的创新之处在于，从企业规模、产品市场竞争以及知识产权保护三个层面深入考察了政府补助影响企业创新能力的内外部情境，进而补充了政府补助发挥作用的边界条件，为政府日后完善补助政策提供了实践证据。

7.2 理论分析与研究假设

考虑到政府补助可有效缓解市场失灵的情况，其为企业创新带来的好处可概括如下。一是政府补助有利于减轻企业创新所面临的资金压力。因创新具有公共品的特征，企业可能会遇到研发投入低于社会最优水平的问题，即投资不足（Choi 和 Lee，2017）。加之创新本身极具风险，成本、风险、收益等都很高（Fu，2012），创新离不开前期的资本投入，而政府补助可为其承担部分资金压力，进而减少因企业融资不足造成的阻碍，使其做出更加实际可行的创新决策。二是政府补助可为企业购置新技术设备提供资金支持（刘斐然等，2020；卢圣华和汪晖，2020），有效降低企业资金压力。较为直接的补贴类型包括稳岗补贴、专利费补助、企业培训补助、商标财政拨款等，这些补贴都能直接增加企业利润，促使企业申请中长期信贷（Carboni，2017），并获得长期债务（Meuleman 和 De Maeseneire，2012），从外部债务融资方面缓解了企业创新的资金压力。除此之外，结合信号传递理论，政府补助同样会向外部股权投资者传递出积极的利好信号，使其更愿意买入或增持这类企业的股票，加大其股权投资份额（Takalo 和 Tanayama，2010），为企业带来更为可观的资金供给量，降低融资成本，从外部股权融资方面降低企业创新的资金压力。结合上述依据，可知政府补助有助于缓解创新期间因投资不足而引发的市场失灵问题，进而增强企业创新的主动性。

另外，政府补助可有效降低企业创新期间可能遭遇的风险。创新的开始意味着企业将会迎来各个领域的未知挑战，如市场波动、财务危机、技术短板等，此时政府若为其发放补助，则能传递出积极的引导信号，这与产业政策的本质并无不同，即某些市场领域有更高的收益潜力（Sun 等，2019）。以研发税收返还政策为例，该政策可为企业的研发部门吸引大量的资源，增加相关领域的创新机遇。消费者也能从中捕捉积极信息，进而催生出更大的市场需求（Sopha 等，2017），这无疑为企业获利奠定了基础，有助于逐渐摊平企业最初创新所投入的成本，甚至可以激发企业自主创新的意愿。如此一来，企业的财务风险与市场风险也能得到一定的化解，技术风险也随之降低。一方面，越多的消费者接触与运用新产品，就越有可能为企业提供更多反馈，帮助企业更及时发现新产品存在的问题，也就越有利于企业对产品或技术及时做出调整与改善，进而降低创新过程中的技术风险；另一方面，政府补助改善了企业的财务状况，增强了企业的创新动力与信心，并为企业持续创新提供了资金保障，解决了创新的后顾之忧。企业因此可以依靠政府支持加大创新投入，从而不断提升技术水平，解决可能存在的技术隐患，在一定程度上降低技术风险。由此可知，政府补助可大幅降低企业各方面的创新风险，使其更加积极主动地开展创新活动。

但实际上，政府在支持企业创新时，政府失灵的情况也不少见，致使企业创新难以持续，其原因可概括为以下两点。一是补助发放期间存在挤出效应。所谓的挤出效应指的是企业原本打算用于投入创新活动的资金，可能会因为政府的补贴而被挤占，因为企业短期内的创新预算支出是既定不变的，这就使得企业的创新在短期内不会变化（袁航和朱承亮，2020）。更有甚者，政府补助可能会抑制企业创新能力的提升，因为一旦获得了政府补助，企业就能向其潜在的投资者发出正向信号。因此，企业往往会为了获得这一资源，而支付不少寻租成本，进而减少了补助中可供创新使用的资金。加之信息不对称现象的存在，获补助的公司可能仅增加了创新支出，但并未真正提高创新质量，创新产出依旧未见改善（Catozzella 和 Vivarelli，2016）。此外，政府补助发放期间可能存在逆向选择效应。究其根本而言，政府在选择资助企业时，可能会因为信息不对称而被部分企业伪造的假象蒙蔽，进而做出错误的补助决策，导致真正需要补助的企业的资金被占用，创新资源的配置效率明显降低，企业创新无法取得实际进展。

综上，政府补助主要通过缓解融资压力、降低创新风险等方式保障企业创新资金供给，给企业带来源源不断的创新动力，但也可能会受到挤出效应和逆向选择效应的影响，致使创新资源错配，给企业创新带来严重阻碍。上述逻辑分析框架如图 7–1 所示。

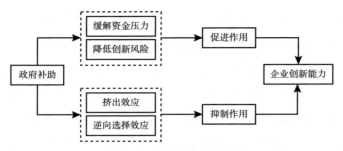

图 7-1　逻辑分析框架

资料来源：除另有注明的，本章其余图表均为笔者自制。

在实践中，到底哪种影响"更占上风"呢？考虑到企业创新决策实质上是一个根据当前资源条件所进行的决策权衡过程，政府补助对企业创新能力的影响不可一概而论，不同规模的补助对企业的创新决策有不同的影响。

当政府补助规模较小时，补助对于企业融资约束的缓解及创新风险的降低均难以发挥显著作用，也就是说，这种情况下企业认为创新的风险仍然大于回报，小规模的补助并不能为创新提供充足的资金保障，无法满足技术水平提升或产品质量改善等过程需要的持续创新投入，难以在长期内有效缓解财务风险、市场风险与技术风险。因此，在权衡利弊后，企业的创新积极性与动力并没有增强，可能并不会因为获得部分政府补助而进行持续创新、不断提升创新水平与质量、增强创新能力。相反，可能还会因为政府补助不可避免的挤出效应与逆向选择效应而减少对创新能力的培育与发展。也就是说，当补助规模小于适度区间时，政府补助并不能真正起到激励企业提升创新能力的作用，甚至会使得企业主动放弃创新能力提升的机会，对企业创新能力的抑制作用大于促进作用，总体呈现负向影响。补助规模的扩大进一步增强了企业的挤出动机，却仍然不足以促使企业做出创新决策。在这种情况下，政府补助对企业创新的负向效应随着规模的扩大而增强。

当政府补助规模达到并超过适度区间时，补助对于企业融资约束的缓解及创新风险的降低均可以发挥出较为有效的作用。依据熊彼特的创新理论，企业家的天生职能就是实现创新，天生为创新而存在、为追求超额利润而存在。此时，企业在权衡利弊后，认为创新的回报大于风险，就会因为获得政府补助而加大创新力度，并不断提升创新水平与能力以获取市场份额与利润，降低其创新挤出动机。在这种情形下，对于企业家而言，寻求创新补助是"芝麻"，提升创新能力才是"西瓜"。即当补助规模较大时，政府补助对企业创新能力的促进作用大于抑制作用，对企业创新水平与能力的提升起到有效激励作用，并且随着补助规模的扩大，企业增强创新能力的意愿也不断上升。

因此，关于政府补助对企业创新能力的影响，本书提出如下假设：

H：政府补助规模与企业创新能力之间呈浅 U 形关系。

7.3 实证研究设计

7.3.1 研究样本与数据来源

自 2010 年新会计准则实施后，无形资产等科目发生了明显变化，因此，本章将 2010~2018 年中国非金融沪深 A 股上市公司作为初次筛选的研究样本，将其中交易状态为 ST 或 PT，以及数据有缺失的样本剔除，最终样本数量为 2604 家上市公司。本章所选变量数据皆来自国泰安数据库。另外，本章对连续变量实行双向 1% 水平的缩尾处理，以此来规避极端值带来的影响。

7.3.2 变量定义

（1）被解释变量

企业创新能力。如第 2 章所述，本书在研究期间主要选取了以下三个测量维度，依次为创新质量、创新效率与创新可持续性。创新质量使用期末发明专利申请数量来度量；创新效率使用期末专利申请数量除以当年及前两年研发支出之和与企业资产的比值来度量；创新可持续性采用企业当年无形资产增量作为代理变量。

（2）解释变量

政府补助。使用企业当年获得的政府补助金额来度量。

（3）控制变量

本研究涵盖的控制变量有以下几个。第一，由于企业资本支出可在很大程度上反映企业的创新绩效（Audretsch 和 Link，2018），因而可能会对本书的研究结果产生一定的影响，故而将其作为控制变量。第二，产品市场竞争增加了对治理结构薄弱公司的激励，能有效缓解管理层懈怠的行为，减轻代理问题；并且，在经营竞争激烈行业的企业中，效果更为显著（Chen 和 Chang，2010），所以本研究将产品市场竞争作为控制变量，并结合国内外研究中使用频率较高的赫芬达尔—赫希曼指数（HHI）进行测量，HHI 越大，则说明市场集中程度越高，行业竞争水平越低。第三，资源冗余是影响企业创新的一大因素，丰富的资源储备对企业创新的影响不容小觑，所以本研究将能够代表资源冗余的销售管理费用率、企业负债率与现金流水平纳入控制变量（Hawn 和 Ioannou，2016；Van Essen 等，2015；Andersen，2012）。第四，所有权和控制权分离会导致公司行为偏离利润最大化的目标，对企业创新与长足发展产生深远影响（Flammer 和 Bansal，2017），故而，本研究将两权分离度作为控制变量。第五，企业规模（Revilla 和 Fernandez，2012）与企业年龄（Zhou 等，2017）同样会影响企业创新。第六，鉴于我国独有的经济体制，国有企业较民营企业更易获得资源与资金方面的支持，既有政治属性，也有经济属性，因此本研究将其纳入控制变量。表 7-1 即为本研究所涉及的变量及测量方法。

表 7-1　变量及测量方法

变量类型	变量名称	变量符号	变量说明
被解释变量	创新质量	Quality	发明专利申请数量（取对数）
	创新效率	Efficiency	专利申请数量 /（当年及前两年研发支出之和 / 期末总资产）（取对数）
	创新可持续性	Sustain	无形资产增量（取对数）

续表

变量类型	变量名称	变量符号	测量方法
解释变量	政府补助	Subsidy	企业当年获得的政府补助金额（取对数）
控制变量	现金流水平	CFR	本年度经营活动产生的现金流量净额 / 期末总资产
	资本支出	Cap	期末资本支出 / 期末总资产
	企业负债率	LEV	期末总负债 / 期末总资产
	销售管理费率	SA	（期末销售费用 + 期末管理费用）/ 期末总资产
	赫芬达尔 – 赫希曼指数	HHI	$HHI=\sum\left(\dfrac{X_i}{X}\right)^2$，其中，$X=\sum X_i$，$x_i$ 为行业内 i 的主营业务收入
	两权分离度	Separation	控制权与所有权之间的差值
	企业规模	Fsize	期末总资产（取对数）
	企业年龄	Fage	样本观测年份 – 公司成立年份
	所有权性质	SOE	国有企业：SOE=1；非国有企业：SOE=0

7.3.3 实证模型

本研究构建了以下实证模型，以进一步检验主效应，公式 7.1 中 Y 代表企业创新能力，i 和 t 分别表示企业和年份。由于政府补助可能会因内生性而影响企业的创新能力，那些创新能力强的企业在获取政府补助上难度更小，这是因为其所传递出来的正向信号，减少了政企之间的信息不对称，政府可以更加客观地根据企业创新水平发放政府补助，即二者之间可能互为因果关系（毛捷等，2015；张彩江和陈璐，2016），因此本研究将所选自变量滞后一期，以此来控制内生性的影响，其间也对创新的延迟性做出了相应的考量，式中 x 代表的是所有控制变量，α_i、μ_i 和 λ_t 分别表示区域、行业和年份固定效应，ε 为随机扰动项。

$$Y_{i,t+1}=\beta_1 Subsidy_{i,t}+\beta_2 Subsidy_{i,t}^2+\beta_k\sum\nolimits_{k=1}^{9}x_{k,i,t}+\alpha_i$$
$$+\mu_i+\lambda_t+\varepsilon_{i,t+1}$$

（7.1）

7.4 实证结果分析

7.4.1 描述性统计与相关系数检验

结合本研究所进行的变量描述性统计与相关性矩阵结果[1]，可知创新效率的均值与中位数存在较大的差距，这就意味着在 2010~2018 年，我国非金融上市企业的创新效率分布十分不均衡，且中位数明显在均值以下，就表明大多数企业的创新效率较低。剩下的变量都介于正常区间，比如企业负债率、企业规模、企业年龄等均值依次为 42%、22、15.03。

关于相关系数，除了企业负债率与企业规模之间的相关系数为 0.53，其余各变量间的相关系数都不足 0.5，表明变量之间没有明显的多重共线性。自变量与因变量的三个维度之间存在明显的正相关关系，后续本书将结合研究假设和实证模型，进一步检验其非线性关系。另外，控制变量与因变量均存在一定关联性，意味着本书所选取的控制变量较为恰当。

7.4.2 回归结果分析

因专利数据具有左删失数据分布的特点，所以本书选用 Tobit 模型估计创新质量与创新效率；以 OLS 模型估计检验创新可持续性。回归结果如表 7–2 所示，列（1）、（3）和（5）报告了政府补助与企业创新能力的线性回归结果，可以看出，政府补助对创新质量与创新效率具有显著的正向促进作用，对创新可持续性无显著线性影响；列（2）、（4）和（6）为加入平方项的回归结果。

表 7–2　政府补助对企业创新能力的影响

	创新质量		创新效率		创新可持续性	
	(1)	(2)	(3)	(4)	(5)	(6)
Subsidy	0.165***	−1.077***	0.0774***	−1.938***	0.833	−39.62***
	(0.0170)	(0.1419)	(0.0376)	(0.2856)	(0.5790)	(4.7826)

---

[1]　受篇幅限制，完整数据备索。

续表

	创新质量		创新效率		创新可持续性	
	(1)	(2)	(3)	(4)	(5)	(6)
Subsidy^2		0.0404***		0.0651***		1.309***
		(0.0046)		(0.0091)		(0.1537)
CFR	−0.113**	−0.120**	0.122	0.0658	0.498	−0.0829
	(0.0497)	(0.0490)	(0.1319)	(0.1306)	(2.1248)	(2.1211)
Cap	1.087**	0.912**	1.742	1.507	120.6***	119.7***
	(0.4309)	(0.4249)	(1.0711)	(1.0596)	(16.6480)	(16.6102)
LEV	−0.0511	−0.0439	−0.00809	0.0614	−7.937	−8.371*
	(0.1349)	(0.1329)	(0.3126)	(0.3093)	(5.0876)	(5.0761)
SA	2.391***	2.134***	0.474	0.0568	11.61	6.881
	(0.3076)	(0.3043)	(0.6999)	(0.6946)	(11.3133)	(11.3010)
HHI	−0.519	−0.643	2.305*	1.654	38.62***	33.01**
	(0.4242)	(0.4180)	(1.2174)	(1.2073)	(13.9671)	(13.9506)
Separation	−0.00827***	−0.00776***	−0.0176***	−0.0167***	−0.286***	−0.276***
	(0.0025)	(0.0025)	(0.0059)	(0.0058)	(0.1001)	(0.0998)
Fsize	0.435***	0.349***	0.522***	0.356***	14.02***	11.49***
	(0.0271)	(0.0285)	(0.0613)	(0.0649)	(0.9375)	(0.9814)
Fage	−0.0158***	−0.0147***	−0.0159	−0.0139	−0.830***	−0.873***
	(0.0042)	(0.0042)	(0.0101)	(0.0100)	(0.1655)	(0.1652)
SOE	0.429***	0.389***	0.00584	−0.0504	1.603	0.806
	(0.0601)	(0.0593)	(0.1232)	(0.1220)	(2.2769)	(2.2736)
常数项	−9.768***	1.556	−12.18***	6.884**	−299.9***	62.96
	(0.4755)	(1.3674)	(1.4036)	(3.0163)	(43.6262)	(60.8902)
区域、行业、年份固定效应	控制	控制	控制	控制	控制	控制
N	2507	2507	2230	2230	15600	15600
伪 R^2	0.143	0.152	0.0419	0.0469		
调整 R^2					0.062	0.066

注：括号中数值为标准误；*** 、** 和 * 分别表示 p<0.01、p<0.05 和 p<0.1，下同。

列（2）、（4）和（6）的结果显示，政府补助的一次项（Subsidy）对企业创新质量、创新效率及创新可持续性的回归系数在 1% 的统计水平下显著为负，而政府补助的二次项（Subsidy^2）对三个因变量的回归系数在 1% 的统计水平下显著为正，说明政府补助规模与企业创新能力之间存在 U 形关系，假设成立。列（4）的结果与 Huang 等（2016）的结果吻合，Huang 等（2016）基于双元创新（即探索式与利用式创新）的视角提出研究假设，认为这两种创新的区别主要在于企业会根据资金来源进行投资决策，政府补助提供了软预算约束，对企业施加的压力较小，因此当政府补助增加时，企业更有可能进行探索式创新从而提高创新效率，并且 Huang 等（2016）以 2006~2013 年的《工业企业科技活动统计年鉴》中的公司为研究对象对假设进行验证。而本书则补充讨论了政府补助对企业创新的抑制作用，提供了不同的研究视角。在当前中国情境下，只有当补助规模超过适度区间后才能真正发挥其缓解融资约束、降低创新风险的作用，从而提高企业创新质量、提升创新效率并增强创新可持续性；否则容易产生挤出企业自身研发投资、补助出现逆向选择等副作用，进而降低企业创新质量、创新效率与创新可持续性。

7.4.3 稳健性检验

对于关键变量选用不同的衡量方法，可能会影响结论的稳健性。本研究使用专利已授权数量替代前文的已申请数量进行检验，使用当年无形资产值替代无形资产增量作为创新可持续性的代理变量进行回归（李仲飞和杨亭亭，2015；程新生和赵旸，2019），同样对自变量进行滞后一期处理，回归结果如表 7-3 所示[①]，可见虽测度方法不同，但两者的浅 U 形关系依旧稳健。

[①] 限于篇幅，从此处开始将省略控制变量的具体结果，备索。

表 7-3　关键变量敏感性的稳健性检验结果

	创新质量		创新效率		创新可持续性	
	(1)	(2)	(3)	(4)	(5)	(6)
Subsidy	0.162***	−0.800***	0.0606***	−0.971***	7.470***	−332.5***
	(0.0143)	(0.1220)	(0.0210)	(0.1671)	(2.1659)	(17.3165)
Subsidy²		0.0311***		0.0329***		11.07***
		(0.0039)		(0.0053)		(0.5597)
控制变量	控制	控制	控制	控制	控制	控制
常数项	−5.417***	3.298**	−10.06***	−0.348	−2242.3***	825.3***
	(0.7340)	(1.3172)	(0.9391)	(1.8182)	(157.2528)	(219.5075)
区域、行业、年份固定效应	控制	控制	控制	控制	控制	控制
N	4329	4329	3342	3342	15998	15998
伪 R²	0.0856	0.0900	0.120	0.123		
调整 R²					0.148	0.169

　　需要注意的是，本研究在实证检验时对所有自变量进行滞后一期处理，但实际中部分创新所需时间可能在一年以上，具体可参考孔东民等（2017），为此这里将自变量滞后两期，旨在验证政府补助对企业未来两年创新能力所造成的影响，详情可见表 7-4，结果与前文一致，这说明研究结论具有一定的稳健性。

表 7-4　滞后两期的稳健性检验结果

	创新质量		创新效率		创新可持续性	
	(1)	(2)	(3)	(4)	(5)	(6)
Subsidy	0.213***	−1.177***	0.0683**	−2.854***	0.156	−40.20***
	(0.0208)	(0.1840)	(0.0331)	(0.2741)	(0.6757)	(5.6342)
Subsidy²		0.0444***		0.0926***		1.299***
		(0.0058)		(0.0086)		(0.1800)
控制变量	控制	控制	控制	控制	控制	控制
常数项	−9.239***	3.276*	−12.04***	14.75***	−287.9***	71.37
	(0.5212)	(1.7242)	(0.8410)	(2.6271)	(45.6067)	(67.4624)

	创新质量		创新效率		创新可持续性	
	(1)	(2)	(3)	(4)	(5)	(6)
区域、行业、年份固定效应	控制	控制	控制	控制	控制	控制
N	2173	2173	2284	2284	13232	13232
伪 R^2	0.137	0.145	0.0510	0.0630		
调整 R^2					0.059	0.063

7.4.4 进一步研究

以上结果显示，政府补助对企业创新能力的三个维度均呈浅 U 形影响，从多方面进行稳健性检验后，结论依然成立。本部分将进一步探讨这种影响是否依赖于某些特定的情境条件，即试图界定这种影响发挥作用的边界，以便能更全面地评估政府补助政策，进而提出更准确、更有针对性的政策建议。

（1）企业规模差异的分化效应

既有研究显示，政府补助在不同规模的企业中所发挥的作用不同。一些研究认为政府补助在大企业中的应用效果更好，因为小企业受制于自身资金与技术水平，政府补助对企业研发支出的挤出效应及逆向选择效应更强，很多中小企业只是单纯地为了获取补助而研发，"骗补贴"的新闻屡见不鲜，企业规模正向调节政府补助对企业创新的促进作用。然而，也有一些研究认为政府补助在小企业中的应用效果更好（Bronzini 和 Piselli，2016），这主要有三个方面的原因：一是大企业组织结构冗余、内部协调成本高昂，故而政府补助在大企业中的利用效率较低；二是大企业的管理层级多，在获得政府补助后的决策变得更慢，甚至不会轻易改变获得补助前既定的决策；三是大企业资金相对充裕，因而政府补助对其创新决策的影响较小。

因此，为了检验企业规模对主效应的调节作用，本研究以样本企业规模的均值为标准进行了分组回归，其中大于均值的为大型企业，反之，则为中小型企业，所得回归结果如表 7-5 所示。分析列（1）与列（2）的结果，可知政府补助对企业创新质量的影响并不会因为企业规模的大小而有所区别。列（4）与列（7）的结果显示，中小型企业中的政府补助对创新效率与创新可持续性不存在 U 形影响。为了继续探究中小型企业中政府补助的影响，本书进一步检验它们的线性关系。政府补助对创新效率的回归结果如列（5）所示，自变量系数在 5% 的水平下显著为负，表明在中小型企业中，政府补助会降低其创新效率；政府补助对创新可持续性的回归结果如列（8）所示，自变量系数不显著，表明在中小型企业中，政府补助对创新可持续性没有影响，可能是因为很多中小型企业只是单纯地为了获取补助而研发，补助停发时创新也就停止了。但在中小型企业中，政府补助与创新质量仍然呈浅 U 形关系，所以创新效率的降低也并非因为挤出等负向机制，可能是中小型企业的研发能力有限，当创新投入增加时，并没有更多地增加创新产出，进而在整体上呈现负向的线性关系。

表 7-5　考虑企业规模异质性的检验

	创新质量		创新效率			创新可持续性		
	大型企业	中小型企业	大型企业	中小型企业		大型企业	中小型企业	
	(1)	(2)	(3)	(4)	(5)	(6)	(7)	(8)
Subsidy	−1.884***	−1.011***	−2.723***	0.0176	−0.0362**	−32.94***	0.691	0.00753
	(0.2712)	(0.1928)	(0.5118)	(0.1578)	(0.0151)	(10.5120)	(0.6390)	(0.0606)
Subsidy²	0.0676***	0.0402***	0.0955***	−0.00179		1.044***	−0.0232	
	(0.0082)	(0.0064)	(0.0155)	(0.0052)		(0.3247)	(0.0216)	
控制变量	控制	控制	控制	控制	控制	控制	控制	控制
常数项	15.24***	7.721***	18.98***	0.0641	0.466	−382.2**	−23.85***	−18.46***
	(2.2846)	(1.4556)	(4.3585)	(1.2310)	(0.3736)	(184.8673)	(6.6965)	(4.4336)
区域、行业、年份固定效应	控制	控制	控制	控制	控制	控制	控制	控制
N	867	1640	1049	1181	1181	6923	8677	8677
伪 R²	0.137	0.0795	0.0462	0.0331	0.0330			
调整 R²						0.085	0.017	0.017

上述结果表明，企业规模对政府补助与创新效率、创新可持续性具有异质性影响，并且 U 形关系仅在大型企业中成立，说明中小型企业在一定程度上存在为了获得补助而研发的现象，补助并不能真正地提升其创新效率与创新可持续性。这表明如果政府补助额度有限，可考虑将补助向大型企业倾斜，并且要注意补助发放额度，因为如果补助规模小于适度值，反倒会降低其创新能力。

（2）不同产品市场竞争情境下的影响差异

夏清华和黄剑（2019）指出，产品市场竞争可以看作市场信号，政府补助可以看作政府信号，两种信号共同影响企业的创新决策。本书认为产品市场竞争强度可以激发企业的创新意愿，以便获得超额利润，据此可预期产品市场竞争强度大的企业对政府补助的寻租动机更小。另外，高产品市场竞争强度企业的资金更为紧张，所以政府补助对其研发资金的缓解作用更为显著。因此，为了检验产品市场竞争对主效应的调节作用，本书按照产品市场竞争强度大小进行分组回归，分组标准为样本企业产品市场竞争强度的均值，结果如表 7–6 所示。列（1）与列（4）的结果显示，处于高产品市场竞争环境的企业，其政府补助与创新质量、创新效率之间并不存在 U 形关系。为了继续探究高产品市场竞争强度下它们的关系，本书进一步做了线性检验，结果如列（2）与列（5）所示。列（2）正向显著，表明高产品市场竞争强度可以缓解政府补助对创新质量的负向影响，从而使其呈现正向的线性关系；列（5）不显著，说明政府补助与创新效率之间不存在线性关系。列（7）与列（8）的结果意味着政府补助对创新可持续性的影响在不同产品市场竞争强度的企业中没有差别。

表 7–6　考虑产品市场竞争强度异质性的检验

	创新质量		创新效率			创新可持续性		
	高产品市场竞争		低产品市场竞争	高产品市场竞争		低产品市场竞争	高产品市场竞争	低产品市场竞争
	(1)	(2)	(3)	(4)	(5)	(6)	(7)	(8)
Subsidy	−0.328	0.0693**	−1.261***	−0.506	−0.0917	−2.375***	−48.46***	−34.03***
	(0.3417)	(0.0344)	(0.1538)	(0.4297)	(0.0610)	(0.3530)	(7.5040)	(6.1102)

续表

	创新质量		创新效率			创新可持续性		
	高产品市场竞争	低产品市场竞争		高产品市场竞争		低产品市场竞争	高产品市场竞争	低产品市场竞争
	(1)	(2)	(3)	(4)	(5)	(6)	(7)	(8)
Subsidy^2	0.0127		0.0474***	0.0136		0.0801***	1.568***	1.162***
	(0.0109)		(0.0050)	(0.0139)		(0.0113)	(0.2407)	(0.1964)
控制变量	控制	控制	控制	控制	控制	控制	控制	控制
常数项	−5.559*	−8.904***	3.123**	−7.096	−10.77***	11.34***	22.85	63.65
	(3.0427)	(1.0409)	(1.5074)	(4.4577)	(2.3747)	(3.7313)	(81.7352)	(58.7602)
区域、行业、年份固定效应	控制	控制	控制	控制	控制	控制	控制	控制
N	438	438	2069	429	429	1801	4106	11494
伪 R^2	0.197	0.196	0.162	0.0921	0.0915	0.0498		
调整 R^2							0.097	0.062

上述结果表明，产品市场竞争对政府补助与创新质量、创新效率具有异质性影响，其中处于高产品市场竞争环境的企业，政府补助对创新质量呈现正向线性影响，这表明当政府关注的重点是企业创新质量，并且补助额度较小时，可倾向于选择高产品市场竞争强度的企业。

（3）知识产权保护程度差异下的影响异质性

通常情况下，创新过程中的知识与技术溢出可在一定程度上降低技术模仿者的创新成本，而技术模仿对企业创新有着至关重要的现实意义。简单来说，在创新期间，企业之间具有一定程度的正外部性（Im 和 Shon，2019），因此，当政府加大对知识产权的保护力度时，可有效减少技术模仿的现象，在无形之中提高企业的创新成本与门槛。据此可预期在高知识产权保护程度的地区，企业需要在获得更多的补助后，才会倾向于做出创新决策。然而，在低知识产权保护程度的地区，企业所面临的创新风险更大，因为更容易被仿冒侵权，从而导致这类企业的自主创新意愿更弱。因此，为了检验不同知识产权保护程度下政府补助对企业创新能力的影响，本书按照知识产权保护程度高低进行分组回归，此处参考史宇鹏和顾全林（2013）等人的测量方法，简而言之，以省级层面的专利侵权纠纷累计结案数与立案数之间的比值作为度量指标。该数据来自国泰安数据库，分组标准为样本企业知识产权保护程度的均值，回归结果如表 7-7 所示。列（2）与列（7）的结果显示，在低知识产权保护程度的地区，政府补助与企业的创新质量、创新可持续性之间不存在 U 形关系。为了继续探究它们的关系，本书进一步检验其线性关系，结果如列（3）与列（8）所示。在低知识产权保护程度的地区，政府补助可以提高企业的创新质量，但会削弱企业的创新可持续性。创新可持续性可以体现企业的长期创新决策，这种结果可能意味着，在低知识产权保护程度的地区，政府补助在企业微观层面的长效机制会被削弱。列（4）与列（5）的结果意味着政府补助对企业创新效率的影响在不同知识产权保护程度的企业中没有差别。

表 7-7　考虑知识产权保护程度异质性的检验

	创新质量			创新效率		创新可持续性		
	高知识产权保护程度	低知识产权保护程度		高知识产权保护程度	低知识产权保护程度	高知识产权保护程度	低知识产权保护程度	
	(1)	(2)	(3)	(4)	(5)	(6)	(7)	(8)
Subsidy	−1.157*** (0.1517)	−0.564 (0.3933)	0.242*** (0.0379)	−2.240*** (0.3501)	−0.705*** (0.1699)	−47.98*** (5.5074)	−0.205 (8.6752)	−2.934*** (1.0131)
Subsidy²	0.0423*** (0.0049)	0.0263** (0.0128)		0.0747*** (0.0112)	0.0233*** (0.0056)	1.610*** (0.1771)	−0.0880 (0.2780)	
控制变量	控制	控制	控制	控制	控制	控制	控制	控制
常数项	1.795 (1.4794)	−2.051 (3.6465)	−9.237*** (1.0689)	8.508** (3.6527)	0.867 (1.7370)	137.7** (67.3766)	−286.3*** (84.0530)	−261.4*** (29.4445)
区域、行业、年份固定效应	控制	控制	控制	控制	控制	控制	控制	控制
N	2080	427	427	1839	391	12668	2932	2932
伪 R^2	0.153	0.201	0.198	0.0479	0.266			
调整 R^2						0.073	0.044	0.044

上述结果表明，政府补助对企业创新能力的 U 形影响仅在高知识产权保护程度的地区成立，这意味着大额的政府补助更适合选择位于高知识产权保护程度地区的企业。

7.5　本章小结

随着科技的迅猛发展，创新驱动发展战略也被提升至国家战略高度，更多的人开始关注宏观经济政策对企业创新能力的影响。政府补助作为一种常见的激励政策，已然在学术界引起了广泛的热议与研究。迄今为止，虽然有关政府补助与企业创新能力之间的关系研究日益深入，但二者之间的关系仍颇具争议。为此，本书基于中国 A 股上市公司数据，考察了政府补助对企业创新能力的影响。研究发现，政府补助规模与企业创新能力呈浅 U 形关系，只有当补助规模超过适度值后，政府补助才能真正发挥其缓解融资约束、降低创新风险的作用；否则容易产生挤出企业自身研发投资、补助出现逆向选择等副作用。进一步研究发现，企业规模、产品市场竞争、知识产权保护是上述浅 U 形关系的重要调节变量。具体而言，主效应的浅 U 形关系仅在大型企业及高知识产权保护程度下成立；中小型企业的政府补助与创新效率之间呈负向线性关系；处于低知识产权保护程度下的企业，政府补助会削弱企业的创新可持续性；而在高产品市场竞争强度下的企业，政府补助与创新质量之间呈正向线性关系，这可能是因为这类企业的挤出效应更弱、创新意愿更强。

本书的研究结论表明政府补助与企业创新能力呈现 U 形关系，并且存在一定的异质性，因此需要注意补贴规模与结构配置两个方面，以保障政府补助对企业创新能力提升的正向推动效果。

第一，进一步优化补贴规模。首先，政府应研究合适的补贴额度，尤其要注意大型企业及位于高知识产权保护程度地区的企业额度，构建分析与评价模型，尽可能使补贴数额适度，跨越创新能力的抑制效应区间，让政府补助真正发挥积极的创新促进作用。其次，政府应对企业的研发、资金等与创新相关的指标进行度量与评价，当总的补贴额度固定时，根据评价结果，优选补贴企业，减少补贴企业的数量，增加特定企业可获得的补贴数额，也就是说在政府补助发放的过程中应"重质量、轻数量"，以增加单个企业的可获取额度，以保证企业获得的补助规模超过适度值，这样才能充分发挥政府补助对企业创新能力的积极推动作用，提升政府补助配置创新资源的效率。最后，当政府补助额度超过适度值时，补助可以促使企业做出侧重长期发展的创新决策，即政府补助可以在企业微观层面发挥长效机制作用，这可能是因为在引导企业持续创新方面，政府补助可以传递出一个积极的引导信号。为此，政府可以进一步出台并完善相关的政策与制度以增强企业长期持续提升创新能力的动力，给予创新过程所需的保障与措施。

第二，进一步优化政府补贴的结构配置，向重点企业倾斜。本书的研究结果显示，在中小型企业及低知识产权保护程度下的企业中，政府补助并不能真正地提升其创新能力，说明这类企业可能在一定程度上存在为了获取补助而研发的现象。政府在选择补助对象时，可侧重于大型企业尤其是高知识产权保护程度的企业。另外，在高产品市场竞争强度的企业中，政府补助与创新质量呈正向线性关系，这说明在这类企业中，政府补助更容易发挥正向促进作用。因此，政府可以增加对高产品市场竞争强度企业的补助，以缓解其研发资金紧张对企业创新质量提升所造成的制约。

第 *8* 章
基于机器学习预测创新政策
对企业创新能力的影响

8.1 问题的提出

党的十九大以来，创新驱动发展战略进一步被提升至国家战略高度，对企业而言，持续的创新能力使其能够有效地应对商业环境中的不确定性。中共中央、国务院相继出台了多项政策以促进企业创新并最终实现我国创新驱动发展战略。本书第 4、6、7 章分别检验了股权激励、知识产权保护与政府补助这三项政策单独实施时的实际效果，但现实中政策的影响有可能是非线性的，并且往往是多项政策并发进行，而且各政策之间、政策与其他变量（如本书提到的调节变量、控制变量）之间可能同时存在交互效应。例如，在知识产权保护与政府补助方面，有研究表明，在知识产权保护程度较弱的环境中，政府补助反而能促进企业私人研发投入（张杰等，2015）。类似地，在中国东部和西部地区，在促进制药企业创新方面，政府补助与知识产权保护存在互补作用（Deng 等，2019）。另外，在股权激励与政府补助方面，在中国，当高管持股比例适中时，政府补助对企业研发投资存在显著的激励效应；而当高管持股比例过高或过低时，会产生管理防御效应，从而抑制这种激励效应（翟淑萍和毕晓方，2016）。可见，各政策间存在一定的交互效应，正如 Borras 和 Edquist（2013）所指出的，创新政策工具必须在国家创新体系视角的基础上进行认真设计，要考虑各类工具的相互作用，以解决创新过程中的复杂问题。同样，Flanagan 等（2011）也强调了研究创新政策工具组合的微观效果对建立国家创新体系具有重要的作用。因此，检验多种政策共同作用的效果变得至关重要。

另外，计量实证法在面对非线性效应或协变量较多的情况时，可能会失效。因为，在这种情况下，交互效应不能为人们提供清晰的解释（黄乃静和于明哲，2018）。而机器学习方法可以在一定程度上优化对此类非线性关系的研究及对多变量异质性的处理效应研究（Asher 等，2016）。例如，决策树算法可以提供透明的分配机制，如果牺牲透明度，可以选择随机森林与人工神经网络实现更准确的预测。

实证研究往往侧重于因果推理，如本书的第 4、6、7 章，但在许多政策应用中，仅有因果推理是不够的，需要明确效果的具体程度。例如，面临干旱的政策制定者需决定是否实施人工降雨，以增加下雨的可能性；看到云彩的人需决定是否带伞去上班，以避免在回家的路上淋湿。这两个决定都可以从雨水的经验研究中受益，但是两者有不同的估计量需求。第一种需要明确因果关系：人工降雨会导致下雨吗？第二种则只需要进行预测：下雨的概率是否足够高，是否值得买把伞？在第一种情况下，确定因果关系后，政策制定者还需要预测实现目标降水量所需的干冰数量（Kleinberg 等，2015）。然而，当前研究更聚焦于政策因果问题，却忽视预测问题，而机器学习可以帮助我们更有效地解决这类预测问题，因为机器学习算法侧重于最小化测试集的预测误差（Mullainathan 和 Spiess，2017）。

当前，基于机器学习算法对政策效果进行预测的研究主要集中在以下几个方面。一是医疗政策方面，预测最危险病人的关节替换治疗是否徒劳（Kleinberg 等，2015）；二是法律政策方面，协助法官在等待案件判决时决定拘留或释放被捕者（Kleinberg 等，2018）；三是社会政策方面，预测高危青年以进行反暴力干预（Chandler 等，2011）以及评估生活状况、改善贫困目标（Mcbridea 和 Nicholsb，2015）；四是教育政策方面，从增值角度预测所招聘教师的效率（Rockoff 等，2011），以及提拔绩效最好的教师

（Chalfin 等，2016）；五是财税政策方面，实施退税计划以刺激家庭消费的效果（Andini 等，2018）。可以看出，目前鲜有文献采用机器学习算法对创新政策的微观效果进行预测。

鉴于此，为了进一步完善现有文献的研究，本书基于我国 2010~2018 年的非金融沪深 A 股上市公司数据，采用决策树、随机森林、提升算法与人工神经网络这四种机器学习算法，以预测多项政策在当前中国情境下对上市公司创新能力的共同作用和效果，从而在结合前面章节结论的基础上得出更为准确的结论，并提出政策建议与企业管理实践建议。

本章的研究贡献主要有以下几个方面：一是探索了不同种类政策的共同作用机制，解释了机器学习在预测政策效果方面的价值；二是提供了创新政策方面的实践经验，并说明了预测对社会产生的影响；三是解决这些问题还具有理论与经济意义。

8.2　机器学习在政策效果预测领域的应用

机器学习算法已经在计算机科学与统计文献中得到了广泛的应用，计量经济学侧重于减少估计量偏差，而机器学习算法侧重于最小化测试集的预测误差（Mullainathan 和 Spiess，2017）。机器学习在智能任务中的成功，很大程度上是由于它能够发现没有预先指定的复杂结构，可以设法使复杂和灵活的函数形式适配数据，而不是简单地过度拟合，因此它能找到在样本外性能依然良好的函数。随着技术的不断发展，这类算法越来越受到学者的欢迎，这为他们提供了一个新的工具箱，可以用来处理纯粹的预测任务。目前，基于机器学习算法对政策效果进行预测的研究主要包括以下几个方面。

其一，医疗政策方面，Kleinberg 等（2015）基于机器学习算法预测最危险的病人，认为他们的关节替换手术是徒劳的，这些无效手术的钱本可以花在其他受益更多的人身上。其二，法律政策方面，Kleinberg 等（2018）

认为保释决定提供了一个很好的测试案例。法官根据被告被释放后会做什么决定是否准予保释，预测任务的具体性与可用的数据量相结合，使保释决定成为一个有前途的机器学习应用。然而，将该算法与法官决策结果进行比较却颇为复杂。一方面，可用的数据是由事先的判决产生的，文章只能观察那些被保释被告的犯罪结果，而无法观测被拘留被告的犯罪结果，这就使得基于算法预测的反事实决策规则难以评估；另一方面，法官的考量维度可能比算法预测的变量范围更广。其三，社会政策方面，针对芝加哥公立学校（Chicago Public Schools，CPS）枪杀事件频繁发生的问题，CPS 的 CEO 发起了一项暴力预防计划，其中一个重要的组成部分是 CPS 与青年倡导计划公司签订合同，将有问题的高危青年与倡导人员配对沟通以预防其在未来出现暴力行为。由于该项目具有高度针对性和资源密集性（每个学生每年 1.5 万美元），因此正确识别最容易实施暴力的青少年至关重要。基于此，Chandler 等（2011）构建了一个线性模型以预测和甄别此类高危学生。另外，Mcbridea 和 Nicholsb（2015）提出了一种特定类型的评估贫困目标的方法——代理生活状况调查（Proxy Means Test，PMT）。因为全面的生活状况调查成本高昂，而目前常用的估计程序生成的工具以最小化样本内预测误差为优先，PMT 的目标是最小化样本外预测误差，其基于美国国际开发署的贫困评估工具和基础数据展开研究，结果表明在 PMT 开发中应用机器学习算法可以显著提高目标工具的样本外性能，其中随机集成方法可以使样本外性能较现有方法提高 2%~18%。将该方法应用于开发贫困目标工具，可以显著提高贫困预测准确性、减少覆盖率不足问题，全面改善平衡贫困准确性标准，证明了机器学习算法在样本外预测方面的优越性。其四，教育政策方面，Rockoff 等（2011）对纽约市的新教师展开调查，研究能否利用新招聘教师的综合信息预测教师效率的显著变化。研究表明，利用综合信息，可有效预测教师效率变化，且基于早期研究提出的教师效率衡量指标（如教学具体内容知识、认知能力、个性特征、自我效能等）可实现有效预测，但是这些指标却很少被学区收集和使用。其五，财税政策方面，Andini 等（2018）

介绍了如何利用机器学习算法来提高公共计划的效率并为决策提供信息，其以 2014 年意大利推出的一项大规模退税计划为例，该计划一直是意大利政府政策的核心内容，旨在抵消大萧条带来的负面影响。其研究结果表明，如果按照透明且易于解释的机器学习算法来选择受益人，该计划的有效性将显著提高，因为机器学习算法可以帮助政策定位到那些最有可能以期望的方式行事的人，或者最有可能获得最高回报的人，从而提高了总体策略的有效性。具体而言，笔者考虑了三种常用的机器学习算法（决策树、k 近邻聚类和随机森林）以及一种非机器学习算法（线性概率模型）。由于数据集样本量有限，这几种方法的预测精度相差不大。通过使用机器学习算法，政策制定者可以通过两种方式改善当前的分配方案：一是减少发放给非机器学习目标群体的奖金，这将对消费产生与当前政策相同的影响，但支出更低；二是在保持支出水平不变的情况下，将非机器学习目标家庭的奖金转移到目标家庭，从而对消费产生更大的影响。此外，笔者重点讨论了机器学习算法在公共政策落地中的评估和使用挑战，如透明度和问责制。

此外，机器学习还可以用于检验理论。例如，在金融的有效市场假说中，未来的股价波动是无法进行预测的，而 Moritz 和 Zimmermann（2016）采用了机器学习算法证明了美国公司过去的收益对其未来股价具有显著的预测能力，这在一定程度上否定了有效市场假说。机器学习也可以用于建立基准以衡量理论的表现，不过一个普遍的担忧是，即使一个理论是准确的，它可能也只能解释所要解释的系统变化中很小的一部分。R^2 不能单独解决这个问题，因为总方差中的一些波动可能无法从测量值中得到合理解释。对此，Kleinberg 等（2017）提出将理论预测能力与最优预测能力进行比较；类似地，Peysakhovich 和 Naecker（2015）对风险和模糊性下选择的行为经济学模型的样本外性能与机器学习理论基准进行了比较。

最后，机器学习基于历史数据分析的算法对未来结果进行预测，可用于估计需求、预测价格变化、预测客户行为和偏好、评估风险，以及预测可能影响市场环境的内生或外生冲击，如新公司的进入、汇率变化甚至自然灾害

（Tsai 等，2013；Cui 等，2017；Ferreira 等，2015；Chong 等，2017）。所有这些信息对改进决策非常有价值，能使企业更有效地规划其商业战略，并开发创新和定制服务。机器学习也可以用来优化业务流程，使企业通过降低生产和交易成本、细分消费者或设置最优价格来获得竞争优势，从而有效地适应市场环境。算法优化流程的特殊能力是其自动化特性和强大计算能力的结果，这使得它们能够处理大型数据集，反应迅速，并且比由人类执行相同任务时的成本更低。

8.3 预测框架与机器学习算法选择

8.3.1 预测框架

本书通过构建如下模型来预测多项政策与企业特征等变量对企业创新能力的共同影响，我们假设 t+1 年的企业创新能力是过去一年的多项政策、企业自身特征等因素的函数，具体见公式 8.1。

$$Y_{i,t+1} = f(Incentive_{i,t}, IPR_{i,t}, Subsidy_{i,t}, IE_{i,t}, CSR_{i,t}, X_{i,t}) + \varepsilon_{i,t+1} \tag{8.1}$$

式中，Y 分别代表创新质量、创新效率与创新可持续性，Incentive 表示股权激励，IPR 表示知识产权保护程度，Subsidy 表示企业所得到的政府补助金额，IE 表示企业家精神，CSR 表示企业社会责任，X 表示企业特征，i 和 t 分别表示企业和年份，自变量比因变量滞后一年，表示对政策实施一年后的结果进行预测，ε 为随机扰动项。这里需要注意的是，不同的机器学习模型具有不同的函数形式，因此函数 *f(.)* 可以采用多种形式，如线性、非线性、连续或离散的相加形式。

8.3.2 机器学习算法选择

下面，我们将对机器学习算法进行简要介绍。算法是一组规则序列，按照正确的顺序来执行某个任务，一个算法是一个逻辑实例，它从一个给定的输入生成一个输出。算法可以通过多种方式表示，如普通语言、图、代码等。随着计算机科学的发展，人们开发出算法来自动执行重复任务，这些任务一般涉及复杂的计算和数据处理。近年来，人工智能和机器学习算法发展到了一个新的水平，使计算机能解决复杂的问题，做出比人类更准确、更有效率的预测，从而帮助社会实现既定的政策目标。

人工智能是指研究和设计智能代理的计算机科学的一个广泛分支，这些智能代理应能够以一种被认为是智能的方式执行困难的重大任务（Swarup，2012）。人工智能的概念是由约翰·麦卡锡在 1956 年提出的，其将人工智能定义为制造智能机器的科学和工程。在最初阶段，机器被编写大量详细规则清单，以试图复制人类的思想，这很容易成为一个繁重的过程。后来人工智能成为一种更有效的工具，因为它发展出了一种可以教机器学习的算法，这是一种从模式识别和学习理论的研究中发展而来的思想，催生了机器学习的新分支。

机器学习是人工智能的一个子领域，它通过使用从数据和经验中迭代学习的算法来设计智能机器，根据 Samuel（1988）的观点，机器学习赋予计算机无须显式编程就能学习的能力。根据机器学习算法的学习模式，算法可以分为三类：一是监督学习，该算法使用有标记的数据样本来学习将输入映射到输出的一般规则；二是无监督学习，该算法试图从未标记的数据中识别隐藏的结构和模式；三是强化学习，算法在动态环境中执行任务，如驾驶车辆或玩游戏（如玩扑克、下围棋的机器人），并通过反复试验进行学习。

对于预测问题，常用的方法是监督机器学习。无论采用何种学习方法，传统的机器学习系统在处理原始数据方面都存在一定的局限性（Lecun 等，2015），实际上原始数据集可能具有非常多的维度，以至于在运行机器学习算法之前，常常需要从原始数据中提取与底层问题相关的特性，这一过程称为特性工程。特征可以是数值变量或字符串，既可以是原始数据集的子集，也可以是由原始变量组合而成的构造。识别和构造相关的特征是一个耗时且昂贵的过程，必须由人工执行。

深度学习是机器学习的一个子领域，它可以自动提取特征，即能使计算机系统使用复杂的软件进行学习，该软件试图通过创建人工神经网络来复制人类神经元的活动，Goodfellow 等（2016）指出，深度学习能够为数据中强大的抽象建模，传统的机器学习算法是线性的，而深度学习算法是在一个不断提高复杂性和抽象程度的层次结构中构建的。因此，深度学习算法比传统机器学习算法更快、更准确。尽管深度学习算法近年来取得了一些进展，且在解决复杂问题方面具有巨大的潜力，但由于缺乏特征提取过程，人们无法知道算法使用哪些特征或信息将输入转换为输出。换句话说，不管生成的结果质量如何，深度学习算法都不会向程序员提供有关产生这种结果的决策过程的信息。

在简要介绍机器学习算法后，接下来我们将选择本章使用的算法。如本书前文所述，自变量创新政策与调节变量企业家精神、CSR 之间存在一定的交互作用，并且自变量知识产权保护与因变量之间并非典型的线性关系，因此这里不选用线性回归模型进行预测。相反，我们结合研究需求和现有研究基础（Zhang 等，2019a；Zhang 等，2019b），选用如下几种非线性的监督类机器学习算法与深度学习算法进行预测，分别是决策树、随机森林、提升算法与人工神经网络。选择多种算法的原因如下：一是选择多种算法有助于我们较为全面地理解机器学习算法在政策预测这一特定问题上的运用与效果，从而为机器学习这一较为新颖的研究工具在政策领域的应用上提供一定的实践证据；二是我们预期人工神经网络比其余三种机器学习算法更准确，但是它牺牲了一定的透明度和可解释性。在剩余三种机器学习算法中，一般而言，决策树的模型效果应该是最差的。下面将具体介绍这四种机器学习算法。

决策树基于树的结构进行决策，每一层的子组被分割，直到组内样本足够同质或纯粹，也就是说，一个单一的特征类控制了一个组的决策完成。当使用回归树对自变量进行建模时，不会强加任何函数形式，也不允许变量之间进行交互，这是通过构造来完成的，因为从变量构建树时就意味着存在交互变量（Hastie 等，2001）。

随机森林建立在决策树基础上，决策树使用树状结构映射一个项目的观察结果，从而得出关于该项目目标值的结论。随机森林模型使用交叉验证确定树中包含的变量 m 的最佳数量。然后，它从训练数据集中提取引导子样本，并在每个引导子样本上生长一个决策树，这是通过在每个分割处引导变量，随机选择每个节点上的 m 个变量，并选择最好的一个作为分割点来实现的，这将生成一个不同的树集。通过这种方法生成大量的树，并对这些树进行平均，从而得出预测结果（Hastie 等，2001）。

提升算法是从几个简单的模型开始，并以一种自适应的方式将它们组合起来，从而得到一个更强的预测器。该方法从一组分类器开始，类似于决策树（称为用树进行提升）或回归模型（称为基于加法逻辑回归的统计提升），然后创建一个分类器，该分类器可以组合那些误差最小的函数。该算法的优点是在理论上保证了对任意一组合理的弱学习器的良好性能，缺点是弱学习器的最佳组合不明显（Hastie 等，2001）。本书选择了常用的提升算法——决策树提升算法。

人工神经网络是一种定量数据分析方法，其灵感来自我们对大脑处理信息方式的认知，它是由大量相互连接的元素（单位或神经元）组成的，这些元素通常被组织成一系列层（输入层、隐藏层和输出层），这些层由权重连接。然后，通过处理输入并将结果输出与期望输出进行比较，对网络进行训练，通过调整网络的权重，将差值传播到网络，使误差最小化。这是一个迭代过程，权重不断调整，直至收敛到最优解（Gurney 和 Kevin，1997）。

决策树与人工神经网络的结果如图 8–1 所示（由于随机森林与提升算法均为决策树的变形，所以这里只对决策树进行示意）。

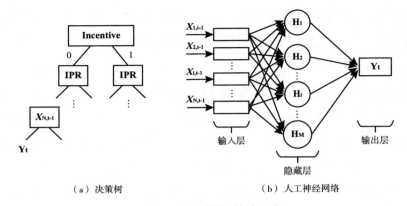

（a）决策树　　　　　　　　（b）人工神经网络

图 8-1　机器学习算法示意

资料来源：除另有注明的，本章其余图表均为笔者自制。

8.4　政策联合实施效果预测

8.4.1　数据集

由于现行有效的《中华人民共和国专利法实施细则（2010 修订）》于 2010 年生效，本书研究的重要自变量之一——知识产权保护与之密切相关。另外，作为因变量之一的创新可持续性代理变量——无形资产，在 2010 年新会计准则实施后也有较大的变化。最后，考虑到 CSR 的数据可得性，本书统一选择 2010~2018 年的非金融沪深 A 股上市公司来检验研究假设。除 CSR 数据来自和讯网之外，其余变量数据均来自国泰安数据库。为了保证数据的真实性，我们剔除了处于异常状态（ST、停牌、退市）的交易样本，最终获得以创新质量为因变量的样本数为 3948 个、以创新效率为因变量的样本数为 3540 个、以创新可持续性为因变量的样本数为 12436 个。另外，本章使用的语言是 Python，框架是 TensorFlow。

8.4.2　变量

预测部分选用的变量如表 8-1 所示。需要注意的是此处企业特征值数量比前文中使用计量实证方法时的控制变量要多，这是因为在线性回归中变量过多可能会产生多重共线性，而机器学习算法可以避免此效应，同时在特征值选取较为全面的情况下，有助于我们排除潜在的混淆效应。另外，机器学习可以自动搜索变量间的交互关系，选取更多的相关特征值有助于提高预测精度。

表 8-1　主要变量定义（所有收入相关的均予以资产标准化）

归属维度一	归属维度二	特征值	解释
自变量	主动类政策	Incentive	股权激励
	被动类政策	IPR	知识产权保护
	推动类政策	Subsidy	政府补助
	企业外部环境	IE	企业家精神
	企业可持续发展	CSR	企业社会责任
	企业特征	LEV	企业负债率
		Sales	企业销售收入
		Roa	企业 ROA
		Roe	企业 ROE
		Asset	企业资产
		Indcd	企业所处行业
		MB	企业市净率
		Fage	企业年龄
		CFR	企业现金流比例
		Cap	企业资本支出
		S&A	企业销售管理费用
		HHI	企业 HHI 指数
		Separation	企业两权分离度
因变量	企业创新能力	Quality	企业创新质量
		Efficiency	企业创新效率
		Sustain	企业创新可持续性

8.4.3 预测结果分析

（1）MSE 对比

分别对企业创新能力的三个维度采用不同的算法对政策实施一年后的结果进行预测，将总样本随机排序后划分为训练样本与测试样本，其比例为7∶3，结果如图 8–2 所示。可以看出，人工神经网络的预测最为准确，而决策树的效果最差，这与理论预期一致。

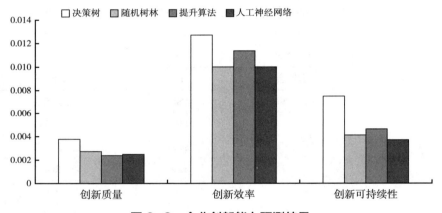

图 8–2　企业创新能力预测结果

鉴于创新可持续性的样本量较为充足，我们对其分行业后进行预测，结果如图 8–3 所示。可以看出，除房地产行业外，其余行业均是人工神经网络的预测精度高，基本符合理论预期。另外，分行业后可能由于数据集数量大幅减少，各项 MSE 均高于总体预测水平。

（2）自变量即特征值的权重分析

从上述结果中可以看出，MSE 的量级可以精确到百分位水平，预测较为精准，具有参考性。因此，接下来我们采用提升算法对该案例中的 18 个特征值的权重进行分析，结果如图 8–4 所示。可以看出，总体而言，主动类股权激励政策的影响最大，推动类政府补助政策的影响次之，被动类知识产权保护政策的影响力度最弱。从前文可以看出主动类与推动类政策的效果更

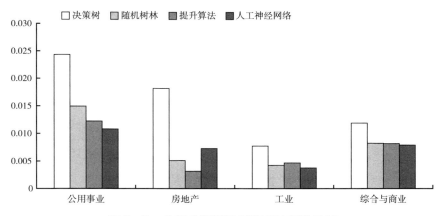

图 8-3 分行业预测的创新可持续性结果

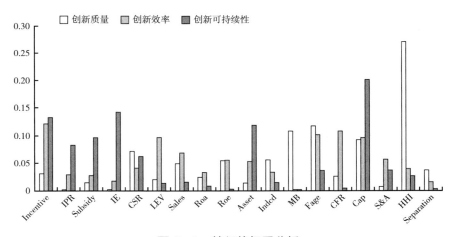

图 8-4 特征值权重分析

好，通过这里的特征值权重分析可以看出，当政策并行实施时，相较于推动类政策，主动类政策的影响力度更大。这可以从我们对政策分类的标准或定义去解释，主动类政策使得企业管理层与员工能进行积极主动的创新，可以发挥出企业主体的主观能动性。从特征值权重分析可以看出，这种主观能动性对于企业创新能力的各个方面都很重要，符合理论预期。该结论进一步验证了本书基于企业创新动力视角对创新政策分类的合理性，为政策工具理论的扩充做出了一定贡献，后续可选择其他政策进一步验证。此外，我们还可以看出，企业家精神对创新可持续性的影响较为重要，CSR 对企业创新能力的三个维度均有一定程度的影响，企业负债率对创新效率的影响较大，企业销售收入、ROA、ROE、所处行业、年龄对创新质量与创新效率的影响较大，企业资产、资本支出对创新可持续性的影响更大，产品市场竞争对创新质量的影响最大。然而，权重只能说明影响的大小，不能说明究竟是促进还是抑制。随着机器学习算法的发展，后续是否会出现合适的算法，有待进一步的研究。

（3）基于机器学习进行政策预测的应用分析

Kleinberg 等（2015）认为关节更换的手术价值取决于病人的实际情况，这是一个纯粹的预测问题，即医疗政策的挑战在于：能否仅凭手术时可用的数据来预测哪些手术是无效的？这将为病人节省费用并避免手术的副作用。笔者通过预测高危风险，列出了不同的死亡率百分位数所对应的无效手术以及节省下来的手术费用。参考其思路，我们通过预测企业的创新能力是否提升来判断政府补助的有效性（分别选取了年度增加率的 1、2、5、10 四档百分位数），并统计无效补贴的费用比例。如前文所述，人工神经网络的预测精度最佳，因此，我们采用人工神经网络的预测结果，具体如表 8-2 所示。从中可知，当前有部分比例的补助是无效的。本书尝试使用机器学习预测政策实施效果，对于创新能力提升较差的企业，后续不再给予补助，从而就可以节约这部分无效补助。

表 8-2　机器学习进行预测的应用分析

单位：%

预测变量	预测结果百分位数	无效补贴比例
创新质量	1	2.39
	2	3.12
	5	4.78
	10	7.09

预测变量	预测结果百分位数	无效补贴比例
创新效率	1	1.00
	2	2.74
	5	6.08
	10	9.93
创新可持续性	1	0.28
	2	1.12
	5	2.58
	10	6.52

8.5　本章小结

本章基于我国 A 股非金融行业的上市公司数据，采用机器学习算法预测政策对企业创新能力的影响，该示例突出了解决这类社会科学问题的路径：从数据到预测再到决策。机器学习通常只关注数据预测，其目的是通过不同的候选预测函数进行搜索，找出预测精度最高的预测函数，算法性能通过预测值来量化。本案例说明了预测与决策的联系至少是同等重要的。然而，好的预测并不一定能改进决策，因为在构建预测算法与基于其改善决策结果之间存在很大的差距。例如，本章仅能推断出无效政府补助的比例，但无法对于股权激励与知识产权保护提供决策辅助。另外，虽然可以通过特征值权重分析判断各因素的影响程度，但无法获知究竟是促进还是抑制，此时还需要结合计量实证方法以确定影响的方向。

预测问题可以产生理论见解。我们的实证结果表明，政府补助的浪费不仅源于"寻补贴"的道德风险因素，还源于错误的预测。人类和算法决策之间的差异模式可以作为决策的行为诊断，而预测可以为其他理论问题提供线索，例如，理解监管机构或警方如何改变人们的行为，改变他们用来监控目标的算法，可以帮助我们理解执法博弈理论（Kleinberg 等，2018）。具体到本书，准确预测政策实施结果，例如，预测政府补助对企业的创新影响可以帮助我们理解道德风险理论。尽管我们现有的数据在这方面有限，但应用于更丰富数据的算法可能会产生新的洞见。要想在这些问题上取得进展，还需要综合多个视角，包括机器学习技术、委托代理理论和行为代理理论等。

另外，本章的实践意义主要体现在以下两个方面。第一，在政策启示方面，通过特征值权重分析，进一步证明了相比于被动类政策，主动类与推动类政策的影响更大，而这两者中，主动类政策又更为重要，加之前文已验证出本书选取的股权激励与政府补助的效果都是具有促进作用的，因此，这里同样建议国家在制定创新政策时，可偏重主动类与推动类政策的运用，尤其是主动类政策的运用，以最大化地激励企业创新。另外，我们假设只有当企业能真正提升企业创新能力时，国家的政府补助才是有意义的。对于创新能力未能提高的企业，可能存在一定的政府补助浪费情况。通过预测企业的创新能力情况，可以在一定程度上帮助政府在企业补助方面做出决策。第二，在企业管理实践方面，通过特征值权重分析发现，CSR 对企业创新能力的三个维度均有一定程度的影响，企业负债率对创新效率的影响较大，企业销售收入、ROA、ROE、所处行业、年龄对创新质量与创新效率的影响较大，企业资产、资本支出对创新可持续性的影响更大，产品市场竞争对创新质量的影响最大。虽然不能确定究竟是促进还是抑制，但企业应在这几个方面引起注意。

最后，本章存在如下研究局限。首先，受限于数据，我们不能回答如下反事实问题：如果取消创新能力增长率低的企业的政府补助，是否会导致这些企业创新能力下降？政府补助虽然未能使它们的创新能力大幅提升，但是也避免了下降，这同样是政府补助的作用，后续可对此进行进一步研究。其次，受限于研究方法，我们只能知道各特征值的权重，而不能确定影响方向。随着机器学习算法的发展，后续是否会出现合适的算法，有待进一步研究。

第 *9* 章
研究结论、启示与展望

本书通过系统地梳理相关文献，基于创新动力视角对创新政策进行分类，并分别选取主动类的数字技术的应用与股权激励、被动类的"营改增"与知识产权保护以及推动类的政府补助，深入且系统地探讨转型经济中创新政策对企业创新能力的影响。同时，考虑企业外部创新环境与创新的外部、负面效应，进一步探究了上述影响的情境机制。另外，考虑到现实中往往是多项政策并发进行，而且各政策之间、政策与其他变量之间可能存在交互效应，如果采用计量实证方法对多种政策及相关变量的交互效应进行检验，该方法可能会失效，而机器学习可以帮助我们解决这类问题。因此，本书采用决策树、随机森林、提升算法与人工神经网络这四种机器学习算法，以预测多项政策在当前中国情境下对上市公司创新能力的共同作用和效果。本章的主要目的是对本书整体结论做出简单的总结，在实证分析与模型预测的基础上得到有价值的政策启示与管理实践建议，最后提出本书的研究不足之处以及未来可以进一步深入研究的方向。

9.1 研究结论

本书基于政策工具理论、委托代理理论、资源依赖理论与利益相关者理论，分别运用案例研究、计量模型与机器学习算法探讨了创新政策对企业创新能力的影响及其作用机制，这在一定程度上弥补了现有文献对企业创新效率与创新可持续性研究的不足，并得到如下结论。

第一，由于满足用户需求是数字化转型企业的核心目标，因此本书选择与用户切实相关的两个维度，即个性化需求与产品生命周期，对制造业企业进行分类，并选取三一重工、特斯拉和酷特智能这三家不同类别的典型企业作为案例研究对象，采用多案例研究方法，分析了数字技术的应用对制造业企业高质量发展的驱动作用，从而明确了相关企业应具体采取何种转型升级战略，以实现高质量发展，最终得出如下结论。其一，数字技术最基础的元素是数据，因此如何筛选与运用数据是企业发展的重点。其中，商品使用数据可以用来预测市场变化和优化产品所搭载的软件和服务方案；消费者数据可以有效降低产销双方的信息不对称性，并提供个性化的定制生产，从而为用户提供全生命周期服务；供应链数据提高了企业选择合作伙伴的多样性，还可以将上下游厂商重组为新型生产力以高质量地满足用户需求。这三种数据对于企业数字化战略实施和生产流转具有重要的作用。其二，数字技术的应用会影响制造业企业数字化转型的战略选择。借助数字技术，制造业企业可以从数据层面理解客户、通过数据改善产品与服务、从规模化生产转为柔性化生产；数字技术也使得企业可以改变原有的以销售硬件获利的商业模式，转而提供软件和服务，重塑了商业模式；另外，数字技术要求企业具有高度的灵活性和快速的迭代性，企业需改变原有的组织架构以适应数字技术在企业中的应用。其三，企业类型会调节数字技术对制造业企业数字化转型战略选择的影响。不同类型的企业对数据的应用和侧重有所不同，导致企业的数字化转型战略也不同，企业应明确自身定位，选择合适的数字化战略。其四，制造业企业数字化转型战略可有效促进其高质量发展。企业采用数字技术能够提高管理运营效率并降低生产成本，推动价值链重塑和结构创新，让制造业企业实现高质量发展。

第二，股权激励计划显著提升了企业创新能力，具体表现为提高了企业创新质量、提升了企业创新效率及增强了企业的创新可持续性。该结论在更换匹配方法、进行关键变量替换及变更自变量滞后时间后依然成立。进一

步地，我们分别基于国家创新体系视角与可持续发展视角检验企业家精神与
CSR 的调节效应，发现企业家精神正向调节股权激励对企业创新质量和企
业创新可持续性的影响，对股权激励与创新效率之间关系的正向调节效应不
明显。创新效率由专利数量与研发投入两方面决定，这可能是因为企业家精
神对这两方面的调节效应过于一致，也可能是因为企业家精神对这两方面均
没有调节效应，从而不能呈现整体上的显著性。另外，CSR 正向调节股权
激励对企业创新能力（包括创新质量、创新效率与创新可持续性三个方面）
的影响，具体到 CSR 的各维度：股东维度 CSR 负向调节股权激励对创新质
量与创新可持续性的影响，而员工、供应链与环境维度 CSR 正向调节股权
激励对企业创新能力的影响。

第三，2012 年实施的"营改增"政策相当于"自然实验"，本书基于这
一典型事实，选用 2009~2014 年中国 A 股上市公司数据作为研究样本。为
了克服内生性问题，采用 DID 模型以考察"营改增"政策对风险承担的影
响。通过实证检验，主要发现以下两点。其一，"营改增"政策在总体上显
著提高了企业风险承担水平，这一结论在进行安慰剂检验及控制样本选择偏
误后依然成立。其二，这一影响在信息技术类行业、低在职消费、低市场化
程度、高产品市场竞争、低政府补助的样本组成立；同时，"营改增"政策
在非国有企业中具体表现为研发强度的增加，而在国有企业中具体表现为资
本支出的增加。

第四，知识产权保护对企业创新质量、创新可持续性呈现 U 形影响，
而对创新效率的影响不确定。创新效率由专利数量与研发投入两方面决定，
这可能是因为知识产权保护对这两方面的影响不一致。该结论在进行多种稳
健性检验后依然成立。进一步地，我们分别基于国家创新体系视角与可持续
发展视角检验企业家精神与 CSR 的调节效应，发现企业家精神与 CSR 均正
向调节知识产权保护与企业创新质量之间的 U 形关系，但是对知识产权保
护与企业创新可持续性之间均没有调节作用，说明企业家精神与 CSR 对企
业创新质量的促进效应强于知识产权保护对两者的削弱作用，因此在总体上

呈现正向调节效应。但是两者对企业创新可持续性的促进效应与知识产权保护对两者的削弱作用大致相同，所以在总体上没有呈现显著的调节作用。

第五，本书基于中国 A 股上市公司数据，考察了政府补助对企业创新能力的影响。研究发现，政府补助规模与企业创新能力呈浅 U 形关系，只有当补助规模超过适度值后，政府补助才能真正发挥其缓解融资约束、降低创新风险的作用；否则容易产生挤出企业自身研发投资、补助出现逆向选择等副作用。进一步研究发现，企业规模、产品市场竞争、知识产权保护是上述浅 U 形关系的重要调节变量。具体而言，主效应的浅 U 形关系仅在大型企业及高知识产权保护程度下成立；中小型企业的政府补助与创新效率之间呈负向线性关系；处于低知识产权保护程度下的企业，政府补助会削弱企业的创新可持续性；而在高产品市场竞争强度下的企业政府补助与创新质量之间呈正向线性关系，这可能是因为这类企业的挤出效应更弱、创新意愿更强。

第六，基于本书所选政策及样本，可以看出主动类股权激励与推动类政府补助政策的效果更好，也更容易与企业外部创新环境（企业家精神）、CSR 产生交互作用，从而进一步促进企业创新。相对而言，被动类政策的影响较为复杂。这种不同的影响可以从我们对政策分类的标准或定义去解释。主动类政策使得企业管理层与员工能进行积极主动的创新，可以发挥出企业主体的主观能动性；推动类政策是政府直接助力企业创新；被动类政策是通过市场竞争等机制，迫使企业转向依靠创新竞争。可以看出，在不考虑代理成本等中间过程的情况下，主动类与推动类政策对企业创新的激励都是单一的方向，而被动类政策有企业的退缩与政策的驱动两个方向，故而影响也较为复杂。该结论在一定程度上验证了本书基于企业创新动力视角对创新政策分类的合理性，为政策工具理论的扩充做出了一定贡献，后续可选择其他政策进一步验证。据此，我们可以建议国家在制定创新政策时，可偏重主动类与推动类政策的使用，以最大化地激励企业创新。

第七，在所选用的机器学习算法中，人工神经网络的预测最为准确，而决策树的效果最差，这与理论预期一致。进一步对特征值进行权重分析发现，主动类股权激励政策的影响最大，推动类政府补助政策的影响次之，被动类知识产权保护政策的影响力度最弱，这同样可以从我们对政策分类的标准或定义去解释。主动类政策使得企业管理层与员工能进行积极主动的创新，可以发挥出企业主体的主观能动性。从特征值权重分析可以看出，这种主观能动性对于企业创新能力的各个方面都很重要，符合理论预期。该结论进一步验证了本书基于企业创新动力视角对创新政策分类的合理性，为政策工具理论的扩充做出了一定贡献，后续可选择其他政策进一步检验。此外，企业家精神对创新可持续性的影响较为重要，CSR 对企业创新能力的三个维度均有一定程度的影响，企业负债率对创新效率的影响较大，企业销售收入、ROA、ROE、行业、年龄对创新质量与创新效率的影响较大，企业资产、资本支出对创新可持续性的影响更大，产品市场竞争对创新质量的影响最大。然而，权重只能说明影响的大小，不能说明究竟是促进还是抑制。随着机器学习算法的发展，后续是否会出现合适的算法，有待进一步的研究。

9.2 理论贡献与实践启示

9.2.1 理论贡献

本书分别研究了数字技术的应用、股权激励、知识产权保护、"营改增"、政府补助及多重政策共同实施对企业创新能力的影响及其作用机制，所做出的理论贡献主要有以下几个方面。

第一，扩展了政策工具理论。现有文献普遍认为创新动力是驱动企业创新的关键因素，只有在解决好企业创新动力问题的基础上，才有可能积极培育其创新能力并应对创新活动中的诸多问题，因此对创新动力进行深入研究尤为重要。本书基于企业的创新动力视角，将创新政策分为如下三类：主动类、被动类与推动类。并分别运用计量模型与机器学习验证了该分类的合理性。

第二，从企业发展战略的视角出发，首先，本书总结了企业在各项生产经营活动中应如何搜集、筛选和运用数据。数据的应用方式在一定程度上会影响企业数字化转型的具体战略选择，是企业制定数字化战略的基础。其次，本书较为系统全面地归纳了数字技术的应用驱动制造业企业高质量发展的战略路径。现有研究更多地关注制造业服务化战略这一方面，没有更加深入地关注企业如何利用数字技术掌握核心技术、实现价值链升级与产业布局优化。本书通过对三家案例企业进行深入分析，确定了制造业企业的数字化转型战略，即生产方式变革、商业模式变革与组织架构变革，三者相辅相成方能驱动制造业企业成功地完成数字化转型和高质量发展，该结论完善了现有研究，并为制造业企业的转型实践提供了较为全面的指引。最后，本书基于数字化企业的特点提出了一种新的分类方法，并探索了不同类型的制造业企业在数字化转型过程中的路径差异。当前，鲜有文献探索不同类型的制造业企业在数字化转型过程中的路径差异，这就会使得研究所得出的结论不够清晰，为此本书从数字化企业的特点出发，选择了个性化需求与产品生命周期两个维度对制造业企业进行分类，并探索了不同类型企业的转型重点。作为一种新的分类方法，其可能存在不足之处，但仍希望为未来的研究提供一定的理论基础。

第三，从企业创新能力的视角出发，本书丰富了股权激励、知识产权保护与政府补助效应的研究。当前对于上述三种政策与企业创新能力之间的研究仍多集中于企业创新投入或创新绩效，一般以研发支出、专利数量或新产品产出为衡量指标，而对创新效率与创新可持续性的关注不足，我们认为专利数量或新产品产出只能反映企业创新的一部分，创新效率与创新可持续性也是企业创新的重要体现，对此我们选取企业创新能力（包括创新质量、创新效率与创新可持续性三个方面）来多维度地评估政策影响，这在一定程度上使创新政策效果的评估更加准确，并且拓展了相关政策的微观效果研究。

第四，从企业风险承担的视角出发，本书首次分析"营改增"政策对企业风险承担的影响，并且探讨了所有权性质、行业、在职消费、市场化程度、产品市场竞争、政府补助的调节效应，拓展了"营改增"政策在微观企业所呈现的经济效果。

第五，本书基于国家创新体系视角与可持续发展视角选取企业家精神与CSR 整体与各维度作为调节变量，丰富了相关政策与企业创新之间的情境因素，完善了政策评估的理论框架与理论体系。

第六，本书首次运用机器学习探究政策之间的相互作用以及政策的非线性影响，我们采用这一研究方法探究多种政策、外部环境、企业 CSR 实践活动与企业自身特征等多种因素对企业创新能力的非线性影响，并进行更为准确的预测，检验了各特征值的权重，以帮助政府改进政策、帮助企业提高创新能力、帮助我们更好地理解政策工具理论。

9.2.2 实践启示

本书研究结论对政府和企业有一定的启示，具体包括以下几个方面。

对政府而言，首先，本书的研究结论表明企业家精神与 CSR 在大部分情况下都能显著增强所研究政策对企业创新能力的促进作用，且不会削弱两者的促进效应，因此政府可以积极地培养各地的企业家精神，使得创新政策能发挥更大的作用；同时，引导、支持和鼓励企业积极从事 CSR 活动，不仅有利于创新政策提高企业创新能力，而且有利于实现可持续发展。其次，由于知识产权保护对企业创新质量、创新可持续性呈 U 形影响，而当前的全球化环境要求我们不能一直处于低位的知识产权保护水平。而只有当知识产权保护力度达到一定值时，加强知识产权保护才能促进创新质量与创新可持续性的提升。因此，在当前的中国情境下，还应继续加强知识产权保护以提高企业创新质量与创新可持续性。后续随着进一步的发展，可结合反垄断法对加强知识产权保护所造成的垄断加以限制，进而减轻知识产权保护对创新的抑制作用。再次，政府可以进一步优化补贴规模和补贴的结构配置，向重点企业倾斜，具体包括以下几个方面。一是政府应研究合适的补贴额度，尤其要注意大型企业及位于高知识产权保护程度地区的企业额度，构建分析与评价模型，尽可能使补贴数额适度，跨越创新能力的抑制效应区间，让政府补助真正发挥积极的创新促进作用。二是政府应对企业的研发、资金等与创新相关的指标进行度量与评价，当总的补贴额度固定时，根据评价结果，优选补贴企业，减少补贴企业的数量，增加特定企业可获得的补贴数额，也就是说在政府补助发放的过程中应"重质量、轻数量"，以增加单个企业的可获取额度，以保证企业获得的补助规模超过适度值，这样才能充分发挥政府补助对企业创新能力的积极推动作用，提升政府补助配置创新资源的效率。三是当政府补助额度超过适度值时，补助可以促使企业做出侧重长期发展的创新决策，即政府补助可以在企业微观层面发挥长效机制作用，这可能是因为在引导企业持续创新方面，政府补助可以传递出一个积极的引导信号。为此，政府可以进一步出台并完善相关的政策与制度以增强企业长期持续提升创新能力的动力，给予创新过程所需的保障与措施。四是在中小型企业及低知识产权保护程度下的企业中，政府补助并不能真正地提升其创新能力，说明这类企业可能在一定程度上存在为了获取补助而研发的现象。政府在选择补助对象时，可侧重于大型企业尤其是高知识产权保护程度的企业。五是在高产品市场竞争强度下的企业中，政府补助与创新质量之间呈正向线性关系，这说明在这类企业中，政府补助更容易发挥正向促进作用，可以增加对高产品市场竞争强度企业的补助，以缓解其研发资金紧张对企业创新质量提升所造成的制约。最后，本书通过实证研究方法证明主动类与推动类政策的效果更好，也更容易与企业外部创新环境（企业家精神）、CSR 产生交互作用，从而进一步促进企业创新。相对而言，被动类政策的影响较为复杂。通过机器学习算法发现，就影响力度而言，从强到弱依次是主动类、推动类与被动类，但该方法无法获取影响的方向，即究竟是促进还是削弱，将两种方法相结合可知，就本书所选政策而言，主动类与推动类政策均起到促进作用。据此，建议国家在制定创新政策时，可偏重主动类与推动类政策的使用，尤其是主动类政策，以最大化地激励企业创新。

对企业而言，首先，企业可积极选择实施股权激励计划，同时，实施股权激励计划的企业需要关注整体经营环境中各利益相关者的需求，积极从事CSR 活动。具体而言，在实施股权激励计划的过程中应多关注员工、供应链与环境维度 CSR，并减少关注股东维度 CSR，以更好地提高企业创新能力。其次，根据本书研究，我国大部分地区的知识产权保护都比较薄弱，因此企业可选择知识产权保护力度较强的区域开展创新，以促进企业创新质量与创新可持续性的提升。再次，企业在数字化转型过程中要明确自身类型和定位，选择合适的转型战略。本书的分类方法有助于企业对其进行快速准确的定位并选择相应的转型战略。例如，对于个性化需求高的企业，其生产方式应转为大规模的个性化定制生产，组织架构则以精简扁平化的网格型组织为宜；而对于产品生命周期长的企业，其应重点应用商品使用数据以预测产品需求，确定产量或提供全生命周期解决方案。另外，对于所有的数字化转型企业，其商业模式都不局限于售卖企业所制造的硬件产品，产品所配套的软件和服务都将是其重要的营收来源。也就是说，制造业企业要在明确自身特点的基础上，以互联网、物联网等作为底层技术，打通商品使用数据、消费者数据和供应链数据，并将数据信息真正深度融入产品的优化设计、生产制造、产品质量管控等工业过程之中，实现生产方式、商业模式、组织结构的变革，进而推动制造业企业的转型升级。此外，作为制造业企业，重点仍然是要掌握核心技术。例如，三一重工正是通过打破国人传统的"技术恐惧症"，坚持自主创新而迅速发展。特斯拉更是从一家新能源汽车公司成为一家科技公司，它所涉及的车载芯片、车载操作系统、自动驾驶方案等都将使其在未来拥有极大的竞争优势。当然，制造业尤其是核心技术的回报周期较长，这就需要国家制定政策以获得资本的长期支持。另外，数字技术的发展使得制造业企业可以实现无人化的全自动生产线，这就要求企业的员工素质需要做出相应的改变，政府或企业可以对员工进行机器人编程、操作或维护等技能培训，以顺利地完成工厂"机器换人"的过渡。最后，通过特征值分析发现，CSR 对企业创新能力的三个维度均有一定程度的影响，企业负债率对创新效率的影响较大，企业销售收入、ROA、ROE、所处行业、年龄对创新质量与创新效率的影响较大，企业资产、资本支出对创新可持续性的影响更大，产品市场竞争对创新质量的影响最大。虽然不能确定究竟是促进还是抑制，但企业应重视这几个方面，后续可结合其他方法继续研究。

9.3 研究局限与展望

本书主要探究我国创新政策对企业创新能力的影响，并基于我国上市企业 2010~2018 年数据进行验证。研究结果揭示了一些新的发现，同时还有一些研究不足和空间等待进一步的探索。

首先，本书的样本来自中国上市公司，研究结果与基于其他国家的研究结果虽有不同，但总体趋势一致。然而，我们的结果可能适用于其他国家，也可能不适用于其他国家。对此，未来研究可以将研究内容放到其他特定的情境中，进一步验证本书研究结果的普适性，或者发现其他有趣的或不一样的结果。

其次，受多种因素影响，如专利法实施细则的修订时间、2010 年新会计准则的实施以及 CSR 数据的可得性，本书只选择了 2010~2018 年的样本进行研究。另外，样本受到了中国证监会选择上市公司偏好方面的影响，这限制了我们研究结果的普适性。那么随着可获取数据的丰富，扩大样本企业范围或延长样本周期后，研究结果是否会有所变化呢？在这方面，未来研究可以通过更长的研究周期和非上市企业数据进行进一步探索。

再次，本书仅选取了几项典型政策进行验证，后续可选取其他政策以进一步检验本书新提出的分类的合理性，从而可以进一步完善政策工具理论体系以及为政府和企业提供相应的建议。

最后，未来研究可以采用不同的研究方法来丰富研究发现。例如，本书将企业创新能力分为三个维度进行测量和验证，未来研究可尝试使用复合指标或其他维度的测量方式。另外，本书基于大样本面板数据，在政策选择上考虑了政策的可测量性与数据的可得性，在变量测量上局限于现有数据库，

例如创新质量、企业家精神的测度方法存在局限。因此，未来研究可以考虑
选择问卷调查方式展开研究，或者待数据库完善后，可以选择专利引用信
息、技术成果转化或新产品产值等作为代理变量进行研究，从而考察本书结
论是否能够保留或有所推翻；或者选择典型企业进行定性案例研究，通过深
入分析创新政策与企业创新能力的作用机制揭示其他相关的变量。

参考文献

包耀东、李晏墅:《互联网对中国制造业经营绩效的影响及门槛效应检验》,《统计与决策》2020 年第 18 期。

步丹璐、黄杰:《企业寻租与政府的利益输送——基于京东方的案例分析》,《中国工业经济》2013 年第 6 期。

曹洪军、赵翔、黄少坚:《企业自主创新能力评价体系研究》,《中国工业经济》2009 年第 9 期。

曹淑媛、孙文琦、侯红航:《政府补助对企业创新能力的影响——基于不同板块上市公司的对比研究》,《价值工程》2019 年第 13 期。

陈思、何文龙、张然:《风险投资与企业创新:影响和潜在机制》,《管理世界》2017 年第 1 期。

陈岩、张斌:《基于所有权视角的企业创新理论框架与体系》,《经济学动态》2013 年第 9 期。

陈振明、薛澜:《中国公共管理理论研究的重点领域和主题》,《中国社会科学》2007 年第 3 期。

程俊杰:《制度变迁、企业家精神与民营经济发展》,《经济管理》2016 年第 8 期。

程新生、赵旸:《权威董事专业性、高管激励与创新活跃度研究》,《管理科学学报》2019 年第 3 期。

池仁勇、郑瑞钰、阮鸿鹏:《企业制造过程与商业模式双重数字化转型研究》，《科学学研究》2022 年第 1 期。

翟淑萍、毕晓方：《高管持股、政府资助与高新技术企业研发投资——兼议股权结构的治理效应》，《科学学研究》2016 年第 9 期。

邸晓燕、张赤东：《企业创新动力：概念、模式及分析框架》，《科技管理研究》2017 年第 17 期。

段云龙、刘春林：《基于动力、能力与机遇的企业持续技术创新实现模型研究》，《科技进步与对策》2011 年第 3 期。

傅利平、李永辉：《政府补贴、创新能力与企业存续时间》，《科学学研究》2015 年第 10 期。

郭建峰、王莫愁、刘启雷：《数字赋能企业商业生态系统跃迁升级的机理及路径研究》，《技术经济》2022 年第 10 期。

郭进：《传统制造业企业智能化的路径选择研究》，《人文杂志》2021 年第 6 期。

何大安：《中国数字经济现状及未来发展》，《治理研究》2021 年第 3 期。

胡永刚、石崇：《扭曲、企业家精神与中国经济增长》，《经济研究》2016 年第 7 期。

黄红华：《政策工具理论的兴起及其在中国的发展》，《社会科学》2010 年第 4 期。

黄乃静、于明哲：《机器学习对经济学研究的影响研究进展》，《经济学动态》2018 年第 7 期。

姜慧、曾群超：《区域中小企业创新指数体系构建研究》，《科技管理研究》2014 年第 13 期。

焦勇：《数字经济赋能制造业转型：从价值重塑到价值创造》，《经济研究参考》2020 年第 14 期。

鞠晓生、卢荻、虞义华：《融资约束、营运资本管理与企业创新可持续性》，《经济研究》2013 年第 1 期。

孔东民、徐茗丽、孔高文：《企业内部薪酬差距与创新》，《经济研究》

2017 年第 10 期。

黎文靖、郑曼妮:《实质性创新还是策略性创新? ——宏观产业政策对微观企业创新的影响》,《经济研究》2016 年第 4 期。

李柏洲、董媛媛:《基于协同论的企业原始创新动力系统构建》,《科学学与科学技术管理》2009 年第 1 期。

李勃昕、韩先锋、李宁:《知识产权保护是否影响了中国 OFDI 逆向创新溢出效应?》,《中国软科学》2019 年第 3 期。

李健等:《经营期望落差、风险承担水平与创新可持续性——民营企业与非民营企业的比较研究》,《中国软科学》2018 年第 2 期。

李万利、潘文东、袁凯彬:《企业数字化转型与中国实体经济发展》,《数量经济技术经济研究》2022 年第 9 期。

李兴宽、向刚、章胜平:《基于直觉模糊集的企业持续创新动力综合评价》,《技术经济与管理研究》2009 年第 6 期。

李仲飞、杨亭亭:《专利质量对公司投资价值的作用及影响机制》,《管理学报》2015 年第 8 期。

刘刚、梁晗、殷建瓴:《风险投资声誉、联合投资与企业创新绩效——基于新三板企业的实证分析》,《中国软科学》2018 年第 12 期。

马鸿矅:《中央财政补贴政策分析及其与西藏发展的探究》,《科技展望》2015 年第 33 期。

毛捷、吕冰洋、马光荣:《转移支付与政府扩张:基于"价格效应"的研究》,《管理世界》2015 年第 7 期。

牛彦秀、马婧婷、李昊坤:《高管薪酬激励对企业自主创新影响研究——基于高新技术上市公司的经验数据》,《经济与管理评论》2016 年第 4 期。

戚聿东、肖旭:《数字经济时代的企业管理变革》,《管理世界》2020 年第 6 期。

尚洪涛、吴桐:《企业数字化转型、社会责任与企业价值》,《技术经济》

2022 年第 7 期。

邵云飞、周湘蓉、杨雪程:《从 0 到 1:数字化如何赋能创新生态系统构建?》,《技术经济》2022 年第 6 期。

沈世琳:《小米集团股权激励案例研究》,硕士学位论文,华北水利水电大学,2019。

盛亚、钟涛:《企业自主创新由动力到能力的传导机制——基于浙江软件企业的实证研究》,《技术经济》2009 年第 10 期。

史宇鹏、顾全林:《知识产权保护、异质性企业与创新:来自中国制造业的证据》,《金融研究》2013 年第 8 期。

孙冰:《企业技术创新动力的理论研究述评》,《现代管理科学》2008 年第 4 期。

孙建军等:《2016 中国 A 股上市公司创新指数报告》,中国社会科学出版社,2016。

孙早、刘李华:《社会保障、企业家精神与内生经济增长》,《统计研究》2019 年第 1 期。

谭洪涛、袁晓星、杨小娟:《股权激励促进了企业创新吗?——来自中国上市公司的经验证据》,《研究与发展管理》2016 年第 2 期。

谭云清等:《资源约束、知识搜索对企业开放式创新影响》,《科研管理》2017 年第 S1 期。

唐莉:《信息计量在科技创新政策研究中的应用现状、局限与前景》,《科学学研究》2017 年第 2 期。

滕堂伟:《创业生态系统研究的知识基础与前沿重点》,《管理世界》2017 年第 9 期。

田轩、孟清扬:《股权激励计划能促进企业创新吗》,《南开管理评论》2018 年第 3 期。

屠兴勇、赵紫薇、王泽英:《渐进式创新绩效的影响因素研究》,《科研管理》2018 年第 8 期。

王德胜、辛杰、吴创:《战略导向、两栖创新与企业绩效》,《中国软科学》2016 年第 2 期。

王兰:《关系专用性投资、VC 治理行为与技术创新绩效》,《科研管理》2017 年第 6 期。

王宪:《上市公司股权激励方案实施分析——以复星医药为例》,《商业会计》2019 年第 12 期。

王妍:《海康威视股权激励的案例研究》,硕士学位论文,华南理工大学,2019。

王永霞等:《数字化转型情境下组织韧性形成机理——基于数据赋能视角的单案例研究》,《技术经济》2022 年第 5 期。

魏喜武、薛霞:《创新政策的"力"与"能":创新政策指数构建维度选择》,《科研管理》2016 年第 S1 期。

吴非等:《企业数字化转型与资本市场表现——来自股票流动性的经验证据》,《管理世界》2021 年第 7 期。

吴先明、黄春桃、张亭:《后发国家研发投入的影响因素分析——知识产权保护的调节作用》,《科学学研究》2016 年第 4 期。

向刚等:《创新型企业的持续创新动力评价模型构建与应用》,《科技管理研究》2011 年第 4 期。

肖静华等:《信息技术驱动中国制造转型升级——美的智能制造跨越式战略变革纵向案例研究》,《管理世界》2021 年第 3 期。

熊彼特:《经济发展理论》,何畏等译,商务印书馆,1997。

徐宁、姜楠楠、张晋:《股权激励对中小企业双元创新战略的影响研究》,《科研管理》2019 年 7 期。

徐宁:《高科技公司高管股权激励对 R&D 投入的促进效应——一个非线性视角的实证研究》,《科学学与科学技术管理》2013 年第 2 期。

徐长生、孔令文、倪娟:《A 股上市公司股权激励的创新激励效应研究》,《科研管理》2018 年第 9 期。

许宪春、王洋：《大数据在企业生产经营中的应用》，《改革》2021 年第 1 期。

杨慧辉、潘飞、刘钰莹：《控制权变迁中的权力博弈与股权激励设计动机——基于上海家化的案例分析》，《财经研究》2019 年第 8 期。

杨慧辉等：《异质设计动机下的股权激励对产品创新能力的影响》，《科研管理》2018 年第 10 期。

杨勇、朱乾、达庆利：《中国省域企业家精神的空间溢出效应研究》，《中国管理科学》2014 年第 11 期。

姚东旻、朱泳奕：《指引促进还是"锦上添花"？——我国财政补贴对企业创新投入的因果关系的再检验》，《管理评论》2019 年第 6 期。

姚立杰、周颖：《管理层能力、创新水平与创新效率》，《会计研究》2018 年第 6 期。

余文涛：《集聚能否溢出异质性企业家精神？来自中国创意产业的经验证据》，《科学学与科学技术管理》2018 年第 5 期。

虞义华、赵奇锋、鞠晓生：《发明家高管与企业创新》，《中国工业经济》2018 年第 3 期。

张彩江、陈璐：《政府对企业创新的补助是越多越好吗？》，《科学学与科学技术管理》2016 年第 11 期。

张杰等：《中国创新补贴政策的绩效评估：理论与证据》，《经济研究》2015 年第 10 期。

张秀峰等：《企业所有权性质影响产学研合作创新绩效了吗？》，《科学学研究》2015 年第 6 期。

章元、程郁、佘国满：《政府补贴能否促进高新技术企业的自主创新？——来自中关村的证据》，《金融研究》2018 年第 10 期。

赵宸宇、王文春、李雪松：《数字化转型如何影响企业全要素生产率》，《财贸经济》2021 年第 7 期。

赵息、林德林：《股权激励创新效应研究——基于研发投入的双重角色分析》,《研究与发展管理》2019 年第 1 期。

郑登攀、章丹:《外部关系集中度、内部经理人治理对技术创新绩效的影响研究》,《科学学与科学技术管理》2016 年第 5 期。

周燕、潘遥:《财政补贴与税收减免——交易费用视角下的新能源汽车产业政策分析》,《管理世界》2019 年第 10 期。

朱琪、关希如:《高管团队薪酬激励影响创新投入的实证分析》,《科研管理》2019 年第 8 期。

Abdelmotaleb, M., Metwally, A., Saha ,S. K., "Exploring the Impact of Being Perceived as a Socially Responsible Organization on Employee Creativity", *Management Decision*, Vol. 56, No. 11, PP2325–2340, 2018.

Aboelmaged, M. G., "Linking Operations Performance to Knowledge Management Capability: The Mediating Role of Innovation Performance", *Production Planning & Control*, Vol. 25, No. 1, PP44–58, 2014.

Adams, P., Freitas, I. M. B., Fontana, R, "Strategic Orientation, Innovation Performance and the Moderating Influence of Marketing Management", *Journal of Business Research*, Vol. 97, PP129–140, 2019.

Aghion, P., "Entrepreneurship and Growth: Lessons from an Intellectual Journey", *Small Business Economics*, Vol. 48, No. 1, PP9–24, 2017.

Aghion, P., Van Reenen, J., Zingales, L., "Innovation and Institutional Ownership", *American Economic Review*, Vol. 103, No. 1, PP277–304, 2013.

Agostini, L., Nosella, A., Filippini, R., "Does Intellectual Capital Allow Improving Innovation Performance ? A Quantitative Analysis in the SME Context", *Journal of Intellectual Capital*, Vol. 18, No. 2, PP400–418, 2017.

Aguilera, R. V., Judge, W. Q., Terjesen S. A., "Corporate Governance Deviance", *The Academy of Management Review*, Vol. 43, No. 1, PP87–109, 2018.

Akgun, A. E., Keskin, H., "Organisational Resilience Capacity and Firm

Product Innovativeness and Performance", *International Journal of Production Research*, Vol. 52, No. 23, PP6918–6937, 2014.

Al-Tabbaa, O., Ankrah, S., "Social Capital to Facilitate 'Engineered' University-Industry Collaboration for Technology Transfer: A Dynamic Perspective", *Technological Forecasting and Social Change*, Vol. 104, PP1–15, 2016.

Albort-Morant, G., Leal-Rodriguez, A. L., De Marchi, V., "Absorptive Capacity and Relationship Learning Mechanisms as Complementary Drivers of Green Innovation Performance", *Journal of Knowledge Management*, Vol. 22, No. 2, PP432–452, 2018.

Aloini, D., Lazzarotti, V., Manzini, R., Pellegrini, L., "Ip, Openness, and Innovation Performance: An Empirical Study", *Management Decision*, Vol. 55, No. 6, PP1307–1327, 2017.

Amable, B., Ledezma, I., Robin, S., "Product Market Regulation, Innovation, and Productivity", *Research Policy*, Vol. 45, No. 10, PP2087–2104, 2016.

Andriole, Stephen, J., "Five Myths About Digital Transformation", *Mit Sloan Management Review*, Vol.58,No.3,PP20-22,2017.

Andersen, T. J., "Multinational Risk and Performance Outcomes: Effects of Knowledge Intensity and Industry Context", *International Business Review*, Vol. 21, No. 2, PP239–252, 2012.

Anderson, B. S., Kreiser, P. M., Kuratko, D. F., Hornsby, J. S., Eshima Y., "Reconceptualizing Entrepreneurial Orientation", *Strategic Management Journal*, Vol. 36, No. 10, PP1579–1596, 2015.

Andini, M., Ciani, E., De Blasio, G., D'ignazio, A., Salvestrini, V., "Targeting with Machine Learning: An Application to a Tax Rebate Program in Italy", *Journal of Economic Behavior & Organization*, Vol. 156, PP86–102, 2018.

Annotation, B., Choudhry, M. D., "Machine Learning Techniques for

Learning Features of Any Kind of Data: A Case Study", 2014.

Arora, A., Cohen, W. M., Walsh, J. P., "The Acquisition and Commercialization of Invention in American Manufacturing: Incidence and Impact", *Research Policy*, Vol. 45, No. 6, PP1113–1128, 2016.

Arvanitis, S., Stucki, T., "The Impact of Venture Capital on the Persistence of Innovation Activities of Start-Ups", *Small Business Economics*, Vol. 42, No. 4, PP849–870, 2014.

Asakawa, K., Nakamura, H., Sawada, N., "Firms' Open Innovation Policies, Laboratories' External Collaborations, and Laboratories' R&D Performance", *R & D Management*, Vol. 40, No. 2, PP109–123, 2010.

Asgary, N., Li, G., "Corporate Social Responsibility: Its Economic Impact and Link to the Bullwhip Effect", *Journal of Business Ethics*, Vol. 135, No. 4, PP665–681, 2016.

Asher, S., Nekipelov, D., Novosad, P., "Classification Trees for Heterogeneous Moment-Based Models", *NBER Working Paper Series*, 2016.

Atanassov, J., "Arm's Length Financing and Innovation: Evidence from Publicly Traded Firms", *Management Science*, Vol. 62, No. 1, PP128–155, 2016.

Attig, N., Cleary, S. W., El Ghoul, S., Guedhami, O., "Corporate Legitimacy and Investment-Cash Flow Sensitivity", *Journal of Business Ethics*, Vol. 121, No. 2, PP297–314, 2014.

Audretsch, D. B., Link, A. N., "Innovation Capital", *Journal of Technology Transfer*, Vol. 43, No. 6, PP1760–1767, 2018.

Back, Y., Parboteeah, K. P., Nam D-I, "Innovation in Emerging Markets: The Role of Management Consulting Firms", *Journal of International Management*, Vol. 20, No. 4, PP390–405, 2014.

Baltazar Herrera, M. E., "Creating Competitive Advantage by Institutionalizing Corporate Social Innovation", *Journal of Business Research*, Vol. 68, No. 7,

PP1468–1474, 2015.

Banno, M., Piscitello, L., Varum, C. A., "The Impact of Public Support on SMEs' Outward FDI: Evidence from Italy", *Journal of Small Business Management*, Vol. 52, No. 1, PP22–38, 2014.

Barbieri, E., Di Tommaso, M. R., Huang, M. L., "Industrial Development Policy and Innovation in Southern China: Government Targets and Firms' Behaviour", *European Planning Studies*, Vol. 18, No. 1, PP83–105, 2010.

Barbos, A., "Information Acquisition and Innovation under Competitive Pressure", *Journal of Economics & Management Strategy*, Vol. 24, No. 2, PP325–347, 2015.

Barbosa, N., Faria, A. P., "Innovation Across Europe: How Important are Institutional Differences?", *Research Policy*, Vol. 40, No. 9, PP1157–1169, 2011.

Bardi, U., *The Limits to Growth Revisited*, Springer Publishing Company, Incorporated, 2011.

Barker, V. L., Mueller, G. C., "Ceo Characteristics and Firm R&D Spending", *Management Science*, Vol. 48, No. 6, PP782–801, 2002.

Bartelsman, E., Dobbelaere, S., Petersy, B., "Allocation of Human Capital and Innovation at the Frontier: Firm-Level Evidence on Germany and the Netherlands", *Industrial and Corporate Change*, Vol. 24, No. 5, PP875–949, 2015.

Batabyal, A. A., Yoo, S. J., "Schumpeterian Creative Class Competition, Innovation Policy, and Regional Economic Growth", *International Review of Economics & Finance*, Vol. 55, PP86–97, 2018.

Bayona Velasquez, E. M., Erazo Ortiz, D. S., Martinez Gonzalez, E. F., "Innovation in the Colombian Manufacturing Industry 2013–2014", *Dimension Empresarial*, Vol. 16, No. 1, PP15–28, 2018.

Beck, M., Lopes-Bento, C., Schenker-Wicki, A., "Radical or Incremental:

Where Does R&D Policy Hit?", *Research Policy*, Vol. 45, No. 4, PP869–883, 2016.

Becker, B., "Public R&D Policies and Private R&D Investment: A Survey of the Empirical Evidence", *Journal of Economic Surveys*, Vol. 29, No. 5, PP917–942, 2015.

Bemelmans-Videc, M.L., Rist, R. C. E., Vedung, *Carrots, Sticks and Sermons: Policy Instruments & Their Evaluation*, Transaction, 2003.

Benlemlih, M., Bitar, M., "Corporate Social Responsibility and Investment Efficiency", *Journal of Business Ethics*, Vol. 148, No. 3, PP647–671, 2018.

Benner, M., "Innovation Policy in Hard Times: Lessons from the Nordic Countries", *European Planning Studies*, Vol. 20, No. 9, PP1455–1468, 2012.

Bharadwaj, A. , Sawy, O. A. E. , Pavlou, P. A. , Venkatraman, N. , "Digital Business Strategy: Toward a Next Generation of Insights", *MIS Quarterly*, Vol.37,No.2, PP471-482,2013.

Bianchini, S., Llerena, P., Martino, R., "The Impact of R&D Subsidies under Different Institutional Frameworks", *Structural Change and Economic Dynamics*, Vol. 50, PP65–78, 2019.

Blind, K., "The Influence of Regulations on Innovation: A Quantitative Assessment for OECD Countries", *Research Policy*, Vol. 41, No. 2, PP391–400, 2012.

Bocquet, R., Le Bas, C., Mothe, C., Poussing, N., "Csr, Innovation, and Firm Performance in Sluggish Growth Contexts: A Firm-Level Empirical Analysis", *Journal of Business Ethics*, Vol. 146, No. 1, PP241–254, 2017.

Boeing, P., "The Allocation and Effectiveness of China's R&D Subsidies - Evidence from Listed Firms", *Research Policy*, Vol. 45, No. 9, PP1774–1789, 2016.

Boldrin, M., Levine, D. K., *Against Intellectual Monopoly*, Cambridge

University Press, 2008.

Bolton, R. N., Mccoll-Kennedy, J. R., Lilliemay, C., et al. "Customer Experience Challenges: Bringing Together Digital, Physical and Social Realms", *Journal of Service Management*, Vol.29,No.5, PP776-808,2018.

Boone, C., Lokshin, B., Guenter, H., Belderbos, R., "Top Management Team Nationality Diversity, Corporate Entrepreneurship, and Innovation in Multinational Firms", *Strategic Management Journal*, Vol. 40, No. 2, PP277–302, 2019.

Borras, S., Edquist, C., "The Choice of Innovation Policy Instruments", *Technological Forecasting and Social Change*, Vol. 80, No. 8, PP1513–1522, 2013.

Bowman, E. H., "A Risk/Return Paradox for Strategic Management", *Sloan Management Review (pre-1986)*, Vol. 21, No. 3, PP17, 1980.

Bradley, F., Gao, Y., Sousa, C. M. P., "A Natural Science Approach to Investigate Cross-Cultural Managerial Creativity", *International Business Review*, Vol. 22, No. 5, PP839–855, 2013.

Breznitz, D., Ornston, D., "The Revolutionary Power of Peripheral Agencies: Explaining Radical Policy Innovation in Finland and Israel", *Comparative Political Studies*, Vol. 46, No. 10, PP1219–1245, 2013.

Broekaert, W., Andries, P., Debackere, K., "Innovation Processes in Family Firms: The Relevance of Organizational Flexibility", *Small Business Economics*, Vol. 47, No. 3, PP771–785, 2016.

Bromiley, P., "Testing a Causal Model of Corporate Risk Taking and Performance", *Academy of Management Journal*, Vol. 34, No. 1, PP37–59, 1991.

Bronzini, R., Iachini, E., "Are Incentives for R&D Effective? Evidence from a Regression Discontinuity Approach", *American Economic Journal-Economic Policy*, Vol. 6, No. 4, PP100–134, 2014.

Bronzini, R., Piselli, P., "The Impact of R&D Subsidies on Firm Innovation", *Research Policy*, Vol. 45, No. 2, PP442–457, 2016.

Bucar, M., Rojec, M., Stare, M., "Backward FDI Linkages as a Channel for Transferring Technology and Building Innovation Capability: The Case of Slovenia", *European Journal of Development Research*, Vol. 21, No. 1, PP137–153, 2009.

Carboni, O. A., "The Effect of Public Support on Investment and R&D: An Empirical Evaluation on European Manufacturing Firms", *Technological Forecasting and Social Change*, Vol. 117, PP282–295, 2017.

Castellacci, F., Lie, C. M., "Do the Effects of R&D Tax Credits Vary across Industries? A Meta-Regression Analysis", *Research Policy*, Vol. 44, No. 4, PP819–832, 2015.

Catozzella, A., Vivarelli, M., "The Possible Adverse Impact of Innovation Subsidies: Some Evidence from Italy", *International Entrepreneurship and Management Journal*, Vol. 12, No. 2, PP351–368, 2016.

Chalfin, A., Danieli, O., Hillis, A., Jelveh, Z., Luca, M., Ludwig, J., Mullainathan, S., "Productivity and Selection of Human Capital with Machine Learning", *American Economic Review*, Vol. 106, No. 5, PP124–127, 2016.

Chan, M. C., Watson, J., Woodliff, D., "Corporate Governance Quality and CSR Disclosures", *Journal of Business Ethics*, Vol. 125, No. 1, PP59–73, 2014.

Chandler, D., Levitt, S. D., List, J. A., "Predicting and Preventing Shootings among at-Risk Youth", *American Economic Review*, Vol. 101, No. 3, PP288–292, 2011.

Chavez, Afcha, S. M., "Behavioural Additionality in the Context of Regional Innovation Policy in Spain", *Innovation-Management Policy & Practice*, Vol. 13, No. 1, PP95–110, 2011.

Chen, P., Li, S., Yan, J., Yin, X., "Moral Hazard in Innovation: The

Relationship between Risk Aversion and Performance Pay", *Journal of Economics*, Vol. 118, No. 1, PP77–89, 2016.

Chen, Y.S., Chang, K.C., "The Relationship between a Firm's Patent Quality and Its Market Value: The Case of US Pharmaceutical Industry", *Technological Forecasting and Social Change*, Vol. 77, No. 1, PP20–33, 2010.

Cheng, B. T., Ioannou, I., Serafeim, G., "Corporate Social Responsibility and Access to Finance", *Strategic Management Journal*, Vol. 35, No. 1, PP1–23, 2014.

Cheng, C. C. J., Yang, C. L., Sheu, C., "Effects of Open Innovation and Knowledge-Based Dynamic Capabilities on Radical Innovation: An Empirical Study", *Journal of Engineering and Technology Management*, Vol. 41, PP79–91, 2016.

Cheung, Y. L., Tan, W. Q., Wang, W. M., "National Stakeholder Orientation, Corporate Social Responsibility, and Bank Loan Cost", *Journal of Business Ethics*, Vol. 150, No. 2, PP505–524, 2018.

Cho, S., Mathiassen, L., Robey, D., "Dialectics of Resilience: A Multi-Level Analysis of a Telehealth Innovation", *Journal of Information Technology*, Vol. 22, No. 1, PP24–35, 2007.

Choi, B., Kumar, M. V. S., Zambuto, F., "Capital Structure and Innovation Trajectory: The Role of Debt in Balancing Exploration and Exploitation", *Organization Science*, Vol. 27, No. 5, PP1183–1201, 2016.

Choi, J., Lee, J., "Repairing the R & D Market Failure: Public R & D Subsidy and the Composition of Private R & D", *Research Policy*, Vol. 46, No. 8, PP1465–1478, 2017.

Chong, A. Y. L., Ch'ng, E., Liu, M. J., Li, B., "Predicting Consumer Product Demands Via Big Data: The Roles of Online Promotional Marketing and Online Reviews", *International Journal of Production Research*, PP1–15, 2017.

Chu, Y., Tian, X., Wang, W., "Corporate Innovation Along the Supply Chain", *Management Science*, Vol. 65, No. 6, PP2445–2466, 2019.

Cin, B. C., Kim, Y. J., Vonortas, N. S., "The Impact of Public R&D Subsidy on Small Firm Productivity: Evidence from Korean SMEs", *Small Business Economics*, Vol. 48, No. 2, PP345–360, 2017.

Cui, J., Jo, H., Na, H., "Does Corporate Social Responsibility Affect Information Asymmetry?", *Journal of Business Ethics*, Vol. 148, No. 3, PP549–572, 2018.

Cui, R., Santiago, G., Antonio, M., J. Z. D., "The Operational Value of Social Media Information", *Production and Operations Management*, Vol.27, No.10, PP1–21, 2017.

Dai, D., "Implementing Globally Desirable Intellectual Property Rights in the Emerging South", *Journal of Economic Studies*, Vol. 45, No. 6, PP1224–1241, 2018.

Dai, D., Shen, K., "Ipr Protection Vs. Innovation Subsidy: What Is the Choice for the Emerging South?", *Journal of International Trade & Economic Development*, Vol. 25, No. 3, PP426–451, 2016.

Dang, J., Motohashi, K., "Patent Statistics: A Good Indicator for Innovation in China? Patent Subsidy Program Impacts on Patent Quality", *China Economic Review*, Vol. 35, PP137–155, 2015.

Deng, P., Lu, H., Hong, J., Chen, Q., Yang, Y., "Government R&D Subsidies, Intellectual Property Rights Protection and Innovation", *Chinese Management Studies*, Vol. 13, No. 2, PP363–378, 2019.

Desmarchelier, B., Fang, E. S., "National Culture and Innovation Diffusion. Exploratory Insights from Agent-Based Modeling", *Technological Forecasting and Social Change*, Vol. 105, PP121–128, 2016.

Du, W., Li, M., "Government Support and Innovation for New Energy Firms in China", *Applied Economics*, Vol. 51, No. 25, PP2754–2763, 2019.

Dutrenit, G., Suarez, M., "Involving Stakeholders in Policymaking: Tensions Emerging from a Public Dialogue with Knowledge-Based Entrepreneurs", *Science and Public Policy*, Vol. 45, No. 3, PP338–350, 2018.

Eesley, C., Lenox, M. J., "Firm Responses to Secondary Stakeholder Action", *Strategic Management Journal*, Vol. 27, No. 8, PP765–781, 2006.

Engel, C., Kleine, M., "Who is Afraid of Pirates? An Experiment on the Deterrence of Innovation by Imitation", *Research Policy*, Vol. 44, No. 1, PP20–33, 2015.

Erez, M., Nouri, R., "Creativity: The Influence of Cultural, Social, and Work Contexts", *Management and Organization Review*, Vol. 6, No. 3, PP351–370, 2010.

Fang, L. H., Lerner, J., Wu, C., "Intellectual Property Rights Protection, Ownership, and Innovation: Evidence from China", *Review of Financial Studies*, Vol. 30, No. 7, PP2446–2477, 2017.

Fernhaber, S. A., Patel, P .C., "How Do Young Firms Manage Product Portfolio Complexity? The Role of Absorptive Capacity and Ambidexterity", *Strategic Management Journal*, Vol. 33, No. 13, PP1516–1539, 2012.

Ferreira, K. J., Lee, B. H. A., David, S.L., "Analytics for an Online Retailer: Demand Forecasting and Price Optimization", *Manufacturing & Service Operations Management*, Vol. 18, No. 1, PP69–88, 2015.

Flammer, C., Kacperczyk, A., "The Impact of Stakeholder Orientation on Innovation: Evidence from a Natural Experiment", *Management Science*, Vol. 62, No. 7, PP1982–2001, 2016.

Flammer, C., Bansal, P., "Does a Long-Term Orientation Create Value? Evidence from a Regression Discontinuity", *Strategic Management Journal*, Vol. 38, No. 9, PP1827–1847, 2017.

Flammer, C., Hong, B., Minor, D., "Corporate Governance and the Rise of Integrating Corporate Social Responsibility Criteria in Executive Compensation: Effectiveness and Implications for Firm Outcomes", *Strategic Management Journal*, Vol. 40, No. 7, PP1097–1122, 2019.

Flanagan, K., Uyarra, E., Laranja, M., "Reconceptualising the 'Policy Mix' for Innovation", *Research Policy*, Vol. 40, No. 5, PP702–713, 2011.

Flor, M. L., Cooper, S. Y., Oltra, M. J., "External Knowledge Search, Absorptive Capacity and Radical Innovation in High-Technology Firms", *European Management Journal*, Vol. 36, No. 2, PP183–194, 2018.

Freeman, C., "Japan: A New National System of Innovation." In Dosi G., Freeman C.,Nelson R.R., Silverberg G., Soete L. (Eds.), *Technical Change and Economic Theory*, Pinter Publishers, London, PP330–348, 1988.

Freeman, C., "Technology Policy and Economic Performance : Lessons from Japan", *R & D Management*, Vol. 19, No. 3, PP278–279, 2010.

Freeman, R., Harrison, J., Wicks, A., Parmar, B., De Colle, S., *Stakeholder Theory: The State of the Art*, Cambridge, UK: Cambridge University Press, 2010.

Freeman, R. E., "Strategic Management: A Stakholder Approach", *Journal of Management Studies*, Vol. 29, No. 2, PP131–154, 1984.

Fu, X., "How Does Openness Affect the Importance of Incentives for Innovation?", *Research Policy*, Vol. 41, No. 3, PP512–523, 2012.

Fu, X. L., Li, J. Z., "Collaboration with Foreign Universities for Innovation: Evidence from Chinese Manufacturing Firms", *International Journal of Technology Management*, Vol. 70, No. 2–3, PP193–217, 2016.

Gaechter, S., Von Krogh, G., Haefliger, S., "Initiating Private-Collective Innovation: The Fragility of Knowledge Sharing", *Research Policy*, Vol. 39, No. 7, PP893–906, 2010.

Galindo-Martin, M. A., Mendez-Picazo, M. T., Castano-Martinez, M. S.

"The Role of Innovation and Institutions in Entrepreneurship and Economic Growth in Two Groups of Countries", *International Journal of Entrepreneurial Behavior & Research*, 2019.

Gao, C., Zuzul, T., Jones, G., Khanna, T., "Overcoming Institutional Voids: A Reputation-Based View of Long-Run Survival", *Strategic Management Journal*, Vol. 38, No. 11, PP2147–2167, 2017.

Goodfellow, I., Bengio, Y., Courville, A., *Deep Learning*, MIT Press, Cambridge , 2016.

Guan, J., Ma, N., "Innovative Capability and Export Performance of Chinese Firms", *Technovation*, Vol. 23, No. 9, PP737–747, 2003.

Guan, J. C., Yam, R. C. M., "Effects of Government Financial Incentives on Firms' Innovation Performance in China: Evidences from Beijing in the 1990s", *Research Policy*, Vol. 44, No. 1, PP273–282, 2015.

Gunasekaran, A., Rai, B. K., Griffin, M., "Resilience and Competitiveness of Small and Medium Size Enterprises: An Empirical Research", *International Journal of Production Research*, Vol. 49, No. 18, PP5489–5509, 2011.

Gurney, Kevin, *An Introduction to Neural Networks*, University College London (UCL) Press, 1997.

Gurses, K., Ozcan, P., "Entrepreneurship in Regulated Markets: Framing Contests and Collective Action to Introduce Pay TV in the US", *Academy of Management Journal*, Vol. 58, No. 6, PP1709–1739, 2015.

Haapanen, M., Lenihan, H., Mariani, M., "Government Policy Failure in Public Support for Research and Development", *Policy Studies*, Vol. 35, No. 6, PP557–575, 2014.

Hadjimanolis, A., Dickson, K., "Development of National Innovation Policy in Small Developing Countries: The Case of Cyprus", *Research Policy*, Vol. 30, No. 5, PP805–817, 2001.

Haegeman, K., Spiesberger, M., Konnola, T., "Evaluating Foresight in Transnational Research Programming", *Technological Forecasting and Social Change*, Vol. 115, PP313–326, 2017.

Hall, P. A., Taylor, R. C. R., "Political Science and the Three New Institutionalisms", *Political Studies*, Vol. 44, No. 5, PP936–957, 1996.

Hao, Y., Zhang, Y., Farooq, Q., "The Contribution of Leading Firms in Environmental Sustainability: Dampening the Detrimental Effect of Political Capital Ties", *International Journal of Environmental Science and Technology*, Vol. 15, No. 12, PP2581–2594, 2018.

Hastie, T., Tibshirani, R., Friedman, J., *The Elements of Statistical Learning*, Springer-Verlag, New York, 2001.

Hawn, O., Ioannou, I., "Mind the Gap: The Interplay between External and Internal Actions in the Case of Corporate Social Responsibility", *Strategic Management Journal*, Vol. 37, No. 13, PP2569–2588, 2016.

He, Z., Li, S., Wei, B., Yu, J., "Uncertainty, Risk, and Incentives: Theory and Evidence", *Management Science*, Vol. 60, No. 1, PP206–226, 2014.

Henttonen, K., Hurmelinna-Laukkanen P., Ritala P., "Managing the Appropriability of R&D Collaboration", *R & D Management*, Vol. 46, PP145–158, 2016.

Heredia Perez, J .A., Kunc, M. H., Durst, S., Flores, A., Geldes, C., "Impact of Competition from Unregistered Firms on R&D Investment by Industrial Sectors in Emerging Economies", *Technological Forecasting and Social Change*, Vol. 133, PP179–189, 2018.

Holgersson, M., "Patent Management in Entrepreneurial SMEs: A Literature Review and an Empirical Study of Innovation Appropriation, Patent Propensity, and Motives", *R & D Management*, Vol. 43, No. 1, PP21–36, 2013.

House, R., Javidan, M., Hanges, P., Dorfman, P., "Understanding Cultures and Implicit Leadership Theories across the Globe: An Introduction to Project Globe", *Journal of World Business*, Vol. 37, No. 1, PP3–10, 2002.

Howlett, M., "Policy Analytical Capacity and Evidence - Based Policy - Making: Lessons from Canada", *Canadian Public Administration*, Vol. 52, 2009.

Howlett, M., Ramesh, M., "The Policy Effects of Internationalization: A Subsystem Adjustment Analysis of Policy Change", *Journal of Comparative Policy Analysis*, Vol. 4, No. 1, PP31–50, 2002.

Hsu, Y., Hsu, L., Yeh, C.W., "A Cross-Cultural Study on Consumers' Level of Acceptance toward Marketing Innovativeness", *African Journal of Business Management*, Vol. 4, No. 6, PP1215–1228, 2010.

Hu, M. C., Mathews, J .A., "National Innovative Capacity in East Asia", *Research Policy*, Vol. 34, No. 9, PP1322–1349, 2005.

Hu, R., Skea, J., Hannon, M. J., "Measuring the Energy Innovation Process: An Indicator Framework and a Case Study of Wind Energy in China", *Technological Forecasting and Social Change*, Vol. 127, PP227–244, 2018.

Huang, Q., Jiang, M. S., Miao, J., "Effect of Government Subsidization on Chinese Industrial Firms' Technological Innovation Efficiency: A Stochastic Frontier Analysis", *Journal of Business Economics and Management*, Vol. 17, No. 2, PP187–200, 2016.

Hussinger, K., Pacher, S., "Information Ambiguity, Patents and the Market Value of Innovative Assets", *Research Policy*, Vol. 48, No. 3, PP665–675, 2019.

Im, H. J., Shon, J., "The Effect of Technological Imitation on Corporate Innovation: Evidence from US Patent Data", *Research Policy*, Vol. 48, No. 9, 2019.

Jensen, M. C., Meckling, W. H., "Theory of the Firm: Managerial Behavior, Agency Costs and Ownership Structure", *Social Science Electronic Publishing*, Vol. 3, No. 4, PP305–360, 1976.

Jia, X., Chen, J., Mei, L., Wu, Q., "How Leadership Matters in Organizational Innovation: A Perspective of Openness", *Management Decision*, Vol. 56, No. 1, PP6–25, 2018.

Jones, G. K., Davis, H. J., "National Culture and Innovation: Implications for Locating Global R&D Operations", *Management International Review (MIR)*, Vol. 40, No. 1, PP11–39, 2000.

Kamalaldin, A., Linde, L., Ds A., et al. "Transforming Provider-Customer Relationships in Digital Servitization: A Relational View on Digitalization", *Industrial Marketing Management*, PP306-325, 2020.

Kaplinsky, R., "Schumacher Meets Schumpeter: Appropriate Technology Below the Radar", *Research Policy*, Vol. 40, No. 2, PP193–203, 2011.

Kleer, R., "Government R&D Subsidies as a Signal for Private Investors", *Research Policy*, Vol. 39, No. 10, PP1361–1374, 2010.

Kleinberg, J., Liang, A., Mullainathan, S., "The Theory Is Predictive, but is it Complete? An Application to Human Perception of Randomness", *Social Science Electronic Publishing*, 2017.

Kleinberg, J., Ludwig, J., Mullainathan, S., Obermeyer, Z., "Prediction Policy Problems", *American Economic Review*, Vol. 105, No. 5, PP491–495, 2015.

Kleinberg, J., Lakkaraju, H., Leskovec, J., Ludwig, J., Mullainathan, S., "Human Decisions and Machine Predictions", *Quarterly Journal of Economics*, Vol. 133, No. 1, PP237–293, 2018.

Lall, S., "Technological Capabilities and Industrialization.", *World Development*, Vol. 20, No. 2, PP165–186, 1992.

Lamin, A., Ramos, M. A., "R&D Investment Dynamics in Agglomerations under Weak Appropriability Regimes: Evidence from Indian R&D Labs", *Strategic Management Journal*, Vol. 37, No. 3, PP604–621, 2016.

Lanahan, L., Feldman, M. P., "Multilevel Innovation Policy Mix: A Closer Look at State Policies That Augment the Federal SBIR Program", *Research Policy*, Vol. 44, No. 7, PP1387–1402, 2015.

Larraza-Kintana, M., Wiseman, R. M., Gomez-Mejia, L .R., Welbourne, T. M., "Disentangling Compensation and Employment Risks Using the Behavioral Agency Model", *Strategic Management Journal*, Vol. 28, No. 10, PP1001–1019, 2007.

Laux, V., "Executive Pay, Innovation, and Risk-Taking", *Journal of Economics & Management Strategy*, Vol. 24, No. 2, PP275–305, 2015.

Lecun, Y., Bengio, Y., Hinton, G., "Deep Learning", *Natuve*, Vol. 521, No. 7553, PP436, 2015.

Ledezma, Ivan, "Defensive Strategies in Quality Ladders", *Journal of Economic Dynamics & Control*, Vol. 37, No. 1, PP176–194, 2013.

Lee, S. U., Park, G., Kang, J., "The Double-Edged Effects of the Corporate Venture Capital Unit's Structural Autonomy on Corporate Investors' Explorative and Exploitative Innovation", *Journal of Business Research*, Vol. 88, PP141–149, 2018.

Lemaire, "The Stick: Regulation as a Tool of Government." In Bemelmans-Videc M.L., Rist, R.C. E. Verdung (Eds.), *Carrots, Sticks and Sermons: Policy Instruments & Their Evaluation*, Transaction Publishers, London., No. 1, PP59–76, 1998.

Leyden, D. P., Link, A. N., Siegel, D .S., "A Theoretical Analysis of the Role of Social Networks in Entrepreneurship", *Research Policy*, Vol. 43, No. 7, PP1157–1163, 2014.

Li, J., Xia, J., Zajac, E. J., "On the Duality of Political and Economic Stakeholder Influence on Firm Innovation Performance: Theory and Evidence from Chinese Firms", *Strategic Management Journal*, Vol. 39, No. 1, PP193–

216, 2018.

Lim, H., Park, J-S., "The Effects of National Culture and Cosmopolitanism on Consumers' Adoption of Innovation: A Cross-Cultural Comparison", *Journal of International Consumer Marketing*, Vol. 25, No. 1, PP16–28, 2013.

Liu, D., Chen, T., Liu, X., Yu, Y., "Do More Subsidies Promote Greater Innovation? Evidence from the Chinese Electronic Manufacturing Industry", *Economic Modelling*, Vol. 80, PP441–452, 2019.

Liu, F-C., Simon, D F., Sun, Y.T., Cao, C., "China's Innovation Policies: Evolution, Institutional Structure, and Trajectory", *Research Policy*, Vol. 40, No. 7, PP917–931, 2011.

Lowi, T. J., "Four Systems of Policy, Politics, and Choice", *Public Administration Review*, Vol. 32, No. 4, PP298–310, 1972.

Lu, C., Liu, H. C., Tao, J., Rong, K., Hsieh, Y. C., "A Key Stakeholder-Based Financial Subsidy Stimulation for Chinese EV Industrialization: A System Dynamics Simulation", *Technological Forecasting and Social Change*, Vol. 118, PP1–14, 2017.

Lundvall, B.A., *National Systems of Innovation:Toward a Theory of Innovation and Interactive Learning*, Anthem Press,2010.

Lv, W., Wei, Y., Li, X., Lin, L., "What Dimension of CSR Matters to Organizational Resilience? Evidence from China", *Sustainability*, Vol. 11, No. 6, PP1561, 2019.

Mackey, A., Mackey, T. B., Barney, J. B., "Corporate Social Responsibility and Firm Performance: Investor Preferences and Corporate Strategies", *Academy of Management Review*, Vol. 32, No. 3, PP817–835, 2007.

Makri, M., Lane, P. J., Gomez-Mejia, L. R., "CEO Incentives, Innovation, and Performance in Technology-Intensive Firms: A Reconciliation of Outcome and Behavior-Based Incentive Schemes", *Strategic Management Journal*, Vol.

27, No. 11, PP1057–1080, 2006.

Manso, G., "Motivating Innovation", *New Technology Magazine*, Vol. 66, No. 5, PP1823–1860, 2011.

Maskus, K. E., Milani, S., Neumann, R., "The Impact of Patent Protection and Financial Development on Industrial R&D", *Research Policy*, Vol. 48, No. 1, PP355–370, 2019.

Mattingly, J. E., Berman, S. L., "Measurement of Corporate Social Action: Discovering Taxonomy in the Kinder Lydenburg Domini Ratings Data", *Business and Society*, Vol. 45, No. 1, PP20–46, 2006.

Mazzucato, M., "From Market Fixing to Market-Creating: A New Framework for Innovation Policy", *Industry and Innovation*, Vol. 23, No. 2, PP140–156, 2016.

Mcbridea, L., Nicholsb, A., "Improved Poverty Targeting through Machine Learning: An Application to the USAID Poverty Assessment Tools", 2015.

Mccann, J., Selsky, J. W., "Being Purposeful in Turbulent Environments", *People & Strategy*, Vol. 35, PP28–34, 2012.

Mcwilliams, A., Siegel, D., "Corporate Social Responsibility and Financial Performance: Correlation or Misspecification?", *Strategic Management Journal*, Vol. 21, No. 5, PP603–609, 2000.

Meuleman, M., De Maeseneire, W., "Do R&D Subsidies Affect SMEs' Access to External Financing?", *Research Policy*, Vol. 41, No. 3, PP580–591, 2012.

Meyer, M., "Are Patenting Scientists the Better Scholars? An Exploratory Comparison of Inventor-Authors with Their Non-Inventing Peers in Nano-Science and Technology", *Research Policy*, Vol. 35, No. 10, PP1646–1662, 2006.

Miller, D. J., Acs, Z. J., "The Campus as Entrepreneurial Ecosystem: The University of Chicago", *Small Business Economics*, Vol. 49, No. 1, PP75–95,

2017.

Moritz, B., Zimmermann, T., "Tree-Based Conditional Portfolio Sorts: The Relation between Past and Future Stock Returns", *Social Science Electronic Publishing*, 2016.

Morlacchi, P., Martin, B. R., "Emerging Challenges for Science, Technology and Innovation Policy Research: A Reflexive Overview", *Research Policy*, Vol. 38, No. 4, PP571–582, 2009.

Mthanti, T., Ojah, K., "Entrepreneurial Orientation (Eo): Measurement and Policy Implications of Entrepreneurship at the Macroeconomic Level", *Research Policy*, Vol. 46, No. 4, PP724–739, 2017.

Mullainathan, S., Spiess, J., "Machine Learning: An Applied Econometric Approach", *Journal of Economic Perspectives*, Vol. 31, No. 2, PP87–106, 2017.

Myers, S. C., Majluf, N. S., "Corporate Financing Decisions When Firms Have Information Investors Do Not Have", *Journal of Financial Economics*, Vol. 13, No. 2, PP187–221, 1983.

Nambisan, S., "Digital entrepreneurship: toward a digital technology perspective of entrepreneurship", *Entrepreneurship Theory and Practice*, Vol.6,PP1029-1055,2017.

Nickel, M. N., Rodriguez, M. C., "A Review of Research on the Negative Accounting Relationship between Risk and Return: Bowman's Paradox", *Omega*, Vol. 30, No. 1, PP1–18, 2002.

Nikzad, R., "Small and Medium-Sized Enterprises, Intellectual Property, and Public Policy", *Science and Public Policy*, Vol. 42, No. 2, PP176–187, 2015.

Nishimura, J., Okamuro, H., "Internal and External Discipline: The Effect of Project Leadership and Government Monitoring on the Performance of Publicly Funded R&D Consortia", *Research Policy*, Vol. 47, No. 5, PP840–853, 2018.

Obwegeser, N., Mueller, S. D., "Innovation and Public Procurement:

Terminology, Concepts, and Applications", *Technovation*, Vol. 74–75, PP1–17, 2018.

OECD, *OECD Reviews of Innovation Policy: China 2008*, OECD Publishing, Paris, 2008.

Ooms, W., Werker, C., Caniels, M. C. J., Van Den Bosch, H, "Research Orientation and Agglomeration: Can Every Region Become a Silicon Valley?", *Technovation*, Vol. 45–46, PP78–92, 2015.

Ortiz-De-Mandojana, N., Bansal, P., "The Long-Term Benefits of Organizational Resilience through Sustainable Business Practices", *Strategic Management Journal*, Vol. 37, No. 8, PP1615–1631, 2016.

Pal, R., Torstensson, H., Mattila, H., "Antecedents of Organizational Resilience in Economic Crises–An Empirical Study of Swedish Textile and Clothing SMes", *International Journal of Production Economics*, Vol. 147, PP410–428, 2014.

Perez-Sebastian, F., "Market Failure, Government Inefficiency, and Optimal R&D Policy", *Economics Letters*, Vol. 128, PP43–47, 2015.

Peric, M., Vitezic, V., "Impact of Global Economic Crisis on Firm Growth", *Small Business Economics*, Vol. 46, No. 1, PP1–12, 2016.

Peysakhovich, A., Naecker, J., "Using Methods from Machine Learning to Evaluate Models of Human Choice", *Journal of Economic Behavior & Organization*, Vol. 133, 2015.

Pfeffer, J., Salancik, G. R., "The External Control of Organizations: A Resource Dependence Perspective", *Social Science Electronic Publishing*, Vol. 23, No. 2, PP123–133, 2003.

Piperopoulos, P., Wu, J., Wang, C., "Outward FDI, Location Choices and Innovation Performance of Emerging Market Enterprises", *Research Policy*, Vol. 47, No. 1, PP232–240, 2018.

Protogerou, A., Caloghirou, Y., Vonortas, N. S., "Determinants of Young Firms' Innovative Performance: Empirical Evidence from Europe", *Research Policy*, Vol. 46, No. 7, PP1312–1326, 2017.

Puia, G., Ofori-Dankwa, J., "The Effects of National Culture and Ethno-Linguistic Diversity on Innovativeness", *Baltic Journal of Management*, Vol. 8, No. 3, PP349–371, 2013.

Qian, Y., "Counterfeiters: Foes or Friends? How Counterfeits Affect Sales by Product Quality Tier", *Management Science*, Vol. 60, No. 10, PP2381–2400, 2014.

Revilla, A. J., Fernandez, Z., "The Relation between Firm Size and R&D Productivity in Different Technological Regimes", *Technovation*, Vol. 32, No. 11, PP609–623, 2012.

Rinkinen, S., Oikarinen, T., Melkas, H., "Social Enterprises in Regional Innovation Systems: A Review of Finnish Regional Strategies", *European Planning Studies*, Vol. 24, No. 4, PP723–741, 2016.

Rockoff, J. E., Jacob, B. A., Kane, T. J., Stalger, D. O., "Can You Recognize an Effective Teacher When You Recruit One?", *Education Finance and Policy*, Vol. 6, No. 1, PP43–74, 2011.

Rodriguez-Pose, A., Peralta, E. M. V., "Innovation and Regional Growth in Mexico: 2000–2010", *Growth and Change*, Vol. 46, No. 2, PP172–195, 2015.

Rong, Z., Wu, X., Boeing, P., "The Effect of Institutional Ownership on Firm Innovation: Evidence from Chinese Listed Firms", *Research Policy*, Vol. 46, No. 9, PP1533–1551, 2017.

Rosembaum, P. R., "The Central Role of the Propensity Scores in Observational Studies for Causal Effects", *Biometrika*, Vol. 70, No. 01, PP41–55, 1983.

Rothwell, R., "Reindustrialization and Technology: Towards a National

Policy Framework", *Science & Public Policy*, Vol. 12, No. 3, PP113–130, 1985.

Rujirawanich, P., Addison, R., Smallman, C., "The Effects of Cultural Factors on Innovation in a Thai SME", *Management Research Review*, Vol. 34, No. 12, PP1264–79, 2011.

Russo, M. V., Harrison, N. S., "Organizational Design and Environmental Performance: Clues from the Electronics Industry", *Academy of Management Journal*, Vol. 48, No. 4, PP582–593, 2005.

Samuel, A. L., "Some Studies in Machine Learning Using the Game of Checkers", *Ibm Journal of Research & Development*, Vol. 6, No. 1.2, PP1–36, 1988.

Sattayaraksa, T., Boon-Itt, S., "The Roles of CEO Transformational Leadership and Organizational Factors on Product Innovation Performance", *European Journal of Innovation Management*, Vol. 21, No. 2, PP227–249, 2018.

Schneider, A., Ingram, H., "Behavioral Assumptions of Policy Tools", *Journal of Politics*, Vol. 52, No. 2, PP510–529, 1990.

Schot, J., Steinmueller, W. E., "Three Frames for Innovation Policy: R&D, Systems of Innovation and Transformative Change", *Research Policy*, Vol. 47, No. 9, PP1554–1567, 2018.

Schott, T., Jensen, K. W., "Firms' Innovation Benefiting from Networking and Institutional Support: A Global Analysis of National and Firm Effects", *Research Policy*, Vol. 45, No. 6, PP1233–1246, 2016.

Schumpeter, J. A., "The Theory of Economic Development", *Public Opinion Quarterly*, Vol. 58, 1934.

Shen, J., Benson, J., "When CSR Is a Social Norm: How Socially Responsible Human Resource Management Affects Employee Work Behavior", *Journal of Management*, Vol. 42, No. 6, PP1723–1746, 2016.

Shen, X., Sci Res, P., "Enterprise's Technological Innovation and

Intellectual Property Protection: Evaluation, Analysis and Empirical Study", *Proceedings of International Conference on Engineering and Business Management*, 2010.

Shi, G. F., Sun, J. F., "Corporate Bond Covenants and Social Responsibility Investment", *Journal of Business Ethics*, Vol. 131, No. 2, PP285–303, 2015.

Simsek, Z., Heavey, C., Veiga, J. F., "The Impact of CEO Core Self-Evaluation on the Firm's Entrepreneurial Orientation", *Strategic Management Journal*, Vol. 31, No. 1, PP110–119, 2010.

Soete, L., "International Diffusion of Technology, Industrial Development and Technological Leapfrogging", *World Development*, Vol. 13, No. 3, PP409–422, 1985.

Soete, L., "From Emerging to Submerging Economies: New Policy Challenges for Research and Innovation", *Sci. Technol. Innov. Policy Rev.*, Vol. 4, No. 1, PP1–13, 2013.

Song, M., Wang, S., Sun, J., "Environmental Regulations, Staff Quality, Green Technology, R&D Efficiency, and Profit in Manufacturing", *Technological Forecasting and Social Change*, Vol. 133, PP1–14, 2018.

Sopha, B. M., Klockner, C. A., Febrianti, D., "Using Agent-Based Modeling to Explore Policy Options Supporting Adoption of Natural Gas Vehicles in Indonesia", *Journal of Environmental Psychology*, Vol. 52, PP149–165, 2017.

Steffen, W., Richardson, K., Rockström, J., Cornell, S. E., Fetzer, I., Bennett, E. M., Biggs, R., Carpenter, S. R., De Vries, W., De Wit, C. A., Folke, C., Gerten, D., Heinke, J., Mace, G. M., Persson, L. M., Ramanathan, V., Reyers, B., Sörlin, S., "Planetary Boundaries: Guiding Human Development on a Changing Planet", *Science*, Vol. 347, No. 6223, P1217, 2015.

Su, W., Peng, M. W., Tan, W. Q., Cheung, Y. L., "The Signaling Effect of Corporate Social Responsibility in Emerging Economies", *Journal of Business*

Ethics, Vol. 134, No. 3, PP479–491, 2016.

Su, W. C., Tsang, E. W. K., "Product Diversification and Financial Performance: The Moderating Role of Secondary Stakeholders", *Academy of Management Journal*, Vol. 58, No. 4, PP1128–1148, 2015.

Sun, X., Liu, X., Wang, Y., Yuan, F., "The Effects of Public Subsidies on Emerging Industry: An Agent-Based Model of the Electric Vehicle Industry", *Technological Forecasting and Social Change*, Vol. 140, PP281–295, 2019.

Sun, Z., Lei, Z., Yin, Z. F., "Innovation Policy in China: Nationally Promulgated but Locally Implemented", *Applied Economics Letters*, Vol. 25, No. 21, PP1481–1486, 2018.

Swan, K. S., Allred, B. B., "Global Versus Multidomestic: Culture's Consequences on Innovation", *Mir Management International Review*, Vol. 44, No. (Special Issue), PP81–105, 2004.

Swarup, P., "Artificial Intelligence", *International Journal of Computing and Corporate Research*, Vol. 2, No. 4, 2012.

Taghizadeh, S. K., Rahman, S. A., Hossain, M. M., "Knowledge from Customer, for Customer or About Customer: Which Triggers Innovation Capability the Most?", *Journal of Knowledge Management*, Vol. 22, No. 1, PP162–182, 2018.

Takalo, T., Tanayama, T., "Adverse Selection and Financing of Innovation: Is There a Need for R&D Subsidies?", *Journal of Technology Transfer*, Vol. 35, No. 1, PP16–41, 2010.

Thune, T., Boring, P., "Industry PhD Schemes: Developing Innovation Competencies in Firms?", *Journal of the Knowledge Economy*, Vol. 6, No. 2, PP385–401, 2015.

Tian, M., Deng, P., Zhang, Y. Y., Salmador, M. P., "How Does Culture Influence Innovation? A Systematic Literature Review", *Management Decision*,

Vol. 56, No. 5, PP1088–1107, 2018.

Tsai, J .Y., Raghu, T. S., Shao, B. B. M., "Information Systems and Technology Sourcing Strategies of E-Retailers for Value Chain Enablement", *Journal of Operations Management*, Vol. 31, No. 6, PP345–362, 2013.

Ushijima, T., "Patent Rights Protection and Japanese Foreign Direct Investment", *Research Policy*, Vol. 42, No. 3, PP738–748, 2013.

Van Essen, M., Strike, V. M., Carney, M., Sapp, S., "The Resilient Family Firm: Stakeholder Outcomes and Institutional Effects", *Corporate Governance-an International Review*, Vol. 23, No. 3, PP167–183, 2015.

Van Rijnsoever, F. J., Van Den Berg, J., Koch, J., Hekkert, M. P., "Smart Innovation Policy: How Network Position and Project Composition Affect the Diversity of an Emerging Technology", *Research Policy*, Vol. 44, No. 5, PP1094–1107, 2015.

Wadhwa, A., Phelps, C., Kotha, S., "Corporate Venture Capital Portfolios and Firm Innovation", *Journal of Business Venturing*, Vol. 31, No. 1, PP95–112, 2016.

Wang, Q., Zhao, X. D., Voss, C., "Customer Orientation and Innovation: A Comparative Study of Manufacturing and Service Firms", *International Journal of Production Economics*, Vol. 171, PP221–230, 2016.

Wang, X., Cao, F., Ye, K. T., "Mandatory Corporate Social Responsibility (Csr) Reporting and Financial Reporting Quality: Evidence from a Quasi-Natural Experiment", *Journal of Business Ethics*, Vol. 152, No. 1, PP253–274, 2018.

Wang, X. Z., Zou, H. H., "Study on the Effect of Wind Power Industry Policy Types on the Innovation Performance of Different Ownership Enterprises: Evidence from China", *Energy Policy*, Vol. 122, PP241–252, 2018.

Wennekers, S., Thurik, R., "Linking Entrepreneurship and Economic Growth", *Small Business Economics*, Vol. 13, No. 1, PP27–55, 1999.

Werner, T., "Gaining Access by Doing Good: The Effect of Sociopolitical Reputation on Firm Participation in Public Policy Making", *Management Science*, Vol. 61, No. 8, PP1989–2011, 2015.

Wiseman, R. M., Gomez-Mejia, L. R., "A Behavioral Agency Model of Firm Risk-Taking", *Academy of Management Review*, Vol. 23, No. 1, PP133–154, 1998.

Wisse, B., Van Eijbergen, R., Rietzschel, E. F., Scheibe, S., "Catering to the Needs of an Aging Workforce: The Role of Employee Age in the Relationship between Corporate Social Responsibility and Employee Satisfaction", *Journal of Business Ethics*, Vol. 147, No. 4, PP875–888, 2018.

Withers, M. C., Ireland, R. D., Miller, D., Harrison, J. S., Boss, D. S., "Competitive Landscape Shifts: The Influence of Strategic Entrepreneurship on Shifts in Market Commonality", *Academy of Management Review*, Vol. 43, No. 3, PP349–370, 2018.

Wu, A., "The Signal Effect of Government R&D Subsidies in China: Does Ownership Matter?", *Technological Forecasting and Social Change*, Vol. 117, PP339–345, 2017.

Wu, H., Chen, J., Liu, Y., "The Impact of OFDI on Firm Innovation in an Emerging Country", *International Journal of Technology Management*, Vol. 74, No. 1–4, PP167–184, 2017.

Wu, J., Si, S., Wu, X. B., "Entrepreneurial Finance and Innovation: Informal Debt as an Empirical Case", *Strategic Entrepreneurship Journal*, Vol. 10, No. 3, PP257–273, 2016.

Xia, T. J., Liu, X. H., "Foreign Competition, Domestic Competition and Innovation in Chinese Private High-Tech New Ventures", *Journal of International Business Studies*, Vol. 48, No. 6, PP716–739, 2017.

Yam, R. C. M., Guan, J. C., Pun, K. F., Tang, E. P. Y., "An Audit of

Technological Innovation Capabilities in Chinese Firms: Some Empirical Findings in Beijing, China", *Research Policy*, Vol. 33, No. 8, PP1123–1140, 2004.

Yang, P. P., Han, B., "Responsible Research and Innovation and Its Implications for China", *China & World Economy*, Vol. 25, No. 6, PP120–138, 2017.

Yi, J., Hong, J., Hsu, W. C., Wang, C., "The Role of State Ownership and Institutions in the Innovation Performance of Emerging Market Enterprises: Evidence from China", *Technovation*, Vol. 62–63, PP4–13, 2017.

Yu, G. J., Lee, J., "The Contrasting Moderating Effect of Exploration on the Relationship between Stock Options/Stock Ownership and a Firm's Long-Term Performance", *Management Decision*, Vol. 56, No. 9, PP1956–1968, 2018.

Yu, J. B., Stough, R. R., Nijkamp, P., "Governing Technological Entrepreneurship in China and the West", *Public Administration Review*, Vol. 69, PPS95–S100, 2009.

Zampa, S., Bojnec, S., "The Impact of Subsidies on Production Innovation and Sustainable Growth", *Management and Production Engineering Review*, Vol. 8, No. 4, PP54–63, 2017.

Zhang, G., Zhou, J., "The Effects of Forward and Reverse Engineering on Firm Innovation Performance in the Stages of Technology Catch-Up: An Empirical Study of China", *Technological Forecasting and Social Change*, Vol. 104, PP212–222, 2016.

Zhang, J., Guan, J., "The Time-Varying Impacts of Government Incentives on Innovation", *Technological Forecasting and Social Change*, Vol. 135, PP132–144, 2018.

Zhang, L., "The Knowledge Spillover Effects of FDI on the Productivity and Efficiency of Research Activities in China", *China Economic Review*, Vol. 42, PP1–14, 2017.

Zhang, M. , Xu, B. , Li, X. , Fu, D. , Liu, J., Wu, B. , et al, "Artificial Neural Network-Based QoT Estimation for Lightpath Provisioning in Optical Networks", *IECE Transactions on Communications*, 2019a.

Zhang, M. , Xu B. , Li X. , et al, "Deep Neural Network-Based Soft-Failure Detection and Failure Aware Routing and Spectrum Allocation for Elastic Optic Networks", *Optical Engineering*, Vol. 58, PP066107.1–066107.9, 2019b.

Zhao, J., "Entrenchment or Incentive? CEO Employment Contracts and Acquisition Decisions", *Journal of Corporate Finance*, Vol. 22, PP124–152, 2013.

Zhao, M., "CSR-Based Political Legitimacy Strategy: Managing the State by Doing Good in China and Russia", *Journal of Business Ethics*, Vol. 111, No. 4, PP439–460, 2012.

Zhou, K. Z., Gao, G. Y., Zhao, H., "State Ownership and Firm Innovation in China: An Integrated View of Institutional and Efficiency Logics", *Administrative Science Quarterly*, Vol. 62, No. 2, PP375–404, 2017.

Zitek, V., Klimova, V., "Peripheral Innovation Systems in the Czech Republic at the Level of the Nuts3 Regions", *Agricultural Economics-Zemedelska Ekonomika*, Vol. 62, No. 6, PP260–268, 2016.

Zolotoy, L., O'sullivan, D., Martin, G. P., Veeraraghavan, M., "The Role of Affect in Shaping the Behavioral Consequences of CEO Option Incentives", *Journal of Management*, Vol. 45, No. 7, PP2920–2951, 2019.

图书在版编目（CIP）数据

创新政策对企业创新能力的影响研究/栗晓云著．
北京：社会科学文献出版社，2025.5.（2025.9重印）--（中国劳动关系学院青年学者文库）. -- ISBN 978-7-5228-5340-6

Ⅰ.F279.23

中国国家版本馆CIP数据核字第2025MD5887号

中国劳动关系学院青年学者文库
创新政策对企业创新能力的影响研究

著　　者 / 栗晓云

出 版 人 / 冀祥德
组稿编辑 / 任文武
责任编辑 / 郭　峰
文稿编辑 / 王翠芳
责任印制 / 岳　阳

出　　版 / 社会科学文献出版社·生态文明分社（010）59367143
　　　　　　地址：北京市北三环中路甲29号院华龙大厦　邮编：100029
　　　　　　网址：www.ssap.com.cn
发　　行 / 社会科学文献出版社（010）59367028
印　　装 / 唐山玺诚印务有限公司

规　　格 / 开　本：787mm×1092mm 1/16
　　　　　　印　张：15　字　数：213千字
版　　次 / 2025年5月第1版　2025年9月第2次印刷
书　　号 / ISBN 978-7-5228-5340-6
定　　价 / 78.00元

读者服务电话：4008918866